Hamburger Edition

Tobias Hauffe

Die Leere im Zentrum der Tat

Eine Soziologie unvermittelter Gewalt

Hamburger Edition

Hamburger Edition HIS Verlagsges. mbH
Verlag des Hamburger Instituts für Sozialforschung
Mittelweg 36
20148 Hamburg
www.hamburger-edition.de

(Das Buch basiert auf der Dissertation des Autors, vorgelegt 2022 an der Fakultät für Geistes- und Sozialwissenschaften der Helmut-Schmidt-Universität/Universität der Bundeswehr Hamburg)

Umschlaggestaltung: Lisa Neuhalfen, Berlin
Satz aus Alegreya Sans und Serif durch Dörlemann Satz, Lemförde
Druck und Bindung: CPI books GmbH, Leck
Printed in Germany
ISBN 978-3-86854-380-3
1. Auflage März 2024

Inhalt

Worum es geht

Tritt ein Mensch einem am Boden liegenden Menschen gegen und auf Kopf und Körper, liegt der Gedanke nicht fern, dass die Brutalität der Tat auf eine »Außergewöhnlichkeit« des Täters und/oder auf die besondere Situation zurückzuführen ist. Die Tat, so die Annahme, verweist auf eine hohe Gewaltfähigkeit und -bereitschaft des Täters oder, etwa wenn jugendliche Gangmitglieder oder verfeindete Hooligangruppen aufeinander losgehen, auf Konfliktsituationen, die zumindest nicht alltäglich sind. Dass Konfliktsituationen, in deren Verlauf es zu potenziell tödlichen Gewalthandlungen kommt, aus nichtigen Anlässen entstehen, mögen wir uns noch vorstellen können. Dass die brutalen Gewalthandlungen von Menschen ausgeübt werden, die zuvor noch nie oder nur minderschwer gewaltkriminell in Erscheinung getreten sind, wie es in der polizeilichen Terminologie heißt, ist dagegen weniger leicht zu begreifen. Die Gewaltsituationen, die im Zentrum der vorliegenden Arbeit stehen, fordern uns heraus. Die Gewalthandlungen, die strafrechtlich als Fälle versuchten Totschlag verfolgt wurden, wurden von Menschen ausgeübt, die vergleichbare Taten, soweit dies polizeilich erfasst werden konnte, noch nie zuvor ausgeführt hatten.[1] Und auch die situativen Kontexte waren nicht außergewöhnlich. Die Situationen ereigneten sich im öffentlichen Raum: auf einem Fußgängerweg, der an einer größeren Straße entlangführt; im Bereich eines Bahnhofs; an einem Taxistand vor einem Veranstaltungsgelände; an einer Passage in der Innenstadt. Zu Beginn kommt es zu kleineren

1 Für einen der hier untersuchten Fälle gilt diese Einschätzung nur eingeschränkt. Der Gewaltausübende dieses Falls war zuvor minderschwer gewaltkriminell in Erscheinung getreten.

Konflikten: Ein Mann versucht, seinen betrunkenen Freund, der sich auf die Straße gestellt hat und Autos zum Stehen bringt, zu beruhigen. Ein Mann fühlt sich vom Verhalten einer anderen Person gestört und spricht sie an. Zwei Gruppen streiten sich um ein Taxi. Eine nächtliche Begegnung, bei der eine Beleidigung fällt, von der nicht einmal gesagt werden kann, wem sie eigentlich gegolten hatte. Für keine der Gewalttaten konnte ein eindeutiges Motiv wie etwa eine rassistische Ideologie oder ein über einen längeren Zeitraum bestehender Konflikt festgestellt werden. Die Gewalt, so die polizeiliche Terminologie, erfolgte in den Situationen *unvermittelt.* Die Frage, warum die Gewalt, noch dazu in dieser brutalen Form, ausgeübt wurde, beschäftigt auch die Polizeibeamt:innen, die in den Fällen ermittelten. In Interviews, die ich mit ihnen führen konnte, schildern sie den Ablauf der Situationen und berichten, wie es aus Ermittlungssicht zur Gewalthandlung gekommen ist. Auf den Moment des Gewaltausbruchs kommen sie dabei immer wieder zurück. Auch wenn der individuelle Tatnachweis unstrittig ist, hadern die Polizeibeamt:innen mit den Erklärungsversuchen für den Moment des Sprungs in die Gewalt. Die Tat, sagte ein Polizeibeamter über den von ihm ermittelten Fall in einem Gespräch mit mir, passe irgendwie nicht zum Täter.

Nun gibt es viele Gewalttaten, von denen gesagt werden kann, sie passen irgendwie nicht zu denjenigen, die sie ausgeübt haben. Gewalt, darauf hat Heinrich Popitz eindrücklich hingewiesen, ist eine allzeitige menschliche Handlungsoption.[2] Sie kann tausend Gründe haben oder gar keinen. Die Suche nach Erklärungen, das hat Jan Philipp Reemtsma herausgestellt, kann uns sogar davon abhalten zu verstehen, dass sie sich oftmals selbst genügt.[3] Es müsse also weniger darum gehen, nach Gründen für die Gewalt zu fragen, um zu begreifen, was da vor sich geht, als darum, Gewalt selbst in den Blick zu nehmen:[4] die Situationen, in denen sie ausgeübt wird, ihren Handlungsvollzug, das, was sie mit einem anderen Menschen anrichtet. Erst wenn wir von konkreten Phänomenen der Gewalt ausgehen, kann es möglich sein, auch etwas über das Gesellschaftliche zu sagen, das in ihnen zum Ausdruck kommt.

---

2 Popitz, *Phänomene der Macht.*

3 Reemtsma, »Erklärungsbegehren«.

4 Von Trotha, »Zur Soziologie der Gewalt«.

Das vorliegende Buch ist ein Versuch, einem spezifischen Gewaltphänomen nahezukommen. Wie ist es möglich, dass alltägliche Konfliktsituationen, an denen Menschen beteiligt sind, die über keine oder nur eine minderschwere gewaltkriminelle Vorgeschichte verfügen, derart brutal eskalieren? Wobei die Formulierung unpräzise ist: Die Gewaltsituationen, die der vorliegenden Untersuchung zugrunde liegen, eskalieren nicht im eigentlichen Sinne. In ihnen wird Gewalt von Personen (relativ) plötzlich ausgeübt. Die Gewalthandlungen sind Teil der Situationsverläufe und wirken zugleich wie ein Bruch in den Geschehen. Ziel der vorliegenden Untersuchung ist es, den spezifischen Situationsmoment, in dem plötzlich schwere Gewalthandlungen in Form von Fuß- und Stampftritten gegen den Kopf und Körper einer am Boden liegenden Person ausgeübt werden,[5] analytisch dicht zu beschreiben. In der Untersuchung rekonstruiere ich den Situationsmoment, indem ich ihn mit der Frage nach dem Handlungsmodus, in dem sich die Gewaltausübenden, kurz vor und im Moment der schweren Gewalthandlung, befinden, in Bezug setze. Dem Begriff des Handlungsmodus liegen dabei zwei zentrale theoretische Einsichten zugrunde: (1) Im Anschluss an pragmatische Handlungstheorien gehe ich davon aus, dass menschliches Handeln einen konstitutiven Situationsbezug hat.[6] Im Kontext der vorliegenden Untersuchung bedeutet dies, dass ich keinen stabilen Handlungstypus herausarbeite, der unabhängig von situativen Kontextbedingungen vorzufinden ist, sondern einen Handlungsmodus, in den sich Personen situativ hineinbewegen beziehungsweise in den sie hineingeraten. Um den Handlungsmodus zu rekonstruieren, und hier schließe ich an Überlegungen Trutz von Trothas an, ist erstens der Körper- und Sinnesbezug der Gewalt in die Gewaltanalyse zu integrieren.[7] Die Analyse ist an die

5 Wenn ich im Text von schweren Gewalthandlungen oder von schwerwiegender Gewalt schreibe, ist damit immer die spezifische Form Fuß- und Stampftritte gegen Kopf und Körper einer am Boden liegenden Person gemeint.

6 Nungesser/Wöhrle, »Die sozialtheoretische Relevanz des Pragmatismus«; Sutterlüty, *Gewaltkarrieren*, S. 347 ff.; Whitford, »Pragmatism«.

7 Vgl. hierzu die Passage in Trutz von Trothas kanonischem Text zu einer genuinen Soziologie der Gewalt: »[...] Die Gewalt ist ein *Antun* und auf der Seite des Opfers, ein *Erleiden* [Hervorhebungen im Original]. Antun wie Erleiden haben als primären Gegenstand den Körper des Menschen. Das gilt für alle Formen alltäglicher Gewalt und für einen großen Teil eher außeralltäglicher Gewalt: Wir schlagen,

konflikthaft und gewaltsam verlaufende Situation und den Gewalthandlungsvollzug zurückzubinden, um der Frage nachzugehen, wie die körperlich-leibliche Involviertheit in die konkreten Geschehen Situationsdeutungen und Handlungsimpulse der Beteiligten beeinflussen kann *(körperlich-leibliche Dimension des Handelns)*. Zweitens hat der konstitutive Situationsbezug eine relationale Seite, die mit der körperlich-leiblichen Dimension des Handelns zusammenhängt: (Gewalt-)Handlungen sind nicht unabhängig von einem konkreten Gegenüber zu begreifen. Und zwar auch gerade dann nicht, wenn, wie ich in der vorliegenden Untersuchung argumentiere, eine radikale Form der Nicht-Orientierung am Anderen für ein analytisches Begreifen der Gewaltsituationen wesentlich ist *(soziale Dimension des Handelns)*.

(2) Von einem konstitutiven Situationsbezug des Handelns auszugehen, heißt aber nicht, dass die Analyse auf präexistente Muster, etwa konkretes und abstraktes Handlungswissen der Beteiligten oder typisierende Wahrnehmungen, verzichten kann. Es bedarf vielmehr eines tentativen Vorgehens, mithilfe dessen Muster des Erfahrens und Wahrnehmens in ihrer Bedeutung für Situationsdefinitionen und Handlungsimpulse beschreibbar gemacht werden können. Auf diesen beiden zentralen Einsichten – dem konstitutiven Situationsbezug des Handelns (in seiner körperlich-leiblichen und seiner sozialen Dimension) und der Frage nach präexistenten und transsituativen Mustern des Erfahrens und Wahrnehmens – basiert die vorliegende Analyse.

In den untersuchten Fällen, so die zentrale These des Buchs, befinden sich die Gewaltausübenden, in unterschiedlicher Weise, im Moment des Sprungs in die Gewalt in einem Handlungsmodus *gewalttätiger A-Sozialität.*[8] Im Handlungsmodus gewalttätiger A-Sozialität

---

treten, prügeln, ohrfeigen, erschießen, ›hauen in die Schnauze‹, überwältigen, fesseln, brechen den Arm, schlagen das Bein ab, stoßen ein Messer in den Körper, schwingen das Beil. Gewalt ist körperlicher Einsatz, ist physisches Verletzen und körperliches Leid – das ist der unverzichtbare Referenzpunkt aller Gewaltanalyse. Mit unverzichtbarem Referenzpunkt meine ich, daß eine Gewaltanalyse um die Körperbezogenheit der Gewalt, die als Leiblichkeit und Sinnlichkeit der Gewalt zu bestimmen ist, nicht umhinkommt. Die Soziologie der Gewalt schließt immer eine soziologische Anthropologie der Körperlichkeit des Menschen ein.« (ders., »Zur Soziologie der Gewalt«, S. 26 f.).

8 Der hier entwickelte Begriff ist nicht normativ und hat keine Nähe zur alltagssprachlichen Verwendung des Begriffs »Asozialität«. Anhand des Begriffes versu-

scheinen die Gewaltausübenden von einem konkreten Gegenüber abgeschnitten. Sie üben brutale Gewalt aus, aber nicht so, als wäre ihnen das Gegenüber egal. Denn im Wort »egal« steckt bereits ein Zuviel an Handlungsorientierung an anderen. Es wirkt vielmehr, als würde das Gegenüber aus dem Selbst- und Weltbezug der Gewaltausübenden verschwinden. Als wäre der Sprung in die Gewalt ein Moment a-sozialer Gegenwart. Da ist niemand (mehr). In diesem Sinne ist das Zentrum der Tat leer.[9] Und es ist diese Beobachtung, die ich im vorliegenden Buch zu erkunden versuche.

Aufbau des Buches

Im ersten Teil des Buches werde ich Methodik und Materialgrundlage des Buchs darlegen. Das Kapitel *Zugänge: Den Moment der Gewalt erfassen* ist zweigeteilt. Zuerst werde ich die beiden zentralen Zugänge – Grounded Theory und Andrew Abbotts *Lyrische Soziologie* – vorstellen, die der Untersuchung zugrunde liegen. Dann werde ich die Arbeitsweise konkret machen, indem ich die Forschung in ihrer Prozesshaftigkeit und als persönliche Tätigkeit reflektiere. Es geht darum, das Finden der Frage und das Ringen um eine dem Gegenstand angemessene Sprache mit der Schwierigkeit in Bezug zu setzen, empirisch überhaupt an den Situationsmoment der Gewalt heranzukommen.

Im Kapitel *Vier Fälle unvermittelter Gewalt* rekonstruiere ich Fälle versuchten Totschlags, die die Grundlage der Untersuchung bilden. Die dokumentarischen Rekonstruktionen sind eine erste Verdichtung des Materials und bilden den Ausgangspunkt für die Analyse.

---

che ich, eine besondere Interaktionskonstellation, eine radikale Form der (Nicht-) Orientierung am Gegenüber, zu bezeichnen.

9 Die Studie verdankt ihren Titel einem kurzen Text, in dem Hans Magnus Enzensberger über eine terroristische Handlung nachdenkt, »die auf jede Erklärung verzichtet, jede Rechtfertigung verweigert und ihre eigene Grundlosigkeit durch Schweigen veröffentlicht«. Die hier entwickelte Argumentation steht in keinem unmittelbaren Zusammenhang mit Enzensbergers Text, aber sein Titel »Die Leere im Zentrum des Terrors« hat mich in Bezug zu der in dieser Untersuchung verhandelten Frage nicht mehr losgelassen (ders., »Die Leere im Zentrum des Terrors«, S. 248).

Im Kapitel *Aspekte des Handlungsmodus gewalttätiger A-Sozialität* werde ich drei Handlungsaspekte des Handlungsmodus analytisch dicht rekonstruieren. In einem ersten Schritt werde ich den Moment des Sprungs in die Gewalt hinsichtlich seiner Situiertheit betrachten und den Wirkungszusammenhang von Einkapselung des Gewaltausübenden in einen Zustand gewalttätiger Wut und dem Moment des Zu-Boden-Gehens des Gewaltopfers rekonstruieren (und um die Frage nach Effekten der Alkoholisierung der Gewaltausübenden erweitern). Ich werde argumentieren, dass der Handlungsmodus einen radikal augenblicklichen Aspekt hat. Das Gegenüber ist situativ verschattet, der Selbst- und Weltbezug der Gewaltausübenden ist auf den Gewalthandlungsvollzug geschrumpft. In einem zweiten Schritt werde ich die konkrete Form, in der die Personen gewalttätig handeln, betrachten. Ausgehend von Selbstbeschreibungen der Gewaltausübenden, in denen sie sich als aktiv Handelnde aus den Situationen herausnehmen, und Fremdbeschreibungen eines irgendwie aktiv-rasenden Zustands der Gewaltausübenden werfe ich die Frage auf, was uns die konkrete Form der Gewalt über den Moment der Gewalt und die Bedeutung des Gegenübers zu sagen vermag. Ich werde argumentieren, dass die Gewalthandlung auch einen vandalistischen *Aspekt* hat. Das Gegenüber wird nicht bekämpft oder vernichtet. Die Gewalthandlung ist am ehesten als ein »Zerstören« (Sofsky) zu beschreiben. In einem dritten Schritt werde ich nach der Bedeutung von popkulturell und medial vermittelten Handlungsmustern für die konkreten Gewalthandlungen fragen. Ich werde argumentieren, dass der Moment der Gewalt, der wie ein abrupter Wechsel von Wirklichkeitsbereichen wirkt, auch einen abbildhaften Aspekt hat, der die Frage nach der körperlich-leiblichen Wirklichkeit der Verletzungsmächtigkeit des Gewaltausübenden und der Verletzungsoffenheit des Gegenübers aufwirft. In einem Exkurs werde ich in Auseinandersetzung mit Albert Camus' Roman *Der Fremde* die soziologische Analyse ergänzen: Wie Camus die Gewalttat, die Meursault, der Protagonist des Romans, verübt, als Teil des von Meursaults gelebten Lebens erzählt, wirft die Frage nach Handlungsgrammatiken von Gewalttaten auf.

Das Schlusskapitel der Untersuchung ist in zwei Abschnitte unterteilt: Im ersten Teil werde ich die Handlungsaspekte entlang des Konzepts Handlungsmodus gewalttätiger A-Sozialität und (Nicht-)Status des Gegenübers miteinander in Bezug setzen und in einen Diskussionszusammenhang mit aktuellen gewaltsoziologischen Positionen bringen. Im zweiten Teil werde ich in kurzer Auseinandersetzung mit Überlegungen Günther Anders' Fragen stellen, von denen ich keine Ahnung hatte, als ich mit der Untersuchung begonnen habe, und die ich als relevant für gegenwärtige und zukünftige (gewalt-)soziologische Forschungen erachte. Ziel ist es, die sich im Konzept des Handlungsmodus gewalttätiger A-Sozialität verdichtete Analyse anhand neuer Fragen aufzubrechen.

Dass Konzepte und Begriffe Wirklichkeit vereindeutigen, trifft auch auf die von mir vorgeschlagene Begrifflichkeit des Handlungsmodus gewalttätiger A-Sozialität zu. Das Entscheidende ist für mich aber der argumentative Weg, der zu Begriffen führt. Wer erwartet, dass ich klare Antworten gebe, wird enttäuscht sein. In einem schönen Text anlässlich des achtzigsten Geburtstags der kürzlich verstorbenen Lyrikerin Louise Glück hat Dietmar Dath in der FAZ über die Arbeitsweise des Dichtens geschrieben: »Im Herzen dieser Arbeit liegen Probleme, die man beim Dichten nicht zuschütten sollte mit einem ›Output‹, wie das eine Maschine macht, sondern handwerklich gewissenhaft freilegen, bis ein verwunderliches Ergebnis da ist. Man macht sich die Hände stutzig.«[10] Ersetzen wir »Dichten« durch »soziologische Analyse« trifft Daths Formulierung, was ich mit diesem Text beabsichtige: Ich möchte einen sozialen Moment, den Sprung in die Gewalt, handwerklich gewissenhaft freilegen, um an Aspekte heranzukommen, die nicht augenscheinlich sind, die uns aber zu verstehen helfen, was hier vor sich geht.

Worum es nicht geht

(1) Die vorliegende Untersuchung ist keine kriminologische Studie. Fragen, die sich auf die geschichtliche Entwicklung solcher und vergleichbarer Taten, auf strafrechtliche Gesichtspunkte oder auf eine auf Prävention zielende Ursachenforschung beziehen, diskutiere ich nicht. Mein Erkenntnisinteresse zielt auf das Momenthafte der Gewalt.

10 Dath, »Die stutzigen Hände«.

Nachdem ich eines der Interviews mit ermittelnden Polizeibeamt:innen geführt hatte, begleitete mich ein höherer Polizeibeamter zum Ausgang der Polizeidirektion. Wir sprachen über die Fälle und über den Moment, in dem die schwere Gewalt ausgeübt wird. Es war ein ernstes, von Zweifeln durchzogenes Gespräch. Kurz bevor wir uns verabschiedeten, sagte er, dass er sich angesichts mancher der Gewaltgeschehen schon auch frage, ob es nicht bei jedem Menschen den Moment geben kann, in dem die Sicherungen durchbrennen.[11] Es war klar, wie er das meinte. Es ging ihm nicht darum, die Gewaltausübenden zu entschuldigen oder zu entlasten. Es ging ihm um die Frage, inwieweit jeder Mensch sich in eine Situation hineinbewegen, oder in sie geraten, kann, in der er (zumeist ist es dann doch ein Mann) dazu in der Lage ist, eine solche Gewalt auszuüben. Mit dem sehr konkreten Wissen eines leitenden Polizeibeamten, dass es Menschen gibt, die schwer gewalttätig handeln, und andere, die es nie tun, machte er keine kategoriale Trennung. Aus Gesagtem folgt nicht, dass die kriminologische Forschung diese Trennung einzieht. Sie interessiert sich aber vor allem für die Gewalthandlung als Straftat, was eine Trennung in konformes und deviantes Verhalten beinhaltet, und nicht zuerst für die Gewalthandlung selbst: als eine, um erneut mit Heinrich Popitz zu sprechen, allzeit mögliche menschliche Handlungsoption.

(2) Die Frage, inwieweit die ausgeübte Gewalt eine spezifisch männliche Gewalt ist, werde ich in der Untersuchung nur unzureichend thematisieren (können). Im Anschluss an Vorträge und auch in Gesprächen, die ich mit Kolleg:innen und Freund:innen über meine Forschung geführt habe, wurde diese Vermutung immer wieder geäußert: Die Gewalthandlungen, gerade ihre Brutalität und ihr Ausbruchscharakter, hätten doch etwas spezifisch Männliches. Ich glaube, dass dem so ist. Ich kann anhand des empirischen Materials aber nur einige wenige Überlegungen diesen Aspekt betreffend in die

---

11 Eine ähnlich zweifelnde Einschätzung äußerte auch einer der interviewten Polizeibeamten. Wichtig ist, daran zu erinnern, dass es sich bei den untersuchten Fällen um spezifische Gewaltsituationen – (relative) Gewaltunerfahrenheit in Bezug auf die eigene Verletzungsmächtigkeit in Kombination mit einer schweren Form, in der die Gewalt ausgeübt wird – handelt, die verhältnismäßig selten vorkommen. Dennoch, so scheint mir, kommt in diesen Gewaltsituationen und Gewalthandlungen wie unter einem Brennglas »etwas« zum Ausdruck, das auch auf Handlungsaspekte nichtgewaltsamer Interaktionen verweist.

Argumentation integrieren. In den Fällen lassen sich etwa Momente beobachten, die auf ein Imponiergehabe gegenüber (weiblichen) Gruppenmitgliedern, die »Verteidigung« männlichen Stolzes oder auf einen Zusammenhang von popkulturell und medial vermitteltem Handlungsmuster und der Gewalthandlung hinweisen (siehe Kapitel *Aspekte des Handlungsmodus gewalttätiger A-Sozialität*). Der Frage nach dem Zusammenhang von Geschlecht und Gewalt kann ich mich hier aber nur annähern. Dass in den hier untersuchten Fällen die Gewalt von Männern an Männern ausgeübt wird, verweist jedoch auf diese Lücke in der Interpretation.

Zugänge: Den Moment der Gewalt erfassen

Die Entdeckung relevanter Fragen: Zur Methode der Grounded Theory

Die Analyse des empirischen Materials orientiert sich an Verfahren der Grounded Theory. Orientieren ist wörtlich zu verstehen. Grounded Theory ist eine methodische Vorgehensweise der qualitativen Sozialforschung, »die einen Satz von äußerst nützlichen Verfahren [...] nicht jedoch starre Anweisungen oder Kochrezepte«[1] anbietet. »Doch«, so fahren Strauss und Corbin fort, »in einer tieferen Sichtweise ist die Grounded Theory eine Methodologie, eine besondere Art oder ein Stil, über die soziale Wirklichkeit nachzudenken und sie zu erforschen. Wenn wir dies hervorheben, beabsichtigen wir nicht, den Wert der hier beschriebenen Verfahren herunterzuspielen. Wir möchten Sie lediglich daran erinnern, daß es um mehr als Einzeltechniken geht, wenn Sie unsere Intention richtig verstehen wollen.«[2] Bevor ich Grundprozeduren und Einzeltechniken darlege, an denen sich die vorliegende Untersuchung orientiert, möchte ich der Frage nachgehen, was unter »Intention« der Grounded Theory zu verstehen ist – denn dies führt ins methodische Herz der vorliegenden Untersuchung. Grounded Theory zeichnet sich durch Gegenstandsverankerung aus.

---

1 Strauss/Corbin, *Grounded Theory;* Glaser/Strauss, *Grounded Theory;* Strauss, *Grundlagen qualitativer Sozialforschung.*

2 Strauss/Corbin, *Grounded Theory,* S. X.

Sie ist eine induktiv vorgehende Methode. Zugleich sensibilisiert die Vorgehensweise dafür, dass die Erkundung eines Gegenstands nicht vom Himmel fällt. Jede Erkundung wird von Vorannahmen bestimmt, die sich ständig zu vergegenwärtigen und aufzubrechen sind.[3] Die Erkundung bedarf »theoretischer Sensibilität«[4], die darauf beruht, »Literatur phantasievoll zu nutzen«.[5] Bereits das Suchen und Finden eines Forschungsgegenstandes und der Weg zu einer Frage sind von Vorannahmen und von theoretischem Vorwissen geprägt. Außerdem braucht es ein Interesse an der Welt und ihren Problemen, um zu einer Forschungsfrage zu kommen. Dieses Interesse ist Folge und Ausdruck von Erfahrungen, von Lektüre, von Ideen, die sich im Laufe eines Lebens zu Vorstellungen davon verdichten, was wichtig ist – und was nicht.

Die Frage, wie Entdeckungen gemacht werden,[6] die für die Grounded Theory zentral ist, veranschaulicht, was mit »Intention« gemeint ist. Es geht um eine Pendelbewegung des Denkens. Um eine methodische Vorgehensweise, in der das Erheben von Daten, die Analyse und die Entwicklung von theoretischen Zusammenhängen ineinander verflochten sind.[7] Im Wechselspiel von phänomenologisch-induktiven Verfahren, interpretativen Beschreibungen dessen, was die Arbeit am empirischen Material zu Tage fördert, und schrittweisen theoretischen Abstraktionen konkretisiert sich, was die relevanten Aspekte eines Phänomens sind. Die so herausgearbeiteten Erkenntnisse werfen neue Fragen auf, leiten die Suche nach weiteren empirischen Daten an und fordern zu neuen theoretischen Überlegungen auf.

Eine erste zentrale Prozedur der methodischen Vorgehensweise ist das *Theoretische Sampling*.[8] Theoretisches Sampling bezeichnet »den auf die Generierung von Theorie zielenden Prozess der Datenerhebung, währenddessen der Forscher seine Daten parallel erhebt, kodiert und analysiert sowie darüber entscheidet, welche Daten als nächste erhoben werden sollen und wo sie zu finden sind.«[9] Einer

---

3 Ebd., S. 12.
4 Ebd., S. 25 f.
5 Ebd., S. 27.
6 Ebd., S. 12.
7 Ebd., S. 8.
8 Glaser/Strauss, *Grounded Theory*, S. 53–84.
9 Ebd., S. 53.

solchen wechselseitigen und rückbezüglichen Vorgehensweise liegen zwei zentrale Einsichten zugrunde: Zum einen die oben angeführte Einsicht, dass sich erst im Prozess der Forschung herauskristallisiert, worum es eigentlich genau geht. Ein zirkuläres Modell ermöglicht, auf neu entdeckte Zusammenhänge und Perspektivverschiebungen analytisch reagieren zu können – im Unterschied etwa zu linearen Modellen, bei denen der analytische Bezugsrahmen vorab definiert wird.[10] Zum anderen die Einsicht, dass sich oftmals erst im Zuge des Forschungsprozesses zeigt, welches empirische Material ergänzend heranzuziehen ist, um eine Frage zu bearbeiten. In einem zirkulären Modell geht die Theorieentwicklung also aus den Daten hervor und leitet wiederum die Suche nach empirischen Daten an. Die Erhebung weiterer Daten steht in einem sich entfaltenden Zusammenhang mit der Theoriegenerierung, deren Fortschritte zu einem gezielteren Auswählen relevanter Empirie, nicht zuletzt hinsichtlich der Frage adäquater Vergleichsfälle, führen.[11]

Die Vorgehensweise des Theoretischen Samplings ist mit einer zweiten Grundprozedur der Grounded Theory verknüpft: der *Methode des ständigen Vergleichs.*[12] Diese kommt im gesamten Forschungsprozess zur Anwendung. Kann sich die Analyse bereits auf eine breitere Datenbasis stützen, in der verschiedene, aber vergleichbare Fälle enthalten sind, so werden Kategorien immer auch hinsichtlich ihrer fallübergreifenden Relevanz geprüft – und gebildet. Die Kodiertechniken gewinnen im Zuge der Untersuchung einen mehr und mehr vergleichenden und kontrastierenden Charakter. Beobachtungen können aufeinander bezogen und Konzepte und Kategorien können im Prozess des Vergleichens herausgearbeitet werden. Liegt der Untersuchung zuerst »ein Fall« zugrunde, dann richtet sich, und hier ist die Methode des Vergleichs eng mit der Methode des Theoretischen Samplings verbunden, die Suche nach weiterem empirischem Material auch am Kriterium der Vergleichbarkeit aus. Insgesamt wird zwischen Fällen mit minimaler Kontrastierung und Fällen maximaler

10 Flick, *Qualitative Forschung.*

11 In der vorliegenden Studie wird dieser Aspekt besonders deutlich, da sich im Zuge des Forschungsprozesses durch Interviews, die ich mit Polizeibeamt:innen geführt habe, die Fragerichtung und somit mein Erkenntnisinteresse veränderte.

12 Glaser/Strauss, *Grounded Theory,* S. 107–122.

Kontrastierung unterschieden.[13] Schließlich dient die Methode des Vergleichs auch zur Identifizierung jenes Punktes im Forschungsprozess, an dem die Suche nach weiterem Datenmaterial eingestellt werden kann – da weitere Fälle keine neuen Erkenntnisse für die Kategorienbildung mit sich bringen beziehungsweise die Theoriegenerierung hinreichend abgesichert ist.[14]

Die von mir durchgeführte Analyse des Datenmaterials geht von dem dreistufigen Kodierverfahren der Grounded Theory aus.[15] Sich

---

13 Sutterlüty, *Gewaltkarrieren*, S. 18 f.

14 Ebd., S. 19. Nun ist dies eine Idealvorstellung eines an der Grounded Theory orientierten, zirkulären Forschungsprozesses. Ein wirklich planbares Hin- und Herpendeln zwischen Datenerhebung und theoretischem Kodieren ist jedoch die Ausnahme. So können etwa in einem Interview, von dem sich die Forscherin viel erhofft hatte, für die Untersuchung relevante Aspekte gar nicht erst zur Sprache kommen. Zudem ist eine gewaltsoziologische Forschung mit besonderen Problemen des Feldzugangs und der Datenerhebung konfrontiert. Nicht zuletzt gibt es verschiedene äußere Gründe (etwa eine weltweite Pandemie), weshalb eine Forschung nicht wie am Reißbrett entworfen durchgeführt werden kann. Kurz: Ein optimales Sample, und damit auch einen exakt bestimmbaren Punkt, an dem »theoretische Sättigung« erreicht ist, gibt es nicht.

15 Der erste Analyseschritt, das *offene Kodieren*, zielte auf das Aufbrechen des Datenmaterials, das Entdecken relevanter Fragen und die Entwicklung von Kategorien, denen fallübergreifend für die Analyse der Gewaltsituationen Bedeutung zuzukommen schien. Im zweiten Analyseschritt, dem *axialen Kodieren*, stelle ich die entwickelten Kategorien miteinander in Bezug. Im dritten Analyseschritt, dem *selektiven Kodieren*, habe ich die entwickelten Kategorien schließlich anhand der Kernkategorie Handlungsmodus gewalttätiger A-Sozialität systematisiert. Siehe vor allem: Strauss/Corbin, *Grounded Theory*, S. 43–117; Strauss, *Grundlagen qualitativer Sozialforschung*, S. 90 ff. An dieser Stelle ist eine methodische Einschränkung wichtig: Grounded Theory schließt an einen interaktionistischen Handlungsbegriff an, für den die Reflexivität der Interagierenden zentral ist. Ein solcher Handlungsbegriff hat jedoch nur wenig Gespür für Fragen des Körper- und Sinnesbezugs von (Gewalt-)Handeln und priorisiert aktivistische Handlungsformen gegenüber nichtaktivistischen Handlungsformen. Gerade weil dies so ist, würde ich argumentieren, ermöglicht eine an interaktionistischen Theorien geschulte methodische Vorgehensweise aber auch, Beobachtungen zu erfassen, die der Einsicht, »dass soziales Handeln von der handelnden Einheit durch einen Prozess der Wahrnehmung, Interpretation und Einschätzung von Dingen und durch den Entwurf einer zukünftigen Handlungslinie aufgebaut wird« (Blumer, »Der methodologische Standort des Symbolischen Interaktionismus«, S. 139), entgegenstehen. Es ist dieser »Prozess der Wahrnehmung, Interpretation und Einschätzung von Dingen«, der vor allem in Gewaltsituationen, aber nicht nur in diesen, nicht einseitig rationalistisch gedeutet werden kann. Gewalt auszuüben, von ihr betroffen zu sein, sie zu beobachten, macht etwas mit der Art und Weise, wie wir

auf Kodierverfahren der Grounded Theory beziehend hat von Trotha eine Gewaltanalyse vorgeschlagen, die auf »konzeptuellem Kodieren«[16] beruhen müsse. Von Trotha versteht darunter »eine phänomenologisch-ethnografische Analyse, die auf die Entdeckung und Benennung soziologischer Grundbegriffe, d.h. auf Begriffe gerichtet ist, die einen hohen Allgemeinheitsgrad (bei gleichzeitig großer Trennschärfe) zu verwirklichen versuchen«.[17]Auch wenn von Trothas Vorschlag sich nur leicht von Verfahren der Grounded Theory zu unterscheiden scheint, ist er für die die vorliegende Untersuchung aus zwei Gründen ertragreich: Erstens weist von Trotha der dichten Beschreibung von Phänomenen einen zentralen Platz im Forschungsprozess zu: »Ohne dichte Beschreibung gelingen Begreifen und Verstehen nicht. Beschreiben aber heißt ›richtig benennen‹; richtig benennen meint, die Erfahrungswirklichkeit, die beobachtete Welt auf grundbegrifflich relevante Zusammenhänge hin zu beschreiben, und das heißt, die angemessenen Begriffe für die beobachteten Sachverhalte zu finden, Begriffe,

---

uns in einer Interaktionssituation wechselseitig wahrnehmen, wie wir Handlungen interpretieren und damit das Tun und Lassen des Gegenübers einschätzen. In dieser Studie wird davon ausgegangen, dass eine Interaktionssituation weder statisch noch steril ist und sich vorangegangene Faktoren nicht unabhängig von den konkreten situativen Kontextbedingungen in ihr auswirken, sondern dass ein Situationsbezug konstitutiv für ein Verständnis von Situationsdeutungen und Handlungsimpulsen ist. Zugleich hat die Untersuchung der Fälle aber vor allem Fragen nach nichtaktivistischen Aspekten der Gewalthandlungen aufgeworfen. Und ich habe eine Argumentation zu entwickeln begonnen, die das kritisch herausfordert, was Blumer als das »sine qua non von Kommunikation und wirksamer symbolischer Interaktion« bezeichnet: die soziale Fähigkeit gegenseitiger Rollenübernahme, das Element des Sich-in-das-Gegenüber-hineinversetzen-Könnens. In diesem Sinne musste ich die methodische Vorgehensweise, und dabei insbesondere den Prozess des *axialen Kodierens,* hinsichtlich der Eigenlogik des empirischen Materials und einer kritisch-komparatistischen Lesart der Dokumente justieren. Die Selbstbeschreibungen der Gewaltausübenden, in denen sie sich zu personalen Zuständen, zu Handlungsimpulsen und Situationsdeutungen äußern, habe ich um Fremdbeschreibungen, in denen von den Gewaltbetroffenen und anderen Situationsbeteiligten Annahmen über die Gewaltausübenden oder die Situationsverläufe geäußert wurden, ergänzt. Ich bin hierbei tentativvergleichend vorgegangen mit dem Ziel, den »Objekten« meiner Forschung keine soziale Welt unterzujubeln, die nichts mit ihrer Welt zu tun hat (so Blumers Kritik).

16 Von Trotha, »Zur Soziologie der Gewalt«, S. 23.

17 Ebd.

die treffen.«[18] Gesagtes verweist dabei auf den zweiten Punkt, der für die vorliegende Studie bedeutsam ist: Während die Grounded Theory sich als eine Methodik versteht, die auf Theorieentwicklung zielt und sich von deskriptiven Verfahren abgrenzt[19], besteht von Trotha darauf, dass grundbegrifflich angeleitete Beschreibungen und Erklärungen nicht in eine Rangordnung gebracht werden können. Zwar gehe es auch in einer auf konzeptuellem Kodieren beruhenden Gewaltanalyse weder um »reiche Deskription« noch um eine Darstellung der »Wirklichkeit, wie sie von den Handelnden interpretiert wird«, sondern um »die Produktion von soziologischen Grundbegriffen«,[20] sie zielt jedoch, zumindest verstehe ich von Trothas Vorschlag dahingehend, nicht auf einen geschlossenen theoretischen Entwurf. Ihr liegt vielmehr die Einsicht zugrunde, dass präzise ausgearbeitete Begriffe und Konzepte mittlerer Reichweite Erklärungskraft besitzen. Beide Aspekte, die Aufforderung zur dichten Beschreibung/Rekonstruktion und eine streng vom Phänomen ausgehende Begriffsarbeit, sind für die vorliegende Untersuchung zentral.

Der Versuch, das Momenthafte zu erhalten: Andrew Abbotts *Lyrische Soziologie*

Einer der wichtigsten Aspekte der hier untersuchten Fälle ist die widersprüchliche Beobachtung, dass der Moment, in dem die Gewalt ausgeübt wird, Teil der Konfliktsituationen ist, aber zugleich wie ein Bruch in den Geschehen wirkt. Im Zuge der Forschungsarbeit hat sich herauskristallisiert, dass ich vom Moment des Sprungs in die Gewalt her denken möchte (siehe das nachfolgende Unterkapitel). Ich möchte verstehen, was diesen Moment ausmacht. Nicht nur, weil ich der Überzeugung bin, dass die Frage nach dem Moment die (gewalt-)soziologisch interessante Frage ist, sondern auch deswegen, weil dieser Moment etwas mit mir macht. Die Konfliktsituationen erinnern in

18 Ebd. Von Trotha schließt hierbei an das Konzept der dichten Beschreibung von Clifford Geertz an (vgl. ders., *Dichte Beschreibung*).

19 Strauss/Corbin, *Grounded Theory*, S. 9, S. 39.

20 Von Trotha, »Zur Soziologie der Gewalt«, S. 24.

ihrer anfänglichen Alltäglichkeit an Situationen, an denen ich selbst beteiligt war oder die ich beobachtet habe. Aber der Moment der brutalen Gewalt verstört. Gerade, weil die Gewalthandlungen plötzlich ausgeübt werden, und noch mehr, weil die Gewaltausübenden zuvor nicht oder nur minderschwer gewaltkriminell in Erscheinung getreten sind. In dieser Hinsicht sind die untersuchten Fälle dann doch außergewöhnlich: Dass die Taten nicht zu den Tätern zu passen scheinen, wie es ein Polizeibeamter in einem Interview formulierte, irritiert und lenkt den Blick auf das Momenthafte der Tat.

Andrew Abbotts Vorschlag einer *Lyrischen Soziologie*[21] hat mir geholfen, eine analytische Haltung einzunehmen, die beide Aspekte, das Momenthafte der Gewalt und die eigene (emotionale) Involviertheit in die Frage, zusammenbringt. *Lyrische Soziologie* zielt auf das emotionale Erfassen sozialer Momente. Abbott unterscheidet zwischen Grundhaltung und Mechanik der *Lyrischen Soziologie.* Die Grundhaltung bezieht sich auf die »Einstellung eines Autors zu dem, was er schreibt, und zu seinem Publikum«. Die Mechanik, auf die Mittel der Textgestaltung, die den sozialen Moment nachempfindbar machen sollen. Die Haltung, die lyrisch denkende und schreibende Autor:innen einnehmen, ist »engagiert statt distanziert«, sie zeichnet sich dadurch aus, dass Autor:innen nicht neutralisieren, dass – und wie – der Gegenstand etwas mit ihnen macht, sie versuchen vielmehr das Gefühl für die Leserschaft wachzuhalten. Ein lyrischer Autor »betrachtet die Situation nicht von außen, sondern gibt sich in sie hinein«.[22] Ein zweiter Aspekt der Grundhaltung ist die Verortung der Schreibenden. Lyrische Autor:innen haben ein »scharfes Bewusstsein ihrer selbst nicht als Autorin, sondern als die Person, deren emotionale Erfahrung einer sozialen Welt im Mittelpunkt ihres Schreibens steht«.[23] Es geht um den Standort, von dem aus Wirklichkeit begriffen wird, und um die Frage, wie dieser unseren Blick prägt. Ein dritter Aspekt ist die Verortung in der Zeit: »Das Lyrische«, so Abbott, »ist momenthaft. [...] Es geht nicht um ein Ergebnis. Es geht um etwas, das ist, ein Seinszustand.«[24]

21 Abbott, »Lyrische Soziologie«.
22 Alle Zitate: ebd., S. 206.
23 Ebd., S. 208.
24 Ebd., S. 209.

Diesen festzuhalten, ohne ihn dabei seiner Lebendigkeit zu berauben, versucht die *Lyrische Soziologie.*[25]

Das wichtigste Verfahren[26] der Mechanik der *Lyrischen Soziologie* im Unterschied zu narrativen Darstellungsweisen ist, dass Autor:innen in Bildern und nicht in Ereignissequenzen denken. Das Denken und Schreiben in Bildern ermöglicht, einen sozialen Moment »durch verschiedene Linsen« zu betrachten, »um die Quellen der Gefühlsreaktion des Verfassers zu veranschaulichen«. Ziel eines solchen Vorgehens ist, »uns die Realität durch konkrete Gefühle empfinden zu lassen«.[27]

In dieser Arbeit folge ich Abbotts *Lyrischer Soziologie,* aber nicht ohne Abweichungen. Sie hat dazu geführt, dass ich den Moment der Gewalt »durch verschiedene Linsen« betrachte. Ich versuche in Bildern zu denken: In einer Einstellung fokussiere ich die Situation. In einer Einstellung fokussiere ich den Gewalthandlungsvollzug. In einer Einstellung fokussiere ich die Situationsdeutung (Kapitel 4). Doch zugleich *erzähle* ich in den dokumentarischen Rekonstruktionen den Moment der Gewalt. Das Buch hat also auch einen narrativen Teil (Kapitel 3). Und auch wenn mich Abbott darin bestärkt hat, die eigene emotionale Involviertheit in den Gegenstand ernst zu nehmen, und mir ein Instrumentarium an die Hand gegeben hat, wie ich das tun kann, besteht die Hauptabsicht des Buchs nicht darin, wie es Abbott für die *Lyrische Soziologie* postuliert, »das emotionale Verhältnis einer bestimmten Autorin zu einer bestimmten Art sozialen Moments zu vermitteln«.[28] Die Hauptabsicht des Buches ist es, den Moment des Sprungs in die Gewalt analytisch dicht zu beschreiben, wobei ich mir jedoch auch vergegenwärtigen muss, und das habe ich bisher nirgends so klar wie bei Abbott gelesen, was die Erkundung des Momenthaften mit mir zu tun hat. Abbott beschreibt, wie eine *Lyrische Soziologie* bei Autor wie Leserschaft so etwas wie »menschliches Mitgefühl« erzeugen könne. Er versteht darunter eine menschliche Emotion, die darin

---

25 Abbott verwendet das Wort »Schnappschuss«, was deswegen als Bild gut passt, weil es uns daran erinnert, dass es oftmals Spontanaufnahmen sind, die die Welt zwar einfrieren, aber in ihrer Lebendigkeit erhalten.

26 Weitere Verfahren sind das der Personifikation und der figurativen Sprache, S. 218 ff.

27 Alle Zitate: ebd., S. 211.

28 Ebd., S. 213.

gründet, dass wir unsere eigene Wandlungsfähigkeit und Eigentümlichkeit in Raum und Zeit dadurch erkennen, dass wir »uns in bedachten Details die Emotionen und Eigentümlichkeit anderer Menschen zu einer anderen Zeit an einem anderen Ort [vorstellen]«.[29] Damit dies gelingt, darauf weist Abbott deutlich hin, bedarf es der Partizipation der Leserschaft.[30] Es gehe darum, ein »lebendiges Bewusstsein« dafür zu entwickeln, »dass sich unser Hier und Jetzt radikal von denen unterscheidet, über die wir lesen«. Und weiter: »Der lyrische Text konfrontiert uns unmittelbar mit der radikalen Kluft zwischen unserem Hier und Jetzt und dem seiner Figuren. Doch während er uns die Kluft zeigt, wird sie zugleich durch unsere moralische Anerkennung der gemeinsamen Menschlichkeit, die wir mit denen teilen, von denen wir lesen, überwunden.«[31] Dass das einfacher ist, wenn wir es mit sozialen Momenten zu tun haben, in denen es nicht um Gewalt geht, ist klar. Aber auch in gewalttätigen Momenten handeln Menschen.

Grounded Theory und *Lyrische Soziologie* verbindet, dass die Einsicht in die Standortgebundenheit des eigenen Denkens – und auch des Empfindens – Voraussetzung dafür ist, der Welt Beobachtungen und Fragen abzuringen. Soziologische Forschung ist keine abstrakte, sondern eine persönliche Tätigkeit. Was das konkret heißt, darum soll es im folgenden Unterkapitel, in dem ich den Weg zur Frage nachzeichne und die Materialgrundlage der Untersuchung kritisch diskutiere, gehen. »Vielleicht«, um Abbott aus dem Zusammenhang zu zitieren, »wird es hier ein wenig knirschen, aber ich denke, es ist es wert.«[32]

Die Arbeit konkret machen: Was der Fall ist und wie der Fall wurde, was er ist

Beginnen wir mit einem Gedankenexperiment.

Szene 1: **A** trifft um 0.30 Uhr auf **B**. Er hat eine Flasche Wodka in der Hand. Die Flasche ist halb leer. Noch vor vier Stunden war **A**.s Le-

29 Ebd., S. 246.
30 Ebd.
31 Ebd., S. 248.
32 Ebd., S. 204.

ben in Ordnung. Klar, er hat Stress auf der Arbeit, aber wer hat das nicht. Und mit seiner Freundin läuft es gut. Er ist gerne mit ihr zusammen, fühlt sich vielleicht nicht immer verstanden, aber wer kann das schon von sich behaupten. Seine Freundin fühlt sich ab und an bestimmt auch missverstanden. Als ihn ein Freund vor Kurzem fragte, was er sich wünsche im Leben, sagte er, alles laufe gut. Er sei zufrieden. Er ahnte nicht, dass seine Freundin ihm an diesem Abend sagen würde, dass es vorbei ist. Endgültig, kein Hin und Her, kein Lass-es-uns-so-oder-so-Versuchen, kein Lass-uns-Freunde-Bleiben. Sie sagte: Nichts außer einem klaren Schnitt macht Sinn. Dann bat sie ihn zu gehen. Er ging. Er kaufte eine Flasche Wodka setzte sich auf eine Bank in der Innenstadt, starrte vor sich hin und betrank sich. Er kann sich nicht genau daran erinnern, was dann passierte. Saß er stundenlang auf der Bank, oder lief er ziellos umher? Erinnerte er sich an gemeinsam Erlebtes? Dachte er an ihren Körper? Keimte da der Hass, weil ein anderer diesen Körper spüren wird? Steigerte er sich in einen Wahn hinein, von dem er immer geglaubt hatte, er würde ihn nie befallen? Er weiß noch, dass er nach Hause wollte. Er schleppte sich zur nächsten U-Bahnstation. Im Eingangsbereich lehnte ein Typ an der Wand und rauchte. Er rief ihm irgendwas hinterher. **A** drehte sich um und schrie: »Was willst du, du Hurensohn?« **B** hob den Kopf, sah **A** in die Augen und ging auf ihn zu. **A** kann sich an kaum etwas vor diesem Moment erinnern, aber der Hass, der körperliche Drang, den Typen plattzumachen, steht ihm auch jetzt noch vor Augen. »Junge, du schaust scheiße aus«, sagte **B**, als er **A** gegenüberstand. **B** lächelte, als er das sagte. In diesem Moment brach es aus **A** heraus: Der Schmerz darüber, verlassen worden zu sein, das Gefühl der Impotenz, eine lange Wut auf sein Leben, in dem er immer nur für andere gearbeitet hatte, der Alkohol, das Adrenalin. **A** klappte in sich zusammen. Als er wieder zu sich kam, saß er mit dem Rücken an die Wand gelehnt auf dem gefliesten Boden der U-Bahnstation. **B**, der ihm aufgeholfen und an die Wand gesetzt hatte, saß neben ihm und trank **A**.s Wodka. Er fragte: »Bist du ok?«

Szene 2: **A** trifft um 0.30 Uhr auf **B**. Er hat eine Flasche Wodka in der Hand. Die Flasche ist halb leer. Noch vor vier Stunden war **A**.s Leben in Ordnung. Klar, er hat Stress auf der Arbeit, aber wer hat das nicht. Und mit seiner Freundin läuft es gut. Er ist gerne mit ihr zusammen, fühlt sich vielleicht nicht immer verstanden, aber wer kann das schon von sich behaupten. Seine Freundin fühlt sich ab und an bestimmt auch missverstanden. Als ihn ein Freund vor Kurzem fragte, was er sich wünsche im Leben, sagte er, alles laufe gut. Er sei zufrieden. Er ahnte nicht, dass seine Freundin ihm an diesem Abend sagen würde, dass es vorbei ist. Endgültig, kein Hin und Her, kein Lass-es-uns-so-oder-so-Versuchen, kein Lass-uns-Freunde-Bleiben. Sie sagte: Nichts außer einem klaren Schnitt macht Sinn. Dann bat sie ihn zu gehen. Er ging. Er kaufte eine Flasche Wodka setzte sich auf eine Bank in der Innenstadt, starrte vor sich hin und betrank sich. Er kann sich nicht genau daran erinnern, was dann passierte. Saß er stundenlang auf der Bank, oder lief er ziellos umher? Erinnerte er sich an gemeinsam Erlebtes? Dachte er an ihren Körper? Keimte da der Hass, weil ein anderer diesen Körper spüren wird? Steigerte er sich in einen Wahn hinein, von dem er immer geglaubt hatte, er würde ihn nie befallen? Er weiß noch, dass er nach Hause wollte. Er schleppte sich zur nächsten U-Bahnstation. Im Eingangsbereich lehnte ein Typ an der Wand und rauchte. Er rief ihm irgendwas hinterher. **A** drehte sich um und schrie: »Was willst du, du Hurensohn?« **B** hob den Kopf, sah **A** in die Augen und ging auf ihn zu. **A** kann sich an kaum etwas vor diesem Moment erinnern, aber der Hass, der körperliche Drang, den Typen plattzumachen, steht ihm auch jetzt noch vor Augen. »Junge, du schaust scheiße aus«, sagte **B**, als er **A** gegenüberstand. **B** grinste, als er das sagte. In diesem Moment brach es aus **A** heraus: Der Schmerz darüber, verlassen worden zu sein, das Gefühl der Impotenz, eine lange Wut auf sein Leben, in dem er immer nur für andere gearbeitet hatte, der Alkohol, das Adrenalin. **A** packte **B** und schlug ihn zu Boden. Er hörte erst auf, auf **B** einzutreten, als er von Passanten von ihm weggerissen wurde.

Während der Ablauf der ersten Szene konstruiert und unglaubwürdig wirkt,[33] erscheint der Verlauf der zweiten Szene fast schon folgerichtig. Der in seinem Besitzstolz verletzte Mann, eine spontane, aber doch tiefsitzende Verachtung, der Alkohol, die innere Anspannung, die ein Ventil sucht, ein zufälliges Aufeinandertreffen, ein Blick, ein Wortwechsel, ein Hurensohn, eine Rangelei, ein Faustschlag, der

33 Sabine Lammers hat mich an dieser Stelle völlig zu Recht darauf hingewiesen, dass eine solche Dramaturgie überhaupt nicht konstruiert wirken muss: Die beiden Männer könnten sich auch gegenseitig ihre Frauenverachtung versichern und sich situativ miteinander verbrüdern. Insofern ist dies auch ein Verweis auf die »Befangenheit« von Gedankenexperimenten.

so trifft, dass ein Mensch zu Boden geht, ein Mensch, der auf den am Boden Liegenden eintritt.

Dabei unterscheidet die beiden Geschehensabläufe ein einziges Wort: **B** lächelt, **B** grinst. In beiden Szenen ist das Lächeln/das Grinsen entscheidend für den Fortgang des Geschehens. Doch während das Lächeln die konflikthafte Handlungskette unterbricht, indem **B** Nähe und Mitgefühl zeigt und **A** es auch so versteht, eskaliert das Grinsen die konflikthafte Handlungskette, indem **B A** Überlegenheit und Spott entgegenschleudert und **A** es auch so versteht. Die beiden Szenen, darauf soll die winzige Änderung der Beschreibung des Geschehensablaufs aufmerksam machen, können beliebig variiert werden. Es wäre möglich, die Szene in Hunderte Szenen zu verwandeln, die in manchen Aspekten identisch sind, in anderen nicht. Die Trennung der Freundin kann eine Rolle spielen, muss es aber nicht. **A** könnte in Begleitung seiner Freundin auf **B** treffen, ein Wort ergibt das andere, und weil seine Freundin dabei ist, glaubt **A**, sie oder seine Vorstellung von Männlichkeit verteidigen zu müssen. Es ist vorstellbar, dass **B** überhaupt nichts sagt oder tut, sondern **A**, der sich, warum auch immer, in einer Spirale der Anspannung befindet, einfach auf Stress aus ist und in **B** das passende Opfer findet. **A** kann stark oder weniger stark alkoholisiert sein. **B** kann stark oder weniger stark alkoholisiert sein. Auch steht überhaupt nicht fest, dass eine Beleidigung eine bestimmte Reaktion nach sich zieht. **A** könnte Hurensohn sagen, er könnte Arschloch sagen, er könnte Wichser sagen. Und wir müssten uns fragen, ob das einen Unterschied macht und wenn, weshalb. Was Trigger, Auslöser, Grund, Ursache dafür ist, ob ein Geschehen gewalttätig verläuft oder nicht, kann nicht mit Letztgewissheit herausgearbeitet werden. Und zwar auch dann nicht, wenn die Untersuchung eines Gewaltgeschehens detailliert, tastend und methodisch kontrolliert durchgeführt wird.

In (Gewalt-)Situationen treffen Menschen aufeinander, die eine eigene Geschichte haben, die so viel mehr umfasst, als eine polizeiliche Kategorie wie gewaltkriminelle Vorgeschichte oder eine soziologische Kategorie wie sozialstrukturelle Merkmale zu erfassen vermögen. Jede Gewaltsituation hat ihre eigene situative Vorgeschichte, die so viel mehr umfasst, als eine dokumentensprachliche Formulierung wie Austausch von Beleidigungen oder der soziologische Terminus Konflikt zu erfassen vermögen. Jede Gewaltsituation hat eine eigene

Dynamik, die so viel mehr umfasst, als Begriffe wie Tathergang oder situativer Wendepunkt zu erfassen vermögen. Jede Gewaltsituation ist in gesellschaftliche Verhältnisse eingebettet, die so viel mehr umfassen, als es Begriffe wie kapitalistische Vergesellschaftung, Postdemokratie, Erlebnis-, Risiko-, Informations- oder Mediengesellschaft zu erfassen vermögen. *Worin besteht dieses Mehr?*

In Gerichtsverhandlungen fällt häufig die Formulierung, dieses oder jenes sei »nicht zur Sache gehörend«[34]. In soziologischen Texten wird aus forschungspraktischen und disziplinimmanenten Gründen ähnlich verfahren und ein Phänomen in soziologisch-erforschbare Aspekte und soziologisch nicht erforschbare Aspekte unterteilt. Das mag empirisch geboten sein, kann jedoch auch dazu führen, dass das, was in Gewaltgeschehen vor sich geht, wie die Züge eines Brettspiels nachvollzogen wird. In einem kurzen, schönen Text über Affekte hat Jan Philipp Reemtsma darauf hingewiesen, dass Soziolog:innen ein Vokabular, das das Vernunft Überwältigende und Magische von Affekten zu erhalten versucht, nicht als traditionsverhaftet »abtun« sollten.[35] Und doch tun wir es ständig, vorgeblich aus Gründen der empirischen Exaktheit. Unweigerlich schreibt sich in die Erkundung eines Gewaltgeschehens etwas Zielgerichtetes ein – selbst wenn sich in den Studien explizit von Vorstellungen distanziert wird, die rationale oder intentionale Akteure voraussetzen.[36] Und mehr noch: In einem gewissen Sinne spiegeln viele der neueren mikrosoziologischen Arbeiten zu Gewalt den von Trutz von Trotha völlig zu Recht erhobenen Einwand, dass eine auf die Ursachen von Gewalt zielende Forschung Gefahr laufe, Gewalthandeln zu ent-subjektivieren.[37] Sie nehmen das Subjekt nämlich ebenso aus der Gleichung[38] wie Ursache-Wirkungen-Deutungen, da sie die Eigenlogik von Situationen oder Prozessen weitgehend unabhängig von den Menschen, die in diesen Situationen und Prozessen stecken, behaupten beziehungsweise behaupten müssen. Was im Kopf eines Menschen vor sich geht, noch dazu in einem Moment der Gewalt, ist empirisch nicht rekonstruierbar. Wie und warum gerade

34 Eisenberg, *Zwischen Amok und Alzheimer*, S. 106.
35 Reemtsma, »Warum Affekte«, S. 19.
36 Sutterlüty, »Fallstricke situationistischer Gewaltforschung«.
37 Von Trotha, »Zur Soziologie der Gewalt«, S. 19.
38 Die objektivierende Begriffswahl habe ich bewusst gewählt.

auf diese Weise ein Mensch einen bestimmten Stimulus verarbeitet, kann aber die Konfiguration des gesamten Gewaltgeschehens verändern oder ausmachen.[39] Das ist das Mehr, über das soziologisch nur schwer etwas zu erfahren ist. Es ist der Moment, in dem sich entscheidet, ob jemand lächelt oder grinst – und ob ein Gesichtsausdruck als ein Lächeln oder ein Grinsen gedeutet wird. Was also tun? Und warum ist die Antwortsuche auf diese Frage wichtig, um zu verstehen, was der »Fall« ist – und wie er wurde, was er ist?

Jeder Versuch ein soziales Phänomen zu beschreiben, zu verstehen und zu erklären, entwirft das Phänomen mit. In der Entscheidung für die Auseinandersetzung mit einem bestimmten Phänomen stecken Vorannahmen.[40] Die empirische Rekonstruktion eines Phänomens stützt sich auf Material, das durch eine bestimmte Eigenlogik gekennzeichnet ist. Die theoretische Perspektive, aus der das Material analysiert und die Erkenntnisse gedeutet werden, justiert den Blick. Keine Interpretation entsteht in einem ideengeschichtlichen Vakuum. Gerade in Disziplinen, die sich mit sozialen Verhältnissen und sozialen Beziehungen, das heißt mit Menschen und der von ihnen gemachten Geschichte, auseinandersetzen, ist es eine Pflicht aufzuzeigen, wie eine Frage zu einer Frage, wie ein Fall zu einem Fall wurde. Denn die Frage oder den Fall gibt es nicht. Ein Fall wird zum Fall (gemacht), und das nicht nur einmal, sondern das, »was der Fall ist«, verändert sich während der Arbeit stetig. Wird dieser »Prozess des Fall-Werdens«[41] nicht ausreichend reflektiert und dokumentiert, kann Entscheidendes verloren gehen: Denn im Ringen um den Fall, den man verstehen will, und im Ringen um die Frage, um die es dann letztlich geht, finden sich implizite Antworten auf das oben formulierte Problem: Wie komme ich an das ran, was »nicht zur Sache gehört«?

Menschliches Handeln auf den Begriff zu bringen ist immer zum Scheitern verurteilt. Das gilt umso mehr, wenn es um Gewalthandeln geht. Gewalthandeln ist nicht nur ein Handeln, das Leib und Seele verletzt, ein Handeln, das bis zur Vernichtung gesteigert werden kann, es ist ein Handeln, das Sinneswahrnehmung und Ausdrucksfähigkeit

---

39 Bude, »Die individuelle Allgemeinheit des Falls«, S. 84.

40 Weber, »Die ›Objektivität‹ sozialwissenschaftlicher und sozialpolitischer Erkenntnis«.

41 Ragin, »›Casing‹ and the Process of Social Inquiry«.

von Menschen zersetzen und Bande der Sozialität zerreißen kann. Es ist ein soziales Handeln, das nicht so einfach in soziologische Terminologie übersetzt werden kann, ohne es zu versachlichen. Menschliche Gewalt ist, wie es James Gilligan im Vorwort seines Buchs *Violence. Reflections on a National Epidemic* (1997) formuliert, »viel komplizierter, vielschichtiger und vor allem tragischer als gemeinhin angenommen oder wahrgenommen wird«.[42] Gewalt ist nicht ohne Verlust auf den Begriff zu bringen oder anhand von Konzepten zu kategorisieren. Analytische Unterscheidungen, etwa die Trennung in situative und transsituative Faktoren, die Gewaltsoziolog:innen aus Gründen des Forschungsdesigns vornehmen, führen auch dazu, menschliches Handeln als einen soziologisch bearbeitbaren »Fall« zu operationalisieren. »Diese Sprech- und Betrachtungsweise«, so kritisiert Götz Eisenberg, »rückt die fraglichen Formen menschlichen Handelns in den Bereich des Mach- und Beherrschbaren.«[43] Ganz, als wäre es möglich, eine soziale Situation in eine Gleichung zu übersetzen, die, mehr oder weniger stimmig, aufgelöst werden kann.

Soziologischen Verfahren und soziologischer Terminologie mit Skepsis zu begegnen, bedeutet der eigenen Position gegenüber kritisch zu sein. Soziolog:innen sollten sich darüber im Klaren sein, wie sie in die Gegenstände ihrer Forschung »verstrickt«[44] sind. Den Begriff der »Verstrickung« halte ich allerdings für wenig geeignet. »Verstrickung« hat eine aktiv-passive Uneindeutigkeit, ganz als hätte das Formulieren einer Frage, die Wahl eines methodischen wie theoretischen Zugangs oder auch die Sprache, in der über ein Phänomen geschrieben wird, etwas Schicksalhaftes. Verstärkt wird dieser Eindruck dann noch, wenn von einer Verstrickung *der* Soziologie gesprochen wird, anstatt von der Standortgebundenheit des eigenen Denkens.

42 Gilligan, *Violence*, S. 5; eigene Übersetzung.

43 Eisenberg, *Zwischen Amok und Alzheimer*, S. 16. Gilligan und Eisenberg verbindet, dass sie als Gefängnispsychologen mit Gewalttätern arbeiteten beziehungsweise arbeiten. Ihre Texte kommen dem Phänomen Gewalt näher als viele der konventionelleren gewaltsoziologischen Studien, gerade weil sie »das Menschliche« nicht aus der Gewalt herauszuhalten versuchen. Sie behaupten aber eben gerade nicht eine Unerklärbarkeit von Gewaltgeschehen. Im Gegenteil, beide Autoren bieten klare Deutungen an. Ihre Arbeiten verdienen Bewunderung und provozieren Widerspruch.

44 Hartmann, »Sozioidee und Gewaltverzicht«.

Die Aufgabe, zu ergründen und offenzulegen, wie und warum der eigene (soziologische) Blick voreingestellt ist, wird anhand des Begriffs der »Verstrickung« ent-konkretisiert. Die Frage ist aber, wie wir konkret in unsere Gegenstände und unsere Fragen involviert sind. Und auch, was die Arbeit für uns bedeutet und was sie mit uns macht. Die Auseinandersetzung beginnt damit, dass wir unsere Fragen hinterfragen müssen (und uns den Prozess des Fall-Werdens vergegenwärtigen müssen). Und zwar nicht nur hinsichtlich der theoretischen oder methodologischen Perspektive, die wir vielleicht nur deswegen einnehmen, weil wir zu einer bestimmten Zeit an einer bestimmten Universität bei einer bestimmten Professorin gelernt haben, sondern immer auch, und das betont Abbott entschieden, hinsichtlich unserer emotionalen Involviertheit in den Gegenstand, aber auch in die Welt, mit der wir uns ja vorgeben zu beschäftigen. Auch deswegen ist Daths Formulierung des Sich-die-Hände-stutzig-Machens so passend. Indem wir das tun, indem wir rekonstruieren, wie das, was wir verstehen wollen (oder müssen), mit uns zu tun hat, legen wir Schichten des Phänomens offen, von denen wir keine Ahnung hatten. Sich die Hände stutzig machen bedeutet aber auch, sich angreifbar zu machen. Der Dichter macht sich angreifbar, weil er, bis er sich das Glück erarbeitet hat, das eine treffende Bild zu finden, wieder und wieder schiefe oder falsche Bilder erschafft. Zu versuchen, die eigene Involviertheit in den Gegenstand und die Frage, die einen umtreibt, zu ergründen, und auch dafür sensibilisiert Abbotts *Lyrische Soziologie*, macht aus ganz ähnlichen Gründen angreifbar: Es geht darum, den Weg nachzuzeichnen, der zu einer Einsicht führt, ein Weg, der durch abseitiges Gelände verläuft, der sich als Irrweg herausstellt, der zum Umkehren zwingt, ein Weg, der holprig ist und auf die Nerven geht wie diese Metapher. Aber um zu verstehen, wie aus vielen möglichen Fällen der Fall wurde, mit dem ich mich beschäftigen wollte, wie ich die Frage entdeckte, die mich nicht losließ, und wie beides mit den Erkenntnissen zusammenhängt, die ich gewonnen habe, ist es notwendig, ihn zu bestreiten.

Am Anfang der Arbeit an diesem Text stand eine Gewalttat in einer Berliner U-Bahnstation: Ein Mann tritt einer Frau, die gerade eine Treppe hinuntergeht, in den Rücken. Die Frau stürzt schwer, der Mann geht, als wäre nichts gewesen, seiner Wege. Als ich die Aufnahmen der Überwachungskamera gesehen habe, dachte ich nicht über die Vielschichtigkeit von Gewaltgeschehen nach. Meine erste Reaktion war Wut, dann rief die Gewalttat ein bestimmtes Bild hervor: Ein Mensch, der einen Menschen wie eine Laterne austritt. Das war das Bild. Das Gewaltgeschehen in der U-Bahnstation war der Fall, mit dem ich mich auseinandersetzen und den ich verstehen wollte.

Ein Mensch, der einen Menschen wie eine Laterne austritt

Ein Mann tritt einer Frau, die eine Treppe hinuntergeht, in den Rücken. Die Frau, die den Angriff nicht kommen sehen konnte, stürzt. Der Mann dreht sich weg und schließt sich einer Gruppe an. Seine Körpersprache wirkt ruhig, er zieht an seiner Zigarette, wendet sich noch einmal der am Fuß der Treppe liegenden Frau zu, bevor er aus dem Gesichtsfeld der Kamera verschwindet. Er tritt die junge Frau die Treppe hinunter, wie Jugendliche eine Laterne austreten. Nicht wie jemand, dem es eine Freude zu bereiten scheint. Die Frau steht halt gerade blöd in der Gegend rum. Wer die Frau ist, so scheint es, ist dem Mann völlig egal.[45] Er tritt zu, zieht an seiner Kippe, geht weiter – *so what.*

Ich habe das Video Dutzende Male gesehen, und jedes Mal hat mich die Beiläufigkeit, mit der der Mann die Frau die Treppe hinuntertritt, irritiert. In meinen Notizen finden sich unterschiedliche Adjektive, anhand derer ich die die Gewalt, die auf dem Video festgehalten war, zu bestimmen versuchte: beiläufige Gewalt, gleichgültige Gewalt, grundlose Gewalt, leere Gewalt, sinnlose Gewalt, sinnentleerte Gewalt, entfremdete Gewalt. Ich setzte die verschiedenen Akzentuierungen in Bezug zueinander, versuchte die Gewalt anhand von Unterscheidungen zu beschreiben, zerlegte an einem Tag die Gewaltsituation, protokollierte ihren Ablauf Sequenz für Sequenz, um an einem anderen Tag über das Gesellschaftliche, das in der Gewalthandlung zum Ausdruck kam, nachzudenken, ich las gewaltsoziologische Literatur, fand Deutungen, die ich als plausibel erachtete, exzerpierte Text um Text, um am nächsten Tag doch nichts Neues in meinen Notizen zu entdecken. Ich dachte nach und entfernte mich vom Phänomen.

45 An dieser Stelle muss ich eine Präzisierung anführen, auf die ich im weiteren Textverlauf noch zurückkomme: Es mag dem Mann egal sein, wer die Frau ist. Das bedeutet aber nicht, dass es ihm egal ist, dass es eine Frau ist.

Ich suchte nach vergleichbaren Fällen, stieß jedoch nur auf wenige Taten.[46] Mein Eindruck, dass Taten wie die in Berlin ein quantitativ wie qualitativ neues Phänomen in Deutschland, aber auch in Europa, darstellten, erwies sich als von der medialen Bearbeitung der Fälle geprägt, die Empirie bestätigte meine Annahme nicht. Wobei das ungenau ist. Ich hatte das Glück, während meines Studiums Günter Albrecht über Abweichendes Verhalten, Kriminalität und Gewalt hören zu können. Albrecht drängte auf empirische Überprüfbarkeit, nicht zuletzt um uns beizubringen, statistische Darstellungen und die aus ihnen abgeleiteten polizeilichen, politischen oder sozialpädagogischen Folgerungen kritisch zu hinterfragen. Er stellte dabei stets heraus, dass Phänomene in ihrer diskursiven Konstruiertheit begriffen werden müssen. In selbstkritischer Weise formuliert er diesen Gedanken im Vorwort des von ihm mitherausgegebenen Sammelbandes *Gewaltkriminalität zwischen Mythos und Realität*: »Mythen haben aber – und insofern ist der Titel dieses Bandes (mit oder ohne Fragezeichen) nicht klug gewählt – gesellschaftlich gesehen durchaus reale Konsequenzen, d. h., sie sind eine ganz besondere Form der gesellschaftlichen Realität und nicht etwas, was man ›der Realität‹ gegenüberstellen kann.«[47]

Und so änderte ich Fragerichtung und Erkenntnisinteresse und dachte über Mythos und Realität nach. Ich notierte: Der Fall des Berliner U-Bahn-Treters erregte bundesweit Aufsehen. Der Sprecher der Berliner Polizeigewerkschaft GdP Benjamin Jendro kommentierte in der *Berliner Zeitung*: »Der Vorfall zeigt auf brutale und erschütternde Weise, wie schnell jeder an jedem Ort in dieser Stadt Opfer sinnloser Gewalt werden kann.«[48] Die CDU-Bundestagsabgeordnete Christina Schwarzer bezeichnete in *Focus Online* die Tat als »widerlich«.[49] Die *Berliner Morgenpost* fragte: »Kann man sich vor derartigen Attacken

46 Zu diesem Zeitpunkt konnte ich nur einen vergleichbaren Fall in Dortmund und einen weiteren Fall in Berlin ausfindig machen. Der öffentlich breit und kontrovers diskutierte Vorfall am Frankfurter Hauptbahnhof, bei dem ein Mann eine Frau und ihren acht Jahre alten Sohn unvermittelt auf die Gleise schubste, was zum Tod des Jungen führte, hatte noch nicht stattgefunden.

47 Albrecht, *Gewaltkriminalität zwischen Mythos und Realität*, S. 14.

48 »Kaltblütige Überfälle, Frau brutal getreten: Nimmt die Gewalt wieder zu?«.

49 »Mann tritt Frau die Treppe runter«.

schützen?«[50] In den sozialen Medien rief der Gewaltakt heftige Reaktionen hervor. Heribert Prantl nannte in einem Kommentar für die *Süddeutsche Zeitung*, dass die Reaktionen auf die »rohe« Tat gleichsam »roh« seien. Er zitierte Kommentare, in denen gefordert wurde, »dass man auf dem Alexanderplatz in Berlin nun einen Pranger aufstellen müsse und die Öffentlichkeit soll dann den Täter bespucken, beleidigen und verletzen dürfen«.[51] Der YouTuber LeFloid, dessen Video-Kanal von mehr als drei Millionen Menschen abonniert wird, verwies auf ein »Kopfgeld«, das ein prominenter Berliner Personenschützer für die Ergreifung des Täters ausgesetzt hatte.[52] Er sprach – im ironisierenden Ton der *YouTube*-Community – davon, dass »das dann ja Lynch- oder Selbstjustiz« wäre, fügte dann aber sogleich hinzu: Das »[ist] in dem Fall aber nicht mein Problem, deshalb sag ich mal *volles Pfund aufs Maul*[53].« Nach seinem Kommentar forderte LeFloid die User auf, den Vorfall selbst zu kommentieren und vorzuschlagen, wie mit dem Täter umzugehen sei. Aus den über achttausend Kommentaren seien nur drei Kommentare herausgegriffen: »Das Treppenschwein muss man wegen versuchten Mordes anklagen. Natürlich ohne Medien. Schon genug was der jungen Frau angetan wurde.« Und: »Ich beleidige ja sonst nie irgendwelche Leute, aber diesen H'rensohn sollte man suche [sic], aufhängen, seine Eier abschneiden und ihn dann für Tierversuche benutzen. Boah ... Das Thema hat mich sowas von aggressiv gemacht.« Und: »Wer Leute von Hinten attackiert und sich später mit seinen Kumpels drüber abfeiert, hat sein Leben nicht verdient.«[54]

Der Kommentar des Pressesprechers einer Polizeigewerkschaft, die Formulierung einer Berliner Bundestagsabgeordneten und Kommentare in den sozialen Medien bilden die Bandbreite der Reaktionen nur ausschnitthaft ab. Sie werfen aber die Frage nach dem Zusammenhang von der Form der Gewalttat und dem Diskurs, der über die

50 »Die wichtigsten Fragen zum U-Bahn-Treter«.

51 Prantl, Heribert, »Dem Tritt des Täters dürfen keine Tritte gegen den Rechtsstaat folgen«.

52 LeFloid, »Persönliches Kopfgeld«.

53 Die kursiv gesetzten Worte sprach der YouTuber nicht selbst, sondern er spielte einen Ausschnitt ein, in dem er eine Videospielfigur die Sätze sagen ließ.

54 Alle Kommentare zu finden unter: LeFloid (oben zitiert). Rechtschreibungsfehler in den Kommentaren habe ich nicht verbessert.

Gewalttat geführt wird, auf. Ich notierte: Die »Anlass- und Sinnlosigkeit« der Gewalt verstört. Die Gewalttat in der U-Bahn wird anders wahrgenommen, als Gewalt, die ausgeübt wird, um ein Ziel zu erreichen. In meinen Notizen steht »Anlass- und Sinnlosigkeit« in Anführungsstrichen. Es hätte hier auch »Grundlosigkeit«, »Gleichgültigkeit« usw. usf. stehen können. Mein Denken, das nun um Diskurse kreiste, war erneut bei Typologie-Bildungen gelandet und hatte sich vom Phänomen entfernt.

Ich hatte Albrecht (und sehr vielen anderen) nicht genau genug zugehört, denn er bezog sich selbst und die Soziologie in seine Kritik mit ein: Wir sind Teil der Welt, die unseren Blick prägt, und erzeugen sie, etwa wenn wir gewaltsoziologische Thesen aufstellen, tagtäglich mit.[55] Für die Untersuchung hieß das, dass ich die Beobachtung, die am Anfang stand, und das Bild, das aus ihr hervorging, als *meine* spontane Deutung ernst nehmen musste. Ich notierte: Ich kann einem Gewaltgeschehen nicht neutral begegnen, ich kann es nicht steril in Einzelteile zerlegen. Ich sehe ein Video einer Gewalttat oder lese davon oder mir wird davon erzählt, und *wie* ich sehe, lese, zuhöre unterliegt Bedingungen. Ich sehe das Video, in dem der Mann die Frau eine Treppe hinuntertritt, und denke spontan nicht: Verrohung oder Werteverlust[56]. Ich sehe das Video, in dem der Mann die Frau eine Treppe hinuntertritt, und denke spontan aber auch nicht: Frauenhass.[57]

Was ich spontan gesehen habe, war ein Mensch, der einen anderen Menschen eine Treppe hinuntertritt, als würde er eine Laterne austreten. Das war das Bild. Und auch wenn ich, als ich das Video sah, nicht an Theodor W. Adornos Aufsatz *Erziehung nach Auschwitz* und den Begriff des verdinglichten Bewusstseins dachte,[58] war irgendwo

55 Koloma Beck, »Welterzeugung«.

56 Die Deutung der Verrohung und des Werteverlusts hat für meine Interpretation dennoch eine Bedeutung, da kulturkritisch-konservative Einlassungen bei mir ein spontanes Unbehagen auslösen.

57 Dass mir spontan nicht das Motiv Frauenhass in den Sinn kam, sagt viel über die männliche Selbstverständlichkeit aus, mit der ich mich im öffentlichen Raum bewege.

58 Als ich diese Notiz verfasste, hatte ich den Aufsatz wenige Wochen zuvor wiedergelesen. Der Begriff »verdinglichtes Bewusstsein« war mir jetzt präsenter. Wie so oft während der Arbeit entdeckte ich alte Begriffe neu. Und dadurch veränderte sich nicht nur das, was der Fall war, sondern auch die Sprache, in der ich schrieb. Vgl. Adorno, »Erziehung nach Auschwitz«.

im eigenen kritischen Theorienebel die Vorstellung von Menschen, für die andere Menschen Dinge geworden sind oder die sich selbst zum Ding geworden sind. Als ich die Sätze notierte, begriff ich, warum ich immer bei Typologisierungen gelandet bin, ohne dass die Begriffe mein Denken anregten: Es geht nicht darum, ob das Bild, das mir spontan in den Kopf kam, richtig oder falsch ist. Es gibt Gründe, warum es dieses Bild und kein anderes war.[59] Es geht darum, dass ich von diesem spontanen Bild aus die Frage falsch stellte, die doch eigentlich offen dalag. Ich fragte nach dem Warum und gab mir mit Begriffen wie Beiläufigkeit, Sinnlosigkeit und Entfremdung die Antwort. Und dann schaute ich auf den Bildschirm und wusste nicht, was es denn da noch zu sagen gab. Das mag ein wenig unbeholfen klingen, denn Autoren wie Howard S. Becker betonen wieder und wieder, dass Warum-Fragen das Nachdenken blockieren können, aber so war es: Die Frage nach dem Warum hatte mich in eine Sackgasse geführt.[60] Und auch wenn ich mir darüber klar zu werden begann, dass ich die Sache anders angehen musste, holten mich erst Gespräche und Interviews, die ich mit Polizeibeamt:innen führen konnte, und die Möglichkeit, polizeiliche Ermittlungsakten zu Fällen unvermittelter Gewalt zu untersuchen, aus der selbstverschuldeten Sackgasse heraus.

---

59 Vgl. zur Frage von Vorannahmen und Vorurteilen die brillante Passage in James Baldwins *Das Gesicht der Macht bleibt weiß:* »Anders ausgedrückt: Die Fähigkeit, ohne Vor-Urteil zu sein, also das Urteil nicht vorwegzunehmen, ist bei jedem von uns schwach entwickelt – um nicht zu sagen, daß sie über unsere Kräfte geht. Denn der Verzicht auf ein Vor-Urteil verlangt einen Verzicht auf frühere Wahrnehmungen, also auf Erfahrung, in genau jenem Augenblick, da wir am dringendsten – und bedrängendsten – auf sie angewiesen sind. Wir empfangen unsere Wahrnehmungen aus dem kaleidoskopartigen Spiegel des Lebens. Das heißt, daß unsere Fähigkeit, wahrzunehmen, einerseits von unseren Erwartungen tyrannisiert wird, andererseits mit ihnen im Widerstreit liegt. Unsere Erwartungen enthüllen sich in unseren Gewohnheiten, unserer Eigenart: Unsere Niederlagen und unsere Ängste, unsere wirklichen und unsere eingebildeten Triumphe sind für andere meist früher sichtbar als für uns selbst: denn jenes *Spieglein, Spieglein an der Wand* [Hervorhebung im Original] vernimmt keine Fragen und beantwortet keine. Das Licht in jenem Spiegel wechselt beständig. Und dieses Licht läßt uns nicht vergessen, daß wir sterblich sind: und somit alle miteinander verbunden – was das Urteil kompliziert« (S. 19).

60 Becker, *Soziologische Tricks*, S. 90 ff.

Wie ich die Frage entdeckte, die mich nicht loslässt

Über persönliche Kontakte erhielt ich die überraschende Möglichkeit, über meine Forschung, die zu diesem Zeitpunkt den Arbeitstitel »Gleichgültige Gewalt« trug, mit dem Vizepräsidenten einer Polizeidirektion einer deutschen Großstadt zu sprechen. In einem ersten Gespräch[61] wollten wir ausloten, ob und wie die Polizeidirektion bereit wäre, ein soziologisches Forschungsvorhaben zu unterstützen. Das Gespräch, das ich nicht aufgezeichnet habe, führte ich mit Herrn B., dem Vizepräsidenten der Polizeidirektion einer deutschen Großstadt, und Herrn D., dem Leiter des Kriminalfachdezernats für Körperverletzungs- und Tötungsdelikte. Am Beispiel der Gewalttat in der Berliner U-Bahnstation beschrieb ich mein, zu diesem Zeitpunkt noch recht unklares, Erkenntnisinteresse: Die Gewalttat, oder genauer gesagt, die Art und Weise, wie die Gewalttat öffentlich diskutiert wurde, so lautete meine Arbeitshypothese, wirft die Frage nach dem Zusammenhang von spezifischen Formen der Gewalt und Vorstellungen öffentlicher Ordnung auf. Das Gespräch führte von dieser Beobachtung hin zu der Überlegung, dass es bestimmte Taten zu geben scheint, die die Öffentlichkeit vor Verarbeitungsprobleme stellen. Etwa weil die Taten besonders brutal ausgeführt werden oder auch weil es für sie keine zufriedenstellenden Erklärungen gibt. Es handelte sich um einen ersten Gedankenausstauch, die Überlegungen schweiften mal hierhin, mal dorthin, aber an diesem Punkt im Gespräch spürte ich, dass die Fragen, die mich umtrieben, auf Interesse stießen. Schnell wurde aber klar, dass dem Gewaltgeschehen in der Berliner U-Bahn vergleichbare Fälle im Zuständigkeitsbereich der Polizeidirektion nicht vorkamen.[62] Womit sie jedoch zu tun hatten, so Herr B. und Herr D., waren Fälle,

61 Das Gespräch fand am 23.08.2018 statt. Ich möchte mich an dieser Stelle ausdrücklich bei Herrn. B., Herrn D., bei Herrn Dr. K. und bei allen Polizeibeamt:innen, die sich für Interviews bereit erklärt haben, bedanken. Ohne die große Unterstützung und die Offenheit hätte ich die Untersuchung nicht durchführen können. Dass ich den Dank anonymisiert ausspreche, liegt darin begründet, dass eine Identifizierung der konkreten Fälle, die in dieser Untersuchung betrachtet werden, ausgeschlossen werden soll.

62 Entgegen dem breiten medialen Echo, das die Tat nach sich zog, und den daran anschließenden Skandalisierungsaffekten, die immer auch den Eindruck hervorrufen, dass solche Gewalttaten immer häufiger auftreten, deckte sich die Einschätzung mit meiner Recherche nach vergleichbaren Fällen.

in deren Verlauf es zu teils gravierenden Gewalthandlungen in Form von Fuß- und Stampftritten gegen Kopf und Körper einer am Boden liegenden Person gekommen war. Hierunter fielen zwar auch Fälle, die, wie etwa Gewalt zwischen Hooligans, einem recht klaren Entstehungskontext zuzuordnen waren, zugleich fänden sich darunter aber auch Fälle, in denen ein Defizit an Erklärung vorläge. Es handelte sich um Fälle, die als relativ alltägliche Konfliktsituationen begannen, in deren Verlauf aber unvermittelt, so der polizeiliche Terminus, die schweren Gewalthandlungen ausgeübt wurden. Hier, so beschlossen wir das erste Gespräch, wollten wir ansetzen.

In einem zweiten Gespräch[63], das ich aufzeichnen konnte, das aber noch kein Interview zu ausgewählten Fällen darstellte, sollten mögliche Fälle zur Sprache kommen. Dieses Gespräch führte ich mit Herrn D. und Herrn R., einem Polizeibeamten, der über langjährige Erfahrung im Bereich Gewalt- und Tötungsdelikte verfügte. Im gemeinsamen Austausch konkretisierten wir die Kriterien der Fallauswahl, die im ersten Gespräch ansatzweise diskutiert wurden: Erstens sollte es sich um Gewaltsituationen handeln, die im öffentlichen Raum stattgefunden haben. Zweitens sollten an ihnen Personen beteiligt gewesen sein, die sich persönlich nicht bekannt waren.[64] Drittens sollten die Gewaltausübenden über keine oder nur eine minderschwere gewaltkriminelle Vorgeschichte verfügen, die Gewalthandlung selbst sollte jedoch schwerwiegend sein und in Form von Fuß- und Stampftritten gegen den Kopf einer am Boden liegenden Person ausgeübt werden. Viertens sollte kein klares Motiv für die schwerwiegende Gewalthandlung ermittelt worden sein.

Ausgehend von diesen Kriterien wurden mir schließlich erst fünf und später insgesamt sechs Fälle vorgeschlagen. Die Möglichkeit zu Interviews mit den ermittelnden Polizeibeamt:innen wurde mir gewährt, ein möglicher Zugang zu den Akten der Fälle wurde in Aussicht gestellt. Letztlich konnte ich zu fünf Fällen Interviews mit den ermittelnden Polizeibeamt:innen führen, wobei eines der Interviews aufgrund von terminlichen Schwierigkeiten als Gruppeninterview stattfand, bei dem die ermittelnden Polizeibeamt:innen von vier Fällen

63 Dieses erste Interview fand am 09.10.2018 statt.

64 Ein Fall weicht von diesem Kriterium ab, da Gewaltausübender und Gewaltbetroffener sich als Freunde bezeichneten.

anwesend waren.[65] Die Interviews waren mit der Auflage verknüpft, dass ein Fragenkatalog vorab vorzuliegen habe. Die Fragen, die das Interview strukturieren würden, habe ich an Herrn D. versandt. Ob sie nur ihm zur Prüfung vorlagen oder ob er sie an die zu interviewenden Polizeibeamt:innen weitergeleitet hat, ist mir nicht bekannt (ich gehe aber davon aus). Die Interviews hatten vier zentrale Fragenkomplexe: Der erste bezog sich auf eine möglichst detaillierte Rekonstruktion des jeweiligen Falls aus der Perspektive der ermittelnden Polizeibeamten. Der zweite Komplex umfasste Fragen zu Umständen, Hintergründen und Motivlagen, die in den Ermittlungen rekonstruiert werden konnten. Der dritte und der vierte Fragenkomplex gingen über die konkreten Fälle hinaus und zielte auf die berufliche, aber auch persönliche Einschätzung der Interviewten dazu, was diese Form der brutalen Gewalt über *die* Gesellschaft mitteilte und wie sie Vorstellungen von sozialer Ordnung beeinflussen könnte.

Neben den fallspezifischen Erkenntnissen war vor allem die fragende Grundhaltung, mit der die Polizeibeamt:innen über die Gewaltsituationen sprachen, für meine Untersuchung richtungsweisend. In den Interviews, was selbstverständlich auch an dem Sample der Fälle lag, sind wir immer wieder zu der Frage zurückgekehrt, wie der Moment der schweren Gewalthandlung erklärt werden könne. Oder ob er überhaupt erklärt werden könne. Ein Polizeibeamter, dessen Art, über die Gewaltsituation zu berichten, mich besonders beeindruckte, äußerte auf meine Frage, ob die Tat sein Denken über Gewalt verändert habe, dass man sich schon irgendwie frage, ob nicht vielleicht jeder Mensch irgendwie eine tickende Zeitbombe sei.[66] Mit den Interviews begann sich das Erkenntnisinteresse der Studie zu verschieben. Die Frage nach dem Zusammenhang von diesen und vergleichbaren Gewalttaten und Vorstellungen sozialer Ordnung rückte gegenüber der Frage, was in den Situationen eigentlich genau vor sich ging, in den Hintergrund. Die Interviewten sprachen viel detailreicher und auch interessierter über den Moment, in dem die schwere Gewalt unvermit-

65 Das erste der Interviews mit den Polizeibeamt:innen fand am 26.10.2018 statt, es folgten Interviews am 13.12.2018 und am 19.02.2019.

66 Wir hatten das Interview bereits beendet. Zitiert aus meinen handschriftlichen Notizen.

telt ausgeübt wurde, als über *die* Gesellschaft und mögliche Effekte der Taten.

Die Durchführung der Interviews hatte zudem zwei wichtige Nebenfolgen. Anhand des sich intensivierenden persönlichen Kontakts, insbesondere zu Herrn D., dem Leiter des Kriminalfachdezernats für Körperverletzungs- und Tötungsdelikte, der mir und der Forschung von Anfang an äußerst aufgeschlossen gegenüberstand, gelang es mir schließlich, Akteneinsicht zu den Fällen zu erhalten.[67] Dies änderte die Forschung entscheidend. Die in den Akten enthaltenen Dokumente ermöglichten es mir, die Fälle intensiv zu untersuchen und den Moment der Gewalt in den Mittelpunkt zu rücken.

Die zweite Nebenfolge veranschaulicht eine der zentralen Fragen, die die Grounded Theory umtreibt, nämlich: »Wie werden Entdeckungen gemacht?«[68] Jedes Mal, nachdem die Interviews beendet waren, setzte ich mich auf eine Bank in der Nähe der Polizeidirektion und notierte Fragen und Ideen, an denen ich dann während der Zugfahrt weiterarbeitete. Es waren diese Momente, in denen sich die Fragerichtung zu ändern begann. Letztlich führten die Interviews, die ich mit einem anderen Erkenntnisinteresse konzipiert und geführt hatte, dazu, dass ihnen im Kontext der vorliegenden Untersuchung nunmehr vor allem eine entdeckende, aber keine systematische Bedeutung mehr zukommt. Die empirische Rekonstruktion der Fälle basiert größtenteils auf den polizeilichen Ermittlungsakten und juristischen Dokumenten.[69] Die Gespräche und Interviews waren aber entscheidend dafür, dass ich aus der Sackgasse der Warum-Frage herausfand und die Frage, wie der Moment des Sprungs in die Gewalt zu beschreiben und verstehen ist, in den Mittelpunkt meines Erkenntnisinteresses rückte. Durch die veränderte Fragerichtung erkannte ich,

---

67 Die Möglichkeit der Akteneinsicht stand zwar von Beginn der Forschung an im Raum, ich habe aber die begründete Annahme, dass die konkrete Zusage ohne die Fürsprache insbesondere durch Herrn D. zumindest deutlich später erfolgt wäre, wenn überhaupt.

68 Strauss/Corbin, *Grounded Theory*, S. 12 f.

69 Der neue empirische Zugang hat dann auch dazu beigetragen, dass ich mich auf die detaillierte Untersuchung des Akten- und Dokumentenkorpus konzentriert habe beziehungsweise konzentrieren musste. Die Interviews habe ich selektiv transkribiert und nur an einigen zentralen Stellen in die vorliegende Untersuchung integriert (Strauss/Corbin, *Grounded Theory*, S. 14 f.).

wie voreingestellt mein Blick wirklich war und, das führten mir die Interviews vor Augen, in denen die Polizeibeamt:innen viel zweifelnder über die Beschuldigten sprachen, als ich es unterstellt hatte, wie wenig in diesem, um mit Hans Paul Bahrdt zu sprechen, der »unbequeme Mensch« als eine Quelle sozialer Dynamik vorkam.[70] Eine soziologische Untersuchung einer Gewaltsituation, die kein Gespür dafür hat, »daß die menschliche Person nicht wie eine Bremsspur ist, die sich vermessen läßt«,[71] verliert das Momenthafte einer Handlung aus den Augen. Sie entlastet uns dadurch, mich und die Leser:innen, von der Frage, was das alles mit uns zu tun hat. Von einer Frage also, die auch Abbotts *Lyrische Soziologie* aufwirft.

Die neue Frage brachte neue Schwierigkeiten mit sich und ließ alte Schwierigkeiten deutlicher hervortreten. Vielleicht ist das ein Erkennungszeichen präziserer Fragen. Sie bringen nicht nur das eigene gewohnte Denken durcheinander, sondern legen offen, wie schwierig es ist, an ein Phänomen, das einen interessiert, überhaupt heranzukommen.

Zum Datenmaterial: Möglichkeiten, Probleme, neue Wege

Vieles von dem, was wir über Gewalt wissen, beruht auf nachträglichen Schilderungen, die aus unterschiedlichen unnatürlichen Gesprächskontexten wie Interviews, polizeilichen Befragungen oder Gerichtsverfahren stammen. Die Gewaltforschung hat zwar in den letzten Jahren, so zynisch das auch klingen mag, enorm von der technologischen Entwicklung, die eine schier unglaubliche Menge an audiovisuellem Datenmaterial von Gewaltinteraktionen mit sich brachte, profitiert.[72] Doch obwohl anhand von audiovisuellem Material der konkrete Vollzug von Gewalthandlungen detailreicher rekonstruiert

---

70 Bahrdt, »Zur Frage des Menschenbildes in der Soziologie«, S. 15 f.

71 Schorsch, *Kurzer Prozeß?*, S. 104.

72 Mit dem paradoxen Ergebnis, dass die alte empirische Blindheit gegenüber dem konkreten Gewaltvollzug und der konkreten Gewaltsituation von einer neuen empirischen Blindheit abgelöst wurde, die gerade dadurch charakterisiert ist, dass Forscher:innen, sich nur noch mit Phänomenen der Gewalt zu beschäftigen scheinen, die sprichwörtlich zu sehen sind. Vgl. hierzu: Hartmann/Hoebel, »Die Schweigsamkeit der Gewalt durchbrechen«.

werden kann, bleiben zentrale Fragen unbeantwortet. Insbesondere der Körper- und Sinnesbezug von Gewalt stellt jede empirische Untersuchung vor methodische Schwierigkeiten. Gewaltantun und Gewalterleiden, so die nüchterne Feststellung, sperrt sich gegen wissenschaftliche Methodik.[73]

Ich kann nicht behaupten, dass ich zufriedenstellende Antworten auf das Problem gefunden habe, wie Gewalt methodisch klug zu untersuchen ist. Irgendwann im Forschungs- und Schreibprozess wurde mir aber klar, dass der Text auch der Versuch ist, mit diesem Problem

---

73 In interpretativ angelegten Analysen ist der Körper- und Sinnesbezug konkreter Gewalttätigkeit immer zu integrieren. Es kommt eben nicht zu der einen Gewalt. Gewalt nimmt im Geschehensverlauf unterschiedliche Formen an, die wiederum je unterschiedliche Effekte nach sich ziehen können: für die Gewaltbetroffenen, die Gewaltausübenden, die am Geschehen Beteiligten und auch für die das Geschehen Beobachtenden. In Gewaltgeschehen kommt es häufig zu verschiedenen Formen von Übergriffen. Die nichtphysischen und physischen Verletzungen des Territoriums des Gegenübers reichen von Beleidigungen, verbalen und nonverbalen Drohungen über erste, noch relativ harmlose gewaltsame Körperkontakt wie an die Schulter fassen, schubsen, Rangeleien, und schwere physische Gewalt, wie Würgegriffe, Kopfnüsse, Faustschläge, bis hin zu Fuß- und Stampftritten gegen eine am Boden liegende Person oder sogar dem Einsatz von als Waffen genutzten Gegenständen, Messern und Schusswaffen. Anhand der Unterscheidung von Körper und Leib kann die hier verhandelte Schwierigkeit noch weiter differenziert werden. In Gewaltsituationen sind Personen körperlich und leiblich involviert. Während Körper objektivierbar, aber unterscheidbar sind, ist Leib immer subjektiv gespürter Leib. Katharina Inhetveen hat etwa die Frage, wann eine Handlung von einer Person als eine Gewalthandlung verstanden wird, in Bezug zu bestimmten Regelsystemen von Subkulturen und am Beispiel von Hardcore-Konzerten aufgeworfen. Bei Hardcore-Konzerten wird »der heftige, kraftvolle Kontakt« – das Pogen, der Ellenbogen zwischen den Rippen, der im Durcheinander erhaltene Schlag auf die Nase – von den Situationsbeteiligten gerade nicht als »Machtaktion« gedeutet, sondern als integraler Bestandteil des Gemeinschaftserlebnisses. Inhetveen prägt hierfür den Begriff der »geselligen Gewalt«. Es handelt sich um eine Gewaltform, die zwar Körperhüllen verletzten kann, dabei aber von den Akteuren als (notwendiger) Teil einer leiblichen Verschmelzung gedeutet wird – und gerade nicht als Verletzung des eigenen oder eines fremden Leibs; wobei die Grenze sehr wohl fließend sein kann (dies., »Gesellige Gewalt«.) Eine Gewaltanalyse steht vor der Aufgabe, den Körper- und Sinnesbezug der Gewalt in die Überlegungen zu integrieren. Fragen, wie eine Gewalthandlung in der konkreten Situation körperliche und leibliche Wirkungen nach sich zieht und welche Bedeutung dabei präexistenten Mustern des Erfahrens und Wahrnehmens zukommt, sind für ein Verständnis der Situationsverläufe unerlässlich. Kurz: Die eine leibliche Erfahrung – und damit die eine menschliche Handlungsoption in Bezug auf diese Erfahrung – gibt es nicht.

umzugehen. Dass er dieselben Fragen immer wieder neu stellt: Was sehe ich im Material? Kann ich das Momenthafte der Gewalt anhand des Materials überhaupt erfassen? Wie komme ich noch anders ran? Ich umkreise den Moment der Gewalt aus verschiedenen Perspektiven, betrachte dasselbe Material unterschiedlich und ziehe verschiedene Schlüsse.

Die polizeilichen und juristischen Dokumente stellen den Hauptkorpus des Datenmaterials dar. Insgesamt erhielt ich Akteneinsicht in fünf Fälle, wobei ein Fall, das hatte sich bereits während des Interviews abgezeichnet, für die Untersuchung nicht von Interesse war, da der Gewaltausübende aufgrund einer schweren psychischen Erkrankung als schuldunfähig eingestuft wurde. Die Akten zu einem sechsten Fall befanden sich zum Zeitpunkt der Akteneinsicht beim zuständigen Jugendgefängnis, sodass ich zu diesen keinen Zugang erhielt. Auch zu einem späteren Zeitpunkt der Untersuchung gab es keine weitere Möglichkeit, an die Akten dieses Falls zu gelangen.[74] Ebenso liefen spätere Nachfragen meinerseits, inwieweit noch andere Fälle für die Forschung infrage kämen, ins Leere.

Der Untersuchung liegen somit vier Fälle zugrunde. Es ist ein kleines Sample, zugleich ist die Fülle und Verschiedenheit der Dokumente zu den Fällen enorm. Das Datenmaterial umfasst mehrere Tausend Seiten. Das kleine Sample verlangt einerseits eine konzentrierte Untersuchung des Einzelfalls, andererseits fordert es dazu heraus, über Wege nachzudenken, wie ich den Moment der Gewalt noch beschreiben und verstehen kann.

Der empirische Zugang hat spezifische Auswirkungen auf die Analyse: Zuerst fällt auf, wie viele verschiedene Aspekte eines Gewaltgeschehen die polizeiliche Ermittlungsarbeit einbezieht. Ermittelt werden: Verlauf des Tattags, Tatort und Tatzeit, situative Vorgeschichte der Tat, konkreter Verlauf der Tat, situative Nachgeschichte der Tat, Tatmotiv unter Hinzuziehung biografischer Informationen

74 Leider konnte ich diesen Fall, dessen Analyse nicht zuletzt deswegen vielversprechend gewesen wäre, da die Gewaltsituation von Überwachungskameras aufgezeichnet wurde, nicht systematisch in die vorliegende Untersuchung intergieren. Erkenntnisse aus dem Interview, das ich mit dem ermittelnden Beamten geführt habe, und auch Notizen, die ich angefertigt habe, als mir das Video gezeigt wurde, habe ich in die Arbeit integriert.

und gegebenenfalls einer (gewalt-)kriminellen Vorgeschichte des mutmaßlichen Täters, eine mögliche Täter-Opfer-Vorbeziehung, ein möglicher sozial-räumlicher Zusammenhang. Gerade Dokumente, die zu Beginn einer polizeilichen Ermittlung verfasst werden, haben, dies umso mehr, wenn der konkrete Tathergang unklar ist oder noch keine gesicherten Informationen zu Tatbeteiligten vorliegen, eine bestimmte Offenheit. Je weiter die Ermittlungen fortschreiten, desto enger wird der zu Ermittlungsbeginn offene Blick auf das, was vorgefallen ist. Die Ermittlungen verdichten sich zu einer dominierenden Deutung des Geschehens, die dann in spezifischen Dokumententypen, wie polizeilichen Ermittlungs- und Abschlussberichten bis hin zu Anklageschriften der Staatsanwaltschaft, festgeschrieben wird.[75] Dass die Dokumente einer Form der »juristischen Zurichtung«[76] unterliegen, stellt eine wesentliche Bedingung im Umgang mit diesem Materialtypus dar. Wird in der Untersuchung die spezifische juristische Zurichtung des Materials nicht reflektiert und methodisch kontrolliert, droht die Gefahr, einer Darstellung des Tathergangs aufzusitzen, die einer bestimmten Eigenlogik unterliegt. Bereits der im letzten Satz verwendete Begriff des *Tathergangs* ist hierfür exemplarisch. Die polizeiliche und staatsanwaltliche Ermittlung ist an eine strafrechtlich relevante Tat und einen individuellen Täter gebunden. Die »juristische Wahrheitssuche«, so Michael Wildt, dessen methodisch-kritische Überlegungen zur geschichtswissenschaftlichen Quellenarbeit mit polizeilichen Dokumenten und Gerichtsakten auch für die soziologische Erforschung instruktiv sind, »ist stets personal, wissenschaftliche Erklärungen historischer Wirklichkeiten hingegen sind größtenteils überpersonal, suchen mit dezidierter Absicht die Gründe für geschichtliche Entwicklungen nicht in einzelnen Personen«.[77] Da Ermittlungen auf einen konkreten Tatnachweis zielen, wird in ihnen der Situationsverlauf in Bezug zu einer konkreten Person, der ein strafrechtlich relevantes Vergehen zur Last gelegt wird, dokumentiert. Ausgangs- und Angelpunkt von Rekonstruktion und Interpretation

75 Es wäre eine eigene Arbeit darüber zu verfassen, wie die Deutung eines Geschehens hergestellt wird – und wie eine sich einmal durchgesetzte Deutung im Ermittlungsverlauf fortgeschrieben wird.

76 Wildt, »Differierende Wahrheiten«, S. 54.

77 Ebd., S. 52.

des Tathergangs ist die konkrete Person, der spätere Beschuldigte. Das führt dazu, dass, je nach Zeitpunkt in den Ermittlungen mehr oder weniger gezielt, nach Indizien und Beweisen gesucht wird, die es ermöglichen, einen konkreten Tatnachweis zu erbringen. Informationen, die dafür nicht zielführend sind, werden nachrangig behandelt und oftmals nicht weiterverfolgt. Es lohnt die gesamte Passage, in der Wildt das Problem auf den Punkt bringt, zu zitieren:

> »Ermittlungen von Staatsanwälten haben ein Ziel: Straftaten zu ermitteln und Anklage für einen Prozeß zu erheben. Daraufhin werden Zeugen vernommen, Dokumente gesammelt, Abschriften angefertigt, Ortsbesichtigungen vorgenommen. Nur, was dem Prozeß dient, ist relevant, oder zugespitzt: Alles, was für den Prozeß unwichtig erscheint, wird im Laufe der Ermittlungen beiseitegeschoben und nicht weiter verfolgt. Zeugen werden unter dem Gesichtspunkt vernommen, ob sie etwas zum Tatvorwurf aussagen können. Was sie ansonsten zum Geschehen sagen könnten, ist nicht wichtig. Dokumente werden gesammelt, um den Tatvorwurf zu erhärten. Was sie darüber hinaus zur Sprache bringen, ist nebensächlich. [...] Denn ihr Ziel [das der Staatsanwälte, Anm. d. Verf.] ist es, eine Anklage vorzubereiten und dem Angeklagten den Prozeß zu machen. Die Struktur der Wahrnehmung, die bereits am Ausgangspunkt durch das Strafgesetzbuch klar und dominant vorgegeben ist, wird in dieser Phase der Suche und Bearbeitung des Materials erneut geformt und auf den Prozeß ausgerichtet.«[78]

Im Verlauf der Ermittlungen verdichtet sich eine bestimmte Sichtweise auf das Geschehen, deren Grundstruktur durch die Eigenlogik juristischer Wahrheitssuche von Beginn an vorgegeben ist. In die Dokumente sind personale Priorisierung und Zielrichtung, der Nachweis einer strafrechtlich relevanten Tat, schon vor der konkreten Ermittlung eingeschrieben.[79] Ein Tathergang ist also etwas anderes als eine Gewaltsituation. Die Rekonstruktion eines Tathergangs ist um eine konkrete Person herum strukturiert und versucht, einen Ablauf eindeutig zu erfassen. Die empirisch dichte Rekonstruktion einer

---

78 Ebd., S. 52 f.

79 Und zwar auch dann, wenn Indizien und Belege, die den Täter entlasten können, ermitteln werden.

Gewaltsituation versucht hingegen, die situative Dynamik in ihrer Unübersichtlichkeit und Widersprüchlichkeit zu erhalten. Beruht die Rekonstruktion einer Situation auf Ermittlungs- und Gerichtsdokumenten, hat die Rekonstruktion eines Gewaltgeschehens, unabhängig wie methodenkritisch-reflektiert sie durchgeführt wird, unumgänglich einen personalen Bias.[80]

Die juristische Zurichtung des Materials betrifft, das habe ich bereits angedeutet, nicht alle Dokumente in gleicher Weise. Der Aktenkorpus zu einem Fall setzt sich aus unterschiedlichen Dokumenten zusammen. In ihm finden sich frühe Beobachtungen, die noch am Tatort oder kurz nach den Geschehen festgehalten wurden, Eindrucksvermerke, in denen Polizisten subjektive Deutungen zum Tathergang festhalten, Aussagen von Beschuldigten und Geschädigten, Aussagen von Zeug:innen der Situationen, medizinische Gutachten zu Intoxikation und Verletzungen, fachpsychiatrische Gutachten zum Beschuldigten, polizeiliche Überstellungs-, Ermittlungs- und Abschlussberichte, Haftbefehle, Anklageschriften und Urteile, (möglicherweise) Videos, die von Handy- oder Überwachungskameras aufgenommen wurden, Fotografien vom Tatort und den Situationsbeteiligten, Nachstellungen des Tathergangs, die anhand von nachträglich erstellten Videoaufzeichnungen und Bildtafeln dokumentiert werden, weitere Dokumente, wie Briefe, die Beschuldigte aus der Untersuchungshaft an Geschädigte adressieren, Berichte von Behörden und Institutionen, die mit dem Beschuldigten zu tun hatten, Schreiben von Arbeitgeber:innen, der Familie, Freund:innen und Bekannten, in denen über die Persönlichkeit des Gewaltausübenden Auskunft gegeben wird.

Die Unterschiedlichkeit der Dokumente, gerade hinsichtlich der Frage, wie in diesen eine dominante Deutung des Tathergangs festgeschrieben wird, ist stets zu reflektieren. Auch die Frage, wie sich Aussagen der Beteiligten im Zeitverlauf verändern, ist wichtig. Dabei geht es nicht nur um die Möglichkeit, dass beschuldigte Personen, nachdem sie sich über die Konsequenzen ihrer Handlungen bewusst-

80 Hierzu ein weiteres Mal Wildt: »Diese Zurichtung des Materials im juristischen Diskurs, das heißt die spezifische Perspektive und Praxis der Bearbeitung mit ihren Einschließungen und Ausblendungen in den Blick zu nehmen, scheint mir eine entscheidende Voraussetzung zu sein, bevor man sich als Historiker auf die vielen Ordner mit Gerichtsmaterialien einläßt« (ebd., S. 54).

geworden sind, ihre Aussagen revidieren oder zurückziehen. Es geht auch darum, dass in späteren Vernehmungen genauer nachgefragt werden und auf Widersprüche in Aussagen oder zwischen verschiedenen Aussagen hingewiesen werden kann. Ob dies jedoch zu genaueren Geschehensschilderungen führt oder dazu, dass sich Aussagen mehr und mehr in die dominante Ermittlungsrichtung einfügen, kann nur am empirischen Einzelfall nachvollzogen werden.

Neben der juristischen Zurichtung besteht eine weitere Schwierigkeit des Materials darin, vor allem dann, wenn es sich um polizeiliche Ermittlungsakten und Gerichtsdokumente zu gewaltkriminellen Vorgängen handelt, dass Schilderungen und Beschreibungen nicht nur von der unnatürlichen Gesprächssituation einer Vernehmung oder Zeugenaussage beeinflusst sind, sondern immer auch von den Gewaltgeschehen selbst. Gewalttätige Handlungen können die menschliche Wahrnehmungs- und Beschreibungsfähigkeit angreifen und außer Kraft setzten: Gewaltbetroffene erinnern sich an ein mikroskopisches Detail, können sich aber nicht daran erinnern, wo es hingehört: Zur Kleidung des Täters? In das Zimmer, in dem ihnen Gewalt angetan wurde? Oder hatte es gar nichts mit der eigentlichen Gewaltsituation zu tun, sondern war ihnen aufgefallen, kurz bevor oder kurz nachdem sie attackiert wurden? Sie berichten, an was sie während des Gewaltaktes gedacht haben, können aber nicht beschreiben, was konkret passiert ist. Ihre Erinnerungen können selektiv und unstrukturiert sein, sie können sich von Aussage zu Aussage verändern und sich widersprechen.[81] »Irgendwann, nach Stunden oder Sekunden«, so die Protagonistin aus Anna Prizkaus Kurzgeschichte *Fast ein neues Leben,* »bohrten die Männer ihre Füße nicht mehr in meinen Körper.«[82]

Und auch diejenigen, die Gewalt ausüben, erinnern sich oftmals selektiv und bruchstückhaft. In einem der Interviews erzählte ein Polizeibeamter von einer für ihn überraschenden Vernehmung. Er hatte den Tatbeteiligten nicht gesagt, dass die Gewaltsituation von einer Videokamera nahezu vollständig aufgezeichnet worden war, und rechnete damit, dass die Aussagen der beschuldigten Tatbetei-

81 Traumatisierungen, aber auch Re-Traumatisierungen, die durch den Gewaltakt und Fragen nach dem Gewaltakt ausgelöst werden, können Erinnerungen des Geschehenen sogar gänzlich verunmöglichen.

82 Prizkau, »Fast ein neues Leben«, S. 78.

ligten nicht mit dem übereinstimmten, was auf dem Video zu sehen war. Zu seiner Überraschung äußerten sie sich nicht nur offen zu den Vorwürfen, sie machten sogar recht präzise Angaben über den Ablauf der Gewaltsituation. Bis auf eine Ausnahme: In ihren Erinnerungen dauerte die Gewaltsituation nur wenige Augenblicke, während sie sich in Wirklichkeit über mehrere Minuten erstreckte.[83]

Neben der juristischen Zurichtung des Materials und einer durch das Gewaltgeschehen beeinflussten Beobachtungs- und Beschreibungsfähigkeit der Beteiligten gibt es auch Schwierigkeiten praktischer Art: (1) Die Qualität der Dokumente variiert zum Teil stark. So finden sich etwa fachpsychiatrische Gutachten, die eine sehr genaue Auseinandersetzung mit dem Beschuldigten erkennen lassen, wie Dokumente, denen anzusehen ist, dass sie unter hohem zeitlichem Druck oder mit routiniertem Desinteresse verfasst wurden. (2) Im Materialkorpus finden sich protokollartige Zusammenfassungen von Aussagen ebenso wie direkte Abschriften von Vernehmungen. Die Dokumente unterscheiden sich also auch hinsichtlich des Anteils an Interpretation, der in sie eingegangen ist, teilweise enorm. (3) Auch hinsichtlich der im Korpus enthaltenen Dokumente gibt es Unterschiede. Während bei einem Fall nahezu alle angeführten Dokumententypen im Aktenkorpus enthalten sind, kann es bei einem anderen Fall vorkommen, dass die Materiallage dünner ist.[84]

Ich versuche den Schwierigkeiten der Datengrundlage auf verschiedene Weise zu begegnen. So basieren die dokumentarischen

83 Interview mit einem Polizeibeamten am 13.12.2018.

84 Auch für die hier skizzierte Beobachtung waren die Interviews aufschlussreich. Sie führten vor Augen, inwieweit sich der Ermittlungsalltag auf das Abfassen der Dokumente auswirken kann. Bei den untersuchten Fällen handelt es sich, wie ein Staatsanwalt in einem Telefongespräch formulierte, in bestimmter Hinsicht um »08/15-Fälle«. Seine Aussage bezog sich dabei auf Fälle versuchten Totschlags insgesamt und nicht konkret auf die hier verhandelten Gewaltgeschehen. Er brachte vielmehr auf den Punkt, was auch in den Interviews anklang: Ist ein Fall ermittelt, folgt bereits der nächste. Und so weiter und so fort. Auch ein solch banaler Aspekt kann den Gehalt von Ermittlungs- und Gerichtsakten beeinflussen. Dass die hier untersuchten Fälle aber auch für die ermittelnden Polizeibeamt:innen besonders waren, verdeutlicht die Erzählung eines Polizeibeamten, welcher, nachdem die Ermittlungen des Falls abgeschlossen waren, sich theoretisch mit der Frage, was Gewalt denn eigentlich sei, auseinandergesetzt hat (vgl. Interview am 13.12.2018; seine Äußerung am Ende des Interviews habe ich in handschriftlichen Notizen festgehalten).

Rekonstruktionen der Fälle weniger auf Dokumenten wie Ermittlungs- oder Abschlussberichten, Anklageschriften oder Urteilen, in denen die polizeiliche und juristische Zurichtung des Materials bereits deutlichere Spuren hinterlassen hat, sondern vor allem auf Vernehmungsabschriften und Zeugenaussagen.[85] (Aber auch diese besitzen eine Eigenlogik: Die Art und Weise wie Fragen gestellt werden und wie mit diesen auf für die Ermittlung wichtige Gesichtspunkte, subtil oder weniger subtil, hingeführt wird; das asymmetrische Machtverhältnis zwischen fragendem Polizeibeamten und befragten Situationsbeteiligten; die Erfahrenheit beziehungsweise Unerfahrenheit in einer solchen Befragungssituation.)

Unterzieht man die Dokumente einer kritisch-komparatistischen[86] Analyse, in der die verschiedenen Beobachtungsperspektiven nicht als Problem, sondern als Voraussetzung betrachtet werden, die situative Dynamik eines Geschehens abzubilden, bietet das Datenmaterial einen reichhaltigen Zugang zu den Gewaltsituationen. Dass die Beteiligten in unnatürlichen Interaktionskontexten und nachträglich über die Geschehen Auskunft geben, kann durch die Möglichkeit des Vergleichs zwar nicht aufgehoben werden, dennoch erlauben es die Aussagen und Schilderungen, Gewaltsituationen detailreich zu rekonstruieren.[87] Auch wenn, oder gerade weil, die Beschreibungen immer

85 Wie erwähnt beinhalten manche der Dokumente wortwörtliche Abschriften, andere halten wiederum protokollhaft die Aussagen fest. Wenn möglich habe ich ersteren Typus herangezogen.

86 Vgl. hierzu auch Weeninks methodisch-kritische Einschätzung zur Arbeit mit Ermittlungsakten und wie der Materialkorpus dennoch fruchtbar gemacht werden kann. Zum einen, so Weenink, sind in den Dokumenten die Schilderungen von Angreifern wie von Angegriffenen und Zeug:innen enthalten, sodass die Geschehensabläufe aus verschiedenen Perspektiven rekonstruiert werden können. Zum anderen, und das haben auch die von mir interviewten Polizeibeamt:innen teilweise berichtet, äußern sich die Beschuldigten oftmals überraschend offen zu den Gewaltsituationen; und zwar auch dann, wenn die Aussagen sie selbst belasten können (vgl. Weenink, »Contesting Dominance and Performing Badness«, S. 88). Siehe ergänzend auch die Rezension Ruth Bettina Birns und Volker Rieß' von Daniel Goldhagens *Ganz normale Deutsche.* In dieser schlagen sie eine komparatistische Analyse von polizeilichen Ermittlungsdokumenten vor. Vernehmungen sollten in Bezug und Abgrenzung zueinander gelesen werden, um die Validität der Aussagen einzuschätzen (dies., »Revising the Holocaust«, S. 54).

87 Insgesamt stellt sich Frage, inwieweit überhaupt von nachträglichen Begründungen und Motiven von Gewaltausübenden (und auch von Begründungen und

nur einen bestimmten Ausschnitt der Situationen abbilden.[88] Zudem, und das liegt an der Spezifik der hier untersuchten Fälle, äußern sich

---

Motiven die von Gewaltbetroffenen, Situationsbeteiligten und Zeug:innen den Gewaltausübenden zugeschrieben werden) auf konkrete Handlungen geschlossen werden kann. Begründungen und Motive, hier folge ich der Kritik an einer Soziologie der Gewalt, die Gewalthandlungen zuerst über Begründungen und Motive der Gewaltausübenden zu erklären versucht, müssen in der konkreten Situation nicht handlungsrelevant sein. Gründe und Motive können überhaupt erst deswegen relevant werden, weil nach ihnen, von wem auch immer und in welchem Kontext auch immer, gefragt wird. Gründe und Motive, die Gewaltausübende äußern, können bestimmte Vorannahmen zum Ausdruck bringen, die Menschen über Gewalt, insbesondere brutale Gewalthandlungen, hegen. Sie können, verstanden als Motivvokabulare (Gerth/Mills, »Motivvokabulare«), Auskunft über den spezifischen Kontext, in dem sie geäußert werden, und damit über soziale Beziehungen und Normen und Erwartungen, die diesen spezifischen Kontext strukturieren, geben. Und schließlich: Gründe und Motive existieren, erst einmal unabhängig davon, ob wir Gewalthandeln oder menschliches Handeln überhaupt in den Blick nehmen, nicht unberührt von den konkreten sozialen Kontexten und damit von den Handlungen, die in diesen sozialen Kontexten vollzogen und den Erfahrungen, die in diesen Kontexten gemacht werden (Sutterlüty, *Gewaltkarrieren*, S. 350 f.). Kurz: Darüber, was konkret in einem (Gewalt-)Geschehen vor sich geht, können Begründungen und Motive etwas aussagen, sie müssen es aber nicht. Eine solche prinzipielle Vorsicht gegenüber der nachträglichen Angabe von Gründen und Motiven (und noch mehr gegenüber den Zuschreibungen von Gründen und Motiven durch an den Situationen beteiligten Personen) bedeutet nun aber nicht, hier folge ich einem Argument Wolfgang Knöbls, dass von ihnen gar keine Rückschlüsse auf das konkrete Gewaltgeschehen und die konkrete Gewalthandlung gezogen werden können: »Rufen wir uns nochmals das ursprüngliche Argument in Erinnerung! Die amerikanischen Pragmatisten hatten ja erklärt, dass Handlungen, gleichgültig ob *Gewalt*handlungen oder andere, kaum je durch den Aufweis von Motivlagen rekonstruiert werden könnten, und zwar nicht zuletzt deshalb, weil Motive sich situationsspezifisch schnell wandelten und manchmal auch nur Rationalisierungen darstellten. Daraus folgt aber doch nicht, dass Motive deshalb völlig bedeutungslos und vernachlässigenswert wären! Es heißt lediglich, dass zwar von den jeweiligen Akteuren Motive aus bestehenden kulturellen Versatzstücken zum Zwecke der Rationalisierung oder der Legitimierung manchmal erst nachträglich gebastelt werden, dass aber diese Versatzstücke – einerlei ob voll bewusst und klar »ausformuliert« oder nicht – schon *im Handeln selbst* vorhanden sein müssen. Sie sind damit Teil der Realität des Gewaltgeschehens, selbst wenn es der Sozialforscherin nicht gestattet ist, sie umstandslos als Ursachen der Gewalt zu interpretieren« (Knöbl, »Perspektiven der Gewaltforschung«, S. 10).

88 Selbstverständlich finden sich in den Dokumenten Schutzbehauptungen und schlicht Falschaussagen, aber diese waren im Kontext des gesamten Aktenbestands häufig recht einfach zu identifizieren.

einige der Gewaltausübenden, die sich ihren eigenen Gewaltausbruch nicht erklären können, zumindest zu Beginn der Ermittlungen relativ offen.

Im Zuge der Untersuchung der Dokumente, die auch geprägt war von Momenten des Überwältigt-Seins aufgrund der Materialfülle, stellte sich ab und an eine seltsame Parallelität ein. Ich wurde zu einer Art soziologischem Schnüffler. Ich suchte nach Beobachtungen, von denen ich meinte zu wissen, wie sie auszusehen hätten. Die polizeilichen Ermittlungsakten und die Gerichtsdokumente folgen einer eigenen Logik: der Erbringung eines Tatnachweises. Soziologische Untersuchungen haben mit einer eigenen Form der Zurichtung des Blicks zu tun. Im Analyseprozess werden bestimmte Aspekte als Erklärungsmomente angesehen, während andere Aspekte als untergeordnet betrachtet werden. Der Untersuchung ist dabei immer die Gefahr inhärent, und zwar umso mehr, je weiter sie voranschreitet, sich gegen irritierende Einsichten abzuschotten. Jedes Argument wird, weil es stringenter wird, stärker und zugleich schwächer. Meine Untersuchung begann sich auf den Moment hin zu verdichten, in dem die schweren Gewalthandlungen ausgeübt werden. Sie begann sich zunehmend auf bestimmte Kategorien zu konzentrieren, die ich in der Analyse des Dokumenten- und Aktenmaterials herausgearbeitet hatte und von denen ich überzeugt war, dass ihnen eine zentrale Bedeutung für die Frage der Arbeit zukommt. Der Fortgang der Untersuchung brachte mit sich, dass ich das Material von Fall zu Fall, von Aktenseite zu Aktenseite, konzentrierter – oder eben: selektiver – untersuchte.

Gewaltsoziologische Studien und weitere Literatur

Das empirische Material möglichst ohne Vorannahmen und theoretische Voreinstellung zu untersuchen, wie es die Grounded Theory fordert, ist eine zwar produktive aber zugleich künstliche Vorstellung. Bereits das Suchen einer Frage ist geleitet von vielfältigem Hintergrundwissen, von gewaltsoziologischen Interessen bestimmt wie von persönlichen Leidenschaften. Im Rahmen der Grounded Theory werden verschiedene Möglichkeiten genannt, wie fachliche und auch nichtfachliche Literatur in den explorativ-entdeckenden Untersuchungsprozess integriert werden können: (1) Literatur kann die theoretische Sensibilität anregen und dabei helfen, ein Gespür dafür zu entwickeln, welche Fragen im Material überhaupt stecken. Sie kann mithilfe eines begrifflichen Instrumentariums helfen, das, was entdeckt wird, präziser zu bezeichnen. Sie kann die Interpretation von Beobachtungen anregen, irritieren, in Zweifel ziehen. (2) Fachliche und nichtfachliche Publikationen können als sekundäre Datenquelle verwendet werden. Interviewpassagen, ethnografische Beobachtungen, Forschungstagebucheinträge oder deskriptives Material können für die eigene Forschung fruchtbar gemacht werden; (3) Literatur kann das *Theoretische Sampling* anleiten, da sie eine unerschöpfliche Quelle für mögliche Phänomene ist, die für die Entwicklung der eigenen Theorie von Bedeutung sein können; (4) sie kann angeführt werden, um eigene Argumente zu plausibilisieren.[89]

Für die vorliegende Untersuchung sind nun vor allem drei gewalttheoretische Argumente von zentraler Bedeutung: (1) Von einer phänomenologisch inspirierten Gewalttheorie entnehme ich das Argument, dass eine gewaltsoziologische Analyse an der konkreten Gewalthandlung ansetzen muss – und dabei der gewalttätige Handlungsvollzug an den Körper- und Sinnesbezug der Gewalt zurückzubinden ist.[90] (2) Von einer Mikrosoziologie der Gewalt entnehme ich das Argument, dass jede Gewalthandlung durch das »Nadelöhr der Situation« muss – und dabei der gewalttätige Handlungsvollzug an Situationsbedingungen zurückzubinden ist.[91] (3) Von interpretativen Theorien der Gewalt entnehme ich das Argument, dass Handlungs- und Wahrnehmungsschemata in den Blick genommen werden müssen, die der konkreten Gewaltsituation vorangehen – und dabei der gewalttätige

89 Strauss/Corbin, *Grounded Theory*, S. 33 f.

90 Von Trotha, »Zur Soziologie der Gewalt«. Eine weitere wichtige Einsicht einer phänomenologisch inspirierten Gewaltanalyse liegt der vorliegenden Untersuchung zugrunde: Wenn jedes Phänomen durch beschreibende Rekonstruktion und interpretative Erfassung immer auch mithervorgebracht wird, dann geht es, wie Teresa Koloma Beck und Klaus Schlichte herausstellen, in phänomenologischen Versuchen »niemals [...] nur um die Frage, *was* der Fall ist, sondern immer auch um die Frage, *wie* [Hervorhebung im Original] das, was der Fall ist, beschrieben werden kann (dies., *Theorien der Gewalt*, S. 123).

91 Collins, *Dynamik der Gewalt;* ders., »Micro and Macro Causes of Violence«; ders., »Entering and Leaving the Tunnel of Violence«; Weenink, »Frenzied Attacks«; ders., »Contesting Dominance and Performing Badness«; ders./Keesman, »Bodies and Emotions in tense and threatening Situations«.

Handlungsvollzug an präexistente Erfahrungs- und Wahrnehmungsmuster zurückzubinden ist.[92] Die angeführten theoretischen Einsichten haben dazu beigetragen, Entdeckungen im Material überhaupt erst machen zu können. Zugleich hat sich ihre Bedeutung für die Argumentation erst im Zuge der Untersuchung herausgestellt und verfestigt. Die theoretischen Einsichten gehen der Untersuchung voran und in sie ein – etwas anderes zu behaupten wäre künstlich. Sie stecken aber nicht den theoretischen Rahmen ab, der die Untersuchung vorab definierte – sie vergleichend und kontrastierend zu lesen ist produktiv.[93] Die theoretischen Einsichten unterstützen im Analyseprozess dabei, (a) ein Gespür für die Relevanz von Beobachtungen in Bezug zur leitenden Frage zu entwickeln. Und bieten (b) ein begriffliches Instrumentarium an, auf das sich die eigene Untersuchung beziehen und von dem sie sich abgrenzen kann. So verdanken sich wesentliche in der Analyse gewonnene Einsichten gerade dem Versuch, das, was ich in den Gewaltgeschehen zu entdecken meinte, unter Zuhilfenahme der theoretischen Positionen beschreibbar zu machen – und dabei festzustellen, dass ich Beobachtungen mit dem begrifflichen Instrumentarium der genannten Theorien nicht angemessen erfassen konnte.[94]

Wer nun einzig gewaltsoziologisch über Gewalt nachdenkt, gelangt zwangsläufig an den Punkt, an dem er die Bücher und ausgedruckten Texte aus dem Fenster werfen möchte. Warum? Unter den vielen Gründen nenne ich nur einen: das Ringen um eine dem Gegenstand angemessene Sprache. Die Forderung von Trothas, Phänomene dicht zu beschreiben, was heißen soll, sie »richtig zu benennen«, ist meiner Überzeugung nach nicht einzulösen, wenn das begriffliche Reservoir, aus dem geschöpft wird, ein rein soziologisches ist (ich würde sogar behaupten, wenn es ein hauptsächlich soziologisches ist, aber das tut hier nichts zur Sache). Von unschätzbarem Wert für die vorliegende Untersuchung waren daher essayistische und literarische

92 Sutterlüty, *Gewaltkarrieren;* ders., »Was ist eine ›Gewaltkarriere‹?«; Athens, *Violent Criminal Acts and Actors Revisited.*

93 Zur Verwendung von Fachliteratur im Kontext der Grounded Theory siehe: Strauss/Corbin, *Grounded Theory,* S. 31–38.

94 Zudem stellten insbesondere die Arbeiten von Collins, Weenink und Sutterlüty auch eine Fundgrube empirischen Materials dar, anhand dessen das eigene Argument geprüft und irritiert werden konnte.

Texte.[95] In diesen fand ich zwar keine empirisch kontrollierbaren Antworten, aber dafür das Ringen um eine Sprache für Phänomene der Gewalt. Kaum ein Text hat, auch wenn er für die vorliegende Untersuchung nicht direkt von Bedeutung war, durch seine Sprache und das stilistische Mittel der wiederholenden Erzählung mein Denken über Gewalt mehr beeinflusst als »Der Teil von dem Verbrechen« in Roberto Bolaños *2666*.[96] Und kein Text hat mehr dabei geholfen, die hier untersuchten Gewaltgeschehen beschreibend erschließen zu könne als Albert Camus' *Der Fremde*.[97]

Literatursoziologische Überlegungen: Zu Albert Camus' *Der Fremde*

Ich lese fiktionale Literatur nicht als Material. Die Hinzunahme fiktionaler Texte zielt nicht darauf, das Argument anhand inhaltlicher Ähnlichkeiten zwischen erzählter Wirklichkeit und wirklicher Wirklichkeit zu plausibilisieren. Es geht mir auch nicht um eine Illustration gewonnener Erkenntnisse durch literarische Szenen. Ich versuche, im Anschluss an Überlegungen Thomas Alkemeyers, zu zeigen, wie Erzählformen und literarische Verfahren soziologische Begriffe »verfeinern« können.[98] Alkemeyer diagnostiziert *der* Soziologie, dass sie sich noch immer um Phänomene herumdrücke, die sich dem »rationalen, logozentrischen Erkennen« entziehen und die dazu auch noch »sprachlich nur schwer zu artikulieren sind«.[99] Die kritische Einschätzung Alkemeyers, dass *die* Soziologie »Gefühle, Leidenschaften, die praktische

95 Folgende Texte waren, auch wenn ich sie nicht alle in die vorliegende Arbeit direkt integriert habe, von unschätzbarem Wert für die Entdeckung und Formulierung von Fragen: Kramer, *Unter Deutschen;* Dieckmann, *Kinder greifen zur Gewalt;* Aydemir, *Ellenbogen;* Enzensberger, *Mittelmaß und Wahn;* ders., *Schreckensmänner;* Musil, *Der Fall Moosbrugger.*

96 Um das, was Bolaño durch die formale und stilistische Gestaltung zu erzeugen beabsichtigt, begreifen zu können, ist es wichtig, die etwas mehr als dreihundert Seiten des Kapitels in einem Durchgang zu lesen.

97 Bolaño, *2666;* Camus, *Der Fremde.*

98 Alkemeyer, »Literatur als Ethnographie«; vgl. für ein anregendes Beispiel, wie Literatur die soziologische Begriffsarbeit verfeinern kann: Bourdieu, *Die männliche Herrschaft*, S. 122–141.

99 Alkemeyer, »Literatur als Ethnographie«, S. 18.

Intelligenz des Körpers, das Erleben« weitgehend ausblende und »die Menschen nach wie vor primär als körperlose Geisteswesen«[100] behandele – eine Einschätzung, die der mehr als drei Jahrzehnte zuvor geäußerten Kritik von Trothas recht ähnlich ist –, würde ich in Bezug auf Gegenstände und Fragen gewaltsoziologischer Forschung nicht teilen. In dieser Hinsicht hat sich viel getan. Das ist aber nur der eine Teil des Arguments Alkemeyers. Seine Kritik hat Gültigkeit, wenn sie auf die Frage abzielt, wie »Gefühle, Leidenschaften, die praktische Intelligenz des Körpers, das Erleben« in eine soziologogische Sprache zu bringen sind. Als Problem der gewaltsoziologischen Theorie, so würde ich in Anschluss und in Abgrenzung zu Alkemeyer sagen, sind Körper- und Sinnesbezug von Gewalthandlungen erkannt, als Problem einer soziologischen Sprache, bleiben sie weitgehend ausgeblendet.[101]

Nicht das, was in einem literarischen Text erzählt wird, sondern wie es erzählt wird, kann bei dem schwierigen Unterfangen unterstützen, Phänomene der Gewalt zu beschreiben und »richtig zu benennen«.[102] In diesem Sinne lese ich Albert Camus' *Der Fremde* im Kontext der vorliegenden Untersuchung. Es ist vor allem der Stil und die Sprache des Romans, die dabei helfen, das, was ich in den Gewaltgeschehen zu entdecken meine, besser zu beschreiben. Wie Camus die Welt seines Protagonisten Meursault sprachlich ausgestaltet, wie er den Weg zur Gewalttat hin und dann das, was nach der Tat geschieht, darstellt, kann uns etwas über die hier untersuchten Gewaltgeschehen *erzählen*, von dem die soziologische Sprache nichts zu sagen weiß.

Weiteres Material: Ethnografische Beobachtungen, Videoaufnahmen, Notizen

Für die Untersuchung habe ich auf ethnografische Beobachtungen von gewalttätigen Auseinandersetzungen zurückgegriffen, die ich über

100 Alle Zitate: ebd.

101 Wobei Inhalt und Form auch in soziologischen Arbeiten nicht so einfach voneinander zu trennen sind. Die geschriebene Sprache wirkt immer auch auf die gewalttheoretischen Erklärungen zurück.

102 Und noch viel grundlegender: Bereits für das Entdecken relevanter Fragen war nichtwissenschaftliche Literatur mindestens gleichbedeutend mit wissenschaftlichen Texten.

die Jahre hinweg angestellt habe.[103] Zusätzlich habe ich die hier entwickelten Überlegungen, insbesondere hinsichtlich der situativen Dynamik der Gewaltgeschehen und der konkreten Gewalthandlungsvollzüge, mit Videoaufnahmen vergleichbarer Gewaltgeschehen, die auf Plattformen wie YouTube oder der Homepage www.realviolence.com unter dem Schlagwort *curb / head stomp* veröffentlicht wurden, kontrastiert.[104] Ich habe die Überlegungen um einen bekannten Mordfall ergänzt, in dem das Opfer durch einen *curb-stomp*-Tritt ermordet wurde. Dieser Fall dient zur Kontrastierung, ermöglicht aber auch ein tieferes Verständnis für die Frage, wie die Gewaltform Fuß- und Stampftritte gegen den Kopf einer am Boden liegenden Person mit popkulturell und medial vermittelten Handlungsmustern zusammenhängen kann. Nicht zuletzt habe ich Inszenierungen und Ästhetisierungen dieser Form der Gewalt in die Untersuchung integriert.

103 Darüber hinaus konnte ich an Überlegungen anschließen, die aus der gemeinsamen Arbeit mit Studierenden an den Universitäten Bielefeld und Bayreuth und der Helmut-Schmidt-Universität in Hamburg hervorgegangen sind.

104 Die Videos unterstützen dabei, mehr über den konkreten körperliche Handlungsvollzug zu erfahren. Da ich nichts über ihre Entstehungskontexte in Erfahrung bringen konnte und da die Videoaufnahmen oftmals abrupt abbrechen, habe ich sie aber nur punktuell in die Analyse integriert.

Vier Fälle unvermittelter Gewalt

Die Rekonstruktionen stützen sich auf polizeiliche Ermittlungs- und Gerichtsdokumente zu vier Fällen, die strafrechtlich als versuchte Totschlagsdelikte[1] verfolgt wurden. Die Fälle ereigneten sich in den Jahren von 2014 bis 2017. Die Gewaltausübenden waren Männer, die zum Tatzeitpunkt zwischen 19 und 33 Jahren alt waren. Um eine Identifikation der Fälle zu verhindern, werde ich weder den örtlichen Bezug der Taten offenlegen noch Angaben zu den zuständigen Ermittlungsbehörden und Staatsanwaltschaften machen oder die Aktenzeichen der Fälle nennen.[2] Ebenso werde ich die juristischen Konsequenzen für die Gewaltausübenden nicht angeben (mit Ausnahme Fall 1). Keines der Gewaltopfer, die zum Tatzeitpunkt zwischen 22 und 51 Jahren[3] alt waren, ist an den brutalen Gewalthandlungen verstorben. Soweit ich den Akten entnehmen konnte, haben die Gewalttaten nicht zu schweren bleibenden Schäden geführt. Die erlittene Gewalt muss die Lebens-

---

1 Vgl. zum Tatvorwurf versuchter Totschlag §212 StGB: (1) Wer einen Menschen tötet, ohne Mörder zu sein, wird als Totschläger mit Freiheitsstrafe nicht unter fünf Jahren bestraft. (2) In besonders schweren Fällen ist auf lebenslange Freiheitsstrafe zu erkennen.

2 Alle hierzu relevanten Informationen (wie etwa die Aktenzeichen der Fälle, Angaben zur zuständigen Polizeidirektion und Staatsanwaltschaft usw.) liegen der Erstgutachterin der Dissertation, Prof. Dr. Teresa Koloma Beck, und dem Zweitgutachter, Prof. Dr. Georg Kamphausen, vor.

3 In einem Fall ist die Altersdifferenz zwischen dem Gewaltausübenden und der gewaltbetroffenen Person auffallend. Da dem Altersunterschied in den Ermittlungen kein besonderes Gewicht beigemessen wurde und auch meine Rekonstruktion des Falls eine besondere Bedeutung des Altersunterschieds nicht ersichtlich werden ließ, habe ich mich aus datenschutzrechtlichen Gründen dazu entschieden, eine Zuordnung zu einem der Fälle nicht vorzunehmen.

selbstverständlichkeit der Gewaltopfer erschüttert haben. Im Zuge der Arbeit an dem Text habe ich auch Scham empfunden, weil ich, um den Moment des Sprungs in die schwere Gewalt zu verstehen, von den Tätern aus denke. Für ein Verständnis dieser Gewalttaten ist entscheidend, so meine Überzeugung, dass im Handlungsmodus der Gewalttäter das Gegenüber – als konkretes Gegenüber, als Mensch mit einer eigenen Geschichte, mit Träumen, Sehnsüchten und Sorgen – nicht vorkommt. Ich habe versucht, die Situationen zu verstehen, ohne die erlittene Gewalt in ihrer Brutalität zu versachlichen. Aber wie man es auch dreht und wendet: Auch der Text macht die Gewaltopfer als konkrete Menschen unsichtbar.

Zur Verdichtung von Deutungen im Material und in den Rekonstruktionen

Die Rekonstruktion der Gewaltgeschehen ist mit verschiedenen formalen wie inhaltlichen Schwierigkeiten konfrontiert. Die juristische Zurichtung des Materials habe ich bereits als methodisches Problem diskutiert. In Auseinandersetzung mit den Fällen ist diese Kritik noch zu präzisieren: Auch in Fällen, bei denen keine eindeutige Motivlage ermittelt werden kann, etwa ein bestehender persönlicher Konflikt, eine ideologische Motivation oder das Motiv der Bereicherung, verfestigten sich im Fortgang der polizeilichen Untersuchung Interpretationen der Geschehensabläufe. Für die dokumentarische Rekonstruktion der Fälle stellte sich die Frage, wie mit diesen sich verfestigenden Einschätzungen umzugehen sei, ohne dabei die Genauigkeit und Gewissenhaftigkeit der Ermittlungen, wie die Glaubhaftigkeit der unterschiedlichen Darstellungen selbst, unablässig infrage zu stellen, noch, wie es Michael Wildt formuliert, die Gefahr zu unterschätzen, »das Geschriebene mit dem Wirklichen zu verwechseln«.[4] Die dokumentarischen Rekonstruktionen folgen einer kritisch-komparatistischen Vorgehensweise. In ihnen wird die Vielheit der Perspektiven nicht zuerst als Problem, sondern auch als Möglichkeit der Untersuchung verstanden, die Widersprüchlichkeit, Aufgeladenheit und Uneindeu-

4 Wildt, »Differierende Wahrheiten«, S. 54.

tigkeit der Konfliktsituationen zu erhalten. In den Rekonstruktionen zitiere ich deshalb ausführlich Passagen aus dem Datenkorpus. Ich versuche die Gewaltgeschehen mit den (unzuverlässigen) Augen der Beteiligten zu betrachten. Wenn eine Situation unklar bleibt, werden die Widersprüche benannt und stehen gelassen, anstatt sie aufzulösen.

Das heißt nicht, dass die polizeiliche und juristische Zurichtung des Materials aufzuheben wäre. Die Rekonstruktionen spiegeln selbstverständlich die im Ermittlungsverlauf verfestigenden Deutungsmuster. Eine Schwierigkeit des Datenkorpus besteht darin, dass die Sichtweise auf ein Geschehen auch deswegen zustande kommt, da in Vernehmungen und Zeugenbefragungen immer gezielter nachgefragt werden kann, je weiter die Ermittlungen fortgeschritten sind. Die Auswahl der Fragen prägt die Möglichkeit der Antworten. Eine einmal als plausibel erachtete Deutung des Situationsverlaufs wird zur Grundlage für die weitere Fallbearbeitung genommen. Die Ermittlungen verdichten sich immer mehr zu dieser Deutung. Auch wenn ich mich auf frühe Ermittlungsdokumente konzentriert habe, in denen die Geschehensdeutung noch nicht gefestigt war, liegt den dokumentarischen Rekonstruktionen Material zugrunde, in welchem bestimmten Aspekten der Gewaltsituationen größere Bedeutung zukommt, während andere Aspekte vernachlässigt werden oder ihnen gar keine Beachtung beigemessen wird.

Weil dies so ist, haben die dokumentarischen Rekonstruktionen einen in den Daten gründenden Bias: In Fall 1 verdichtet sich die Rekonstruktion auf eine die Gewalthandlung mitauslösende Alkoholisierung. In Fall 2 verdichtet sich die Rekonstruktion auf eine die Gewalthandlung mitbegünstigende biografische und gewaltkriminelle Vorgeschichte in Zusammenhang mit der Alkoholisierung. In Fall 3 verdichtet sich die Rekonstruktion auf einen die Gewalthandlung mitverursachenden, überschießenden Handlungsimpuls als Teil der situativen Dynamik. In Fall 4 verdichtet sich die Rekonstruktion auf eine die Gewalthandlung mithervorbringende Gruppendynamik. Aber auch wenn sich diese Geschehensdeutungen verfestigen, wird der Moment der Gewalthandlung in allen Fällen als unvermittelt bezeichnet.

In welche Richtungen die polizeilichen Ermittlungen gingen, ist bei der Lektüre der dokumentarischen Rekonstruktionen immer zu vergegenwärtigen. Zugleich, und das war reines forschungspraktisches Glück, verfestigten sich in den polizeilichen Ermittlungen und damit zwangsläufig in den dokumentarischen Rekonstruktionen verschiedene Deutungen (Alkoholisierung, biografische Vorgeschichte, überschießender Handlungsimpuls, situative Gruppendynamik). Die Rekonstruktionen der einzelnen Fälle können also in Bezug und Abgrenzung zueinander gelesen werden. Die vier Rekonstruktionen verdichten zwar je einen Aspekt, es ist aber immer ein Aspekt, der auch in den jeweils anderen Gewaltsituationen eine Rolle spielt – und umgekehrt (eine Ausnahme stellt Fall 1 dar). Liest man die dokumentarischen Rekonstruktionen nun auch hinsichtlich der Frage, was sie über den jeweils anderen Fall aussagen können, so ermöglicht die vergleichende Lektüre einen tiefen Einblick in diesen Typus Gewaltsituation. Das heißt keineswegs, dass die vier Fälle ein Fall sind. Die Fälle unterscheiden sich erheblich voneinander. Um es zu wiederholen: Es gibt keine identischen Gewaltgeschehen. Noch weniger gibt es definitive Rekonstruktionen und Analysen derselben. Doch es gibt beschreibbare Muster und Gemeinsamkeiten: Den untersuchten Gewaltgeschehen liegen vergleichbare situative Dynamiken zugrunde (etwa die Nichtigkeit des Anlasses und die Plötzlichkeit der Gewalt). Die Gewaltausübenden sind, in unterschiedlichem Maße, alkoholisiert. Die Gewalthandlungen werden in einer vergleichbaren Form ausgeführt (Fuß- und/oder Stampftritte gegen den Kopf einer am Boden liegenden Person). Die Gewaltausübenden wirken ähnlich brutal aktiv und zugleich fern von der von ihnen ausgeübten Handlung.

Forschungspraktische Entscheidungen der Rekonstruktionen

Um möglichst präzise Rekonstruktionen vorzulegen, kann es notwendig sein, Faktoren wie biografische und gewaltkriminelle Vorgeschichte, persönliche Umstände, die in einem Bezug zum Gewaltgeschehen stehen, in die Darstellung zu integrieren. Wesentlich hierbei ist, dass die Verwendung der Daten nicht dazu führen darf, Personen eindeutig identifizieren zu können.[5] Um eine eindeutige

5 Vgl. zur Frage der Verwendung personenbezogener Daten: Polaschek, »Probleme der Verwendung von Strafakten in der zeitgeschichtlichen Forschung«. Mit der Bitte ein besonderes Augenmerk auf das Kapitel der dokumentarischen Rekonstruktionen zu richten, habe ich dem leitenden Oberstaatsanwalt, der mir den Zu-

Identifizierung von Personen zu verunmöglichen, habe ich Entscheidungen getroffen, die Auswirkungen auf die Genauigkeit und Aussagekraft der Rekonstruktionen haben.

Um die Anonymität der an den Gewaltsituationen beteiligten Personen zu gewährleisten, wurden alle Namen in Buchstaben übersetzt: In den vier Fällen wird der Gewaltausübende mit **A** (fett) bezeichnet und der Gewaltbetroffene mit **B** (fett). In den Fällen, in denen **A** und/oder **B** mit einer Gruppe unterwegs waren und Personen aus dieser Gruppe an den Geschehen beteiligt waren, sei es, weil sie in die Entstehung eines Konflikts involviert waren oder sei es, weil sie in das Gewaltgeschehen eingegriffen haben beziehungsweise daran mitbeteiligt waren, werden die Personen, die zur Gruppe des Gewaltausübenden **A** gehören, alphabetisch fortlaufend bezeichnet, also etwa **C**$^{(A)}$, **D**$^{(A)}$, **E**$^{(A)}$ usw. Personen aus der Gruppe des Gewaltbetroffenen **B** werden mit Buchstaben bezeichnet, die am Ende des Alphabets stehen, also etwa **X**$^{(B)}$, **Y**$^{(B)}$, **Z**$^{(B)}$. Dies soll der Leserin und dem Leser eine schnellere Orientierung im Text ermöglichen. Der hochgestellte Buchstabe zeigt zudem zusätzlich an, zu welcher Gruppe die Person gehört. Personen, die zu keiner der beiden an den Gewaltgeschehen beteiligten Gruppen gehören, werden anhand bestimmter Tätigkeiten und Positionen im Geschehen bezeichnet, etwa Autofahrer, Angestellter, Taxifahrerin oder schlicht Zeugin.

Die Entscheidung, die Personen anhand von Buchstaben zu bezeichnen und nicht anhand fiktiver Namen zu pseudonymisieren, habe ich aus zwei Gründen getroffen: Erstens betont die gewählte Form, im Gegensatz zur Verwendung von fiktiven Namen, das Ähnliche der Fälle. Durch die einheitliche Bezeichnung wird die Perspektive weg von konkreten Personen und hin zur sozialen Konfiguration und dem Moment des Gewaltausbruchs gelenkt.

Die Schwäche der Vorgehensweise besteht aber nun auch genau darin: Die Gewaltsituationen und die in diesen handelnden Personen werden angeglichen. Fiktive Namen machen im Unterschied zur Verwendung von Buchstaben greifbarer, dass an den Situationen konkrete Menschen beteiligt sind.

---

gang zu den Dokumenten ermöglicht hat, das gesamte Manuskript vor Veröffentlichung vorgelegt. Er hat gegenüber einer Veröffentlichung in der hier gewählten Form keinerlei Bedenken geäußert.

Demgegenüber, und das war letztlich ausschlaggebend für die Entscheidung, suggeriert die Verwendung fiktiver Namen eine Nähe zu Personen, die weder für den Verfasser der Untersuchung noch die Leserin der Studie gegeben ist. Die Verwendung von Buchstaben unterstützt den sachlichen Charakter der Rekonstruktionen. Die gewählte Form ist damit auch näher am empirischen Material, das den Rekonstruktionen zugrunde liegt.

In den Rekonstruktionen habe ich zudem darauf verzichtet, Alter, Nationalität, Religionszugehörigkeit und Beruf anzugeben. In manchen Fällen kann auf bestimmte Merkmale aufgrund der zitierten Aussagen von Geschehensbeteiligten geschlossen werden. Die Aussagen wurden unverändert in die Darstellungen integriert, weil die Zuschreibung einer Nationalität, eines kulturellen Hintergrunds oder der Religionszugehörigkeit durch eine am Geschehen beteiligte Person etwas über die Entstehung und die Dynamik der Konflikt- und Gewaltsituation mitteilen kann. Das heißt aber nicht, dass die Zuschreibung durch eine Person die andere Person treffend bezeichnet. Ich lasse das in den Rekonstruktionen bewusst offen. Insgesamt, und das ist ohne Zweifel ein strittiger Punkt, erachte ich die genannten Merkmale für den Versuch, den Moment des Sprungs in die Gewalt zu beschreiben, für nicht zentral. Dennoch gilt auch hier die obenstehende Kritik: Die Darstellungsweise objektiviert die Gewaltausübenden.

Zusätzlich habe ich in den Rekonstruktionen die Verfahren der Pseudonymisierung, Aggregation und Ersetzung von Informationen eingesetzt. Die Beschreibung der örtlichen Situationskontexte ist, soweit dies die Aktenlage zulässt, dabei einerseits wirklichkeitsgetreu. Zugleich verwende ich in den Rekonstruktionen beispielsweise den Begriff der Lokalität als Überbegriff von Diskothek, Bar oder Casino; sofern es nicht entscheidend war, ob sich eine Gewaltsituation vor einer Diskothek oder genau *dieser* Diskothek ereignete. Auch in der Beschreibung der Situationsverläufe habe ich, wenn diese für ein Verständnis der situativen Dynamik nicht wesentlich ist, bestimmte Details vergröbert.

Alle diese Eingriffe sind kritisch zu reflektieren: So ist es für die Beschreibung eines Falls vielleicht wichtig, ob ein Gewaltausübender, kurz bevor es zu einer schweren Gewalthandlung kommt, mit Freunden gefeiert hat. Aber es muss nicht wichtig sein – *kann aber wichtig sein* –, wo diese Feier stattgefunden hat und wer alles dabei war. So ist es für einen bestimmten Fall vielleicht wichtig, dass ein Gewaltausübender eine Migrationsgeschichte hat, etwa um Identitätskonflikte, die in den Dokumenten behandelt werden, beschreiben zu können. Aber es muss nicht wichtig sein – *kann aber sehr wichtig sein* –, woher er oder seine Familie genau stammt.

Ich treffe also beständig Entscheidungen, die sich auf die Rekonstruktionen und damit auch auf die Interpretationen der Geschehnisse auswirken. Die Eigenlogik des Datenmaterials, datenschutzrechtliche Gesichtspunkte, aber auch das Erkenntnissinteresse der Untersuchung tragen dazu bei, dass soziale Geschehen, die angespannt und chaotisch verlaufen, in die Menschen, mit ihrer je eigenen Geschichte, körperlich und emotional verstrickt sind, vereinseitigt werden. Es ist wichtig, sich stets zu vergegenwärtigen, dass die dokumentarischen Rekonstruktionen der Fälle die Situationen immer auch mitkonstruieren.

Rekonstruktion Fall 1[6]

> »Als erschwerender Faktor kommt hinzu, dass die beiden ein freundschaftliches und friedfertiges Verhältnis zueinander pflegten, das anscheinend zu keinem Zeitpunkt gestört war.«[7]
> *Aus dem Ermittlungsbericht*

An einem Samstagabend treffen sich **A** und **B** mit vier weiteren Personen in einer Wohngemeinschaft. Man habe sich getroffen »zum gemütlichen Zusammensitzen, bisschen was trinken, reden, paar Spiele gespielt«.[8] Die Anwesenden beschreiben die Atmosphäre während des »Vorglühens«[9] als »ausgelassen, freundlich«[10], als »total entspannt«[11].

6 Aufgrund des Leseflusses habe ich in den Rekonstruktionen grobe Rechtschreib- und Grammatikfehler, die in den Dokumenten enthalten waren, stillschweigend korrigiert. Auch Idiome, die eine Lokalisierung der Gewaltsituationen erleichtern könnten, habe ich nivelliert.

7 Fall 1, Ermittlungsbericht, Band 1, Blatt 141 f.

8 Fall 1, Zeugenaussage Anwesende, Band 2, Blatt 238.

9 Fall 1, Formulierung des ermittelnden Beamten während einer Vernehmung, Band 2, Blatt 384.

10 Fall 1, Zeugenaussage Anwesender, Band 1, Blatt 239.

11 Fall 1, Zeugenaussage Anwesende, Band 2, Blatt 394.

Die Frage, ob es Streit gegeben habe, wird von einer der Anwesenden in ihrer Zeugenaussage verneint: »Also nichts über das Gewöhnliche, mach die blöden Schlagerlieder aus, nein, es ist super, also nichts irgendwas mit irgendwie schlechten Intentionen dahinter. Also eher freundliches Gezanke, allerhöchstens. Also nichts, was irgendwie besorgniserregend wäre, meines Wissens.«[12] Ein anderer der Anwesenden gibt in seiner Aussage an, dass sich die Attacke von **A** auf **B** nicht abgezeichnet habe: »Nein, überhaupt nicht. Also für mich gab es gar keine Anzeichen, also keinerlei Streitigkeiten oder auch nur irgendwie Andeutungen, dass da irgendein Streit ist.«[13] In ähnlicher Weise wird über den Alkoholkonsum und seine Wirkung auf **A** und **B** gesprochen. Zwar sei **B** »gut angetrunken« gewesen, aber dabei »bester Laune«. Er habe »viel rumgetanzt, gesungen, andere Leute zum Tanzen animiert«.[14] Ein Anwesender beschreibt **B**.s körperlichen Zustand: »Der **B** war definitiv angetrunken, also man hat's auch gemerkt. Aber jetzt nicht so, dass ich mir irgendwie Sorgen gemacht hätte. Also er hat noch klare Sätze gesprochen. Hat nicht geschwankt oder sowas. Also, war definitiv lustig drauf, also war, würde ich sagen gut angetrunken, aber nichts, wo ich mir persönlich jetzt hätte Sorgen gemacht.«[15]

Dieselbe anwesende Person beschreibt weiter, dass sie **A** »[vom Alkoholgehalt her] nicht einschätzen [konnte]«. Er sei »eh schon bisschen ruhiger«, habe »halt dann gegrinst«.[16] »Aber«, so fährt er fort, »ich hätte jetzt nicht gesagt, dass einer von ihnen irgendwie so betrunken ist, dass er irgendwie Einschränkungen hätte oder stärkere Einschränkungen, die mir jetzt direkt aufgefallen wären.«[17] **B**, der seinen Kumpel **A** schon öfters betrunken erlebt hatte – »Ja, logisch«[18] –, schätzt ein, dass **A** an diesem Abend »ein bisschen drüber«[19] war. Aus seiner Aussage wird aber auch deutlich, dass er **A**.s Trinkverhalten bisher nie als exzessiv oder gar aggressivitätsfördernd wahrgenommen habe (»... aber noch nie so, dass er sich irgendwie danebenbenommen

12 Fall 1, Zeugenaussage Anwesender, Band 2, Blatt 426.
13 Fall 1, Zeugenaussage Anwesender Band 2, Blatt 241.
14 Fall 1, Zeugenaussage Anwesender Band 2, Blatt 240 f.
15 Fall 1, Zeugenaussage Anwesender Band 2, Blatt 424.
16 Ebd.
17 Ebd.
18 Fall 1, Aussage Geschädigter, Band 2, Blatt 385.
19 Ebd.

hätte oder so«[20]). **A** und **B**, so lassen sich die verschiedenen Aussagen zusammenfassen, waren gut angetrunken, aber zum Zeitpunkt des Verlassens der Wohngemeinschaft weder in einem die anderen Anwesenden zur Sorge veranlassenden Zustand, noch gab es Anzeichen für einen sich anbahnenden Konflikt zwischen ihnen. Der Abend verlief bis dahin – so legen alle Aussagen nahe – »richtig lustig«[21]. Als die Gruppe kurz nach Mitternacht aufbricht, splittet sie sich auf. Zwei Personen fahren mit dem Auto in die Innenstadt vor. Die anderen begeben sich zur nächstgelegenen U-Bahnstation. Dort trennt sich die nun verbliebene Gruppe erneut. **B** und **A** rennen los, um die U-Bahn zu erwischen. Sie erreichen die Bahn, doch steigen sie in eine Bahn, die in stadtauswärtige Richtung fährt. Nach ein oder zwei Stationen bemerken sie ihren Fehler und steigen aus. Die Sichtung von Videoaufnahmen, die in Bereichen der U-Bahn von Sicherheitskameras aufgezeichnet wurden, zeigt »ein völlig unauffälliges Verhältnis zwischen dem Beschuldigten und Geschädigtem. Zu keiner Zeit sind Szenen oder sonstige Ereignisse erkennbar, welche das spätere Vorgehen erklären würden«.[22] Die Aufnahmen zeigen, wie sie sich die beiden am Bahnsteig umarmen. **A** und **B** warten nun nicht auf den nächsten Zug, sondern verlassen die U-Bahnstation, um zu Fuß in die Innenstadt zurückzulaufen. Irgendwann außerhalb der Station verändert sich das Geschehen. Die Straße ist vierspurig, in der Mitte wird sie durch einen Grünstreifen getrennt.[23] Zu beiden Seiten stehen mehrstöckige Wohnblocks. Die Straße ist mit Laternen flankiert, der Gehweg nicht. Zwischen Straße und Gehweg liegt ein etwa eineinhalb bis zwei Meter breiter Rasenstreifen. Der Gehweg wird in Richtung der Wohnhäuser von einer etwa ein bis eineinhalb Meter hohen Mauer begrenzt. Hier laufen **B** und **A** stadteinwärts. Plötzlich läuft **A** auf die Straße. Der Fahrer eines Wagens sieht ihn aus etwa 100 Meter Entfernung auf der Straße stehen. Er bremst bis zur Schrittgeschwindigkeit ab, da sich **A** nicht von der Stelle bewegt: »Der hat sich kaum bewegt, also ist gar

20 Ebd.

21 Fall 1, Zeugenaussage Anwesende, Band 2, Blatt 394.

22 Fall 1, Ermittlungsbericht, Band 1, Blatt 139.

23 In den Akten finden sich Fotografien der Nachstellung des Tathergangs. Auch wenn sich das Gewaltgeschehen in der Nacht ereignete, ermöglichen die Abbildungen, sich eine Vorstellung vom Ort des Geschehens zu machen.

nicht von der Fahrbahn runtergegangen.« **A** stellt sich so auf die Fahrbahn, dass der Fahrer nicht an ihm vorbeifahren kann. Er beschreibt, dass **A** »mit beiden Händen auf das Auto haut«.[24] In seiner Aussage heißt es weiter: »Er hat mit Wucht ausgeholt und dann die Aggression, die er hatte, an meinem Auto rausgelassen.«[25] Daraufhin steigt der Fahrer aus und spricht **A** an. Dieser, so gibt der Fahrer an, beschimpft ihn als »Wichser«[26]. Geht dann »hin und her«[27] und schlägt weiter gegen das Auto. Eine der beiden Mitfahrerinnen, die Mutter der Freundin des Fahrers, die ebenfalls im Wagen sitzt, öffnet ihre Tür und sagt **A**, dass er aufhören solle, sie werde die Polizei rufen.

A streckt ihr beide Mittelfinger entgegen. Die Zeugin gibt an, so aufgeregt gewesen zu sein, dass ihr der PIN zum Entsperren des Handys nicht einfiel, weswegen sie es ihrer Tochter weiterreichte. Diese wählt den Notruf und gibt das Handy zurück. Die Freundin stand, so beschreibt ihr Freund ihren Zustand, »sowieso unter Schock«[28]. Während die Mutter mit der Notrufzentrale telefoniert, taucht ein zweiter Mann auf. Der Fahrer und die Mutter seiner Freundin stellen, was dann folgte, unterschiedlich dar. Sie beide geben an, dass der zweite Mann, es handelt sich um **B**, auf die Straße tritt. Der Fahrer sagt aus, dass dieser Mann **A** »von der Fahrbahn ziehen [wollte]«[29]. Er beschreibt die Situation: »Kurze Rangelei war das hier vorne und daraufhin sind die langsam rübergegangen, also mit der Rangelei.«[30] Dann habe er sich vom Geschehen abgewendet, da er Stress aus dem Weg gehen wollte und nun auch hätte weiterfahren können. Beim Einsteigen in das Auto habe er aber noch einmal in die Richtung der beiden Männer geschaut: »Und wo ich meinen Kopf gedreht hab, ich war noch nicht innen drinnen, ich hab nur noch gesehen, wie die, wie die beschädigte Person auf dem Boden liegt und er mit Tritten und so…«[31]

Die Mitfahrerin berichtet dagegen, dass der Mann, der auf die Straße hinzukommt, »auf ihn [**A**, Anm. des Verfassers] zugegangen

---

24 Fall 1, Zeugenaussage Fahrer PKW, Band 2, Blatt 247.
25 Ebd., Band 2, Blatt 248.
26 Ebd.
27 Ebd.
28 Ebd., Band 2, Blatt 248 f.
29 Fall 1, Zeugenaussage Fahrer PKW, Band 2, Blatt 249.
30 Ebd.
31 Ebd.

[ist], dann irgendwas so, solche Faxen gemacht [hat]. Der war auch nicht grad, glaub ich, ganz, war, auch besoffen oder was weiß ich.«[32] Und dann, so führt sie weiter aus, »ist der andere [A, Anm. d. Verf.] auf einmal auf ihn losgegangen«.[33] Er habe ihn »geschubst« und »geschlagen«, und »dann ist er [B, Anm. d. Verf.] hingefallen«.[34] Sie beschreibt, wie die Situation weitergeht: »Und dann ist er hingefallen und während er, wie er auf dem Boden lag, dann hat er ihn erstmal am Körper getreten und dann hat er sich dran [an der Mauer, die den Gehsteig in Richtung Wohnhäuser abgrenzte, Anm. d. Verf.] festgehalten, weil er selber wahrscheinlich nicht stehen konnte und Gleichgewicht halten, hat er sich festgehalten an der Mauer und dann auf den Kopf bestimmt zehn Tritte.«[35] Die Zeugin antwortet auf die Frage des Polizeibeamten nach der Heftigkeit der Tritte, die, so hatte sie während ihrer Aussage demonstriert, »von oben nach unten« ausgeführt wurden: »Mit voller Wucht, der war sowas von wütend, 9, 10 würde ich locker sagen.[36] Also mir kam, ich habe gedacht, der ist tot. Der hat sich auch gar nicht mehr gerührt praktisch.«[37]

Die Tritte beschreibt auch ein anderer Zeuge, der von dem Lärm auf der Straße auf die Situation aufmerksam wurde und das Geschehen von seinem Balkon aus beobachten konnte, in bildhafter Sprache: »Wie ein Presslufthammer würde ich sagen. Buff, buff, das ging so schnell.«[38]

Weder **A** noch **B** können Angaben zur Entstehung der Situation oder zum konkreten Moment des Gewaltausbruchs machen. **B** sagt

---

32 Fall 1, Zeugenaussage Mitfahrerin 1 PKW, Band 2, Blatt 267.

33 Ebd.

34 Ebd.

35 Ebd., Band 2, Blatt 268.

36 Die Zeug:innen werden während der Aussagen oftmals dazu aufgefordert, die Stärke der Gewalt mithilfe einer Skala von 1 (sehr schwach) bis 10 (sehr stark) anzugeben.

37 Ebd.

38 Fall 1, Zeugenaussage Zeuge Balkon, Band 2, Blatt 223. Im Laufe der Aussage zeigt sich jedoch, dass der Zeuge die Gewalt nur aus einem eingeschränkten Blickwinkel sehen konnte. Er konnte erkennen, wie der Gewaltausübende sich an der Mauer abstützte und Tritt- bzw. Stampfbewegungen ausführte. Aufgrund seiner Position und der Höhe der Mauer konnte er jedoch nicht erkennen, ob die Tritte den Kopf des Gewalterleidenden oder andere Körperteile trafen. Da der Zeuge Erste Hilfe leistete und die Kopfverletzungen des Gewalterleidenden sah, schlussfolgerte er, dass die Tritte gegen den Kopf ausgeführt wurden.

aus, dass er »nur durch den Bericht« vom Ablauf des Geschehens wisse. »Aber selbst das«, so ergänzt er, »wirkt sehr unreal.«[39]

A äußerte direkt nach seiner Festsetzung, dass er sich an nichts erinnern könne, änderte kurz später seine Aussage und gab nun an, sich daran zu erinnern, dass er auf die Straße gegangen sei und ein Auto gestoppt habe. Daraufhin sei es zu einer Auseinandersetzung mit dem Fahrer des Wagens gekommen. Dieser habe ihn getreten. Wo sich **B** zu diesem Zeitpunkt befand, wisse er nicht.[40]

Wann genau und vor allem warum **A** von **B** abließ, ist unklar. Der Fahrer des Wagens gibt an, er sei »sehr laut« geworden und habe sich in Richtung von **A** bewegt. Erst als er auf **A** zugegangen sei, habe dieser aufgehört und sei weggerannt.[41] Die Mutter der Freundin kann nicht angeben, ob **A** »von alleine« aufgehört hat, auf **B** einzutreten, oder ob er erst dann stoppte, als der Freund ihrer Tochter auf ihn zugegangen ist. Sie habe die Situation über mit der Notrufzentrale telefoniert, sodass sie immer wieder abgelenkt war.[42]

Der Mann, der das Geschehen von seinem Balkon aus beobachtet hatte, gibt an, vom Balkon aus »runter geschrien [zu haben]«. Er berichtet auch von einem zweiten Auto, das angehalten habe und aus dem »ein paar jüngere Kerle« hinter **A**, der vom Ort des Geschehens flüchtete, hinterhergerannt sind.[43] Ob aber wirklich die Insassen eines zweiten Autos in die Situation eingegriffen haben, ist nicht sicher. Ebenso gut kann es sein, dass der Zeuge Personen gesehen hat, die in einem Hinterhof saßen und zum Ende des Geschehens dazustießen. Sie sind durch die Schreie des Fahrers auf die Situation aufmerksam geworden und haben dann vor allem Erste Hilfe geleistet.

Darüber, wie lange das Geschehen dauerte, finden sich nur wenige Hinweise. Eine Zeugin, die das Ende der Situation aus ihrer Wohnung beobachtet hatte, gibt die Einschätzung ab, dass das »Geschrei« vielleicht fünf bis so sieben Minuten gedauert habe.[44] **A** wurde

---

39 Fall 1, Zeugenaussage Geschädigter, Band 2, Blatt 380.

40 Fall 1, Aktenvermerk direkt nach Festsetzung, Band 1, Blatt 5. (Im weiteren Verlauf der Ermittlungen wird sich A zu den gegen ihn erhobenen Vorwürfen nicht mehr äußern.)

41 Fall 1, Zeugenaussage Fahrer PKW, Band 2, Blatt 250.

42 Fall 1, Frühe Zeugenaussage Mitfahrerin 1 PKW, Band 1, Blatt 39.

43 Fall 1, Zeugenaussage Zeuge Balkon, Band 2, Blatt 223.

44 Fall 1, Zeugenaussage, Band 1, Blatt 331.

wenig später in der Nähe des Geschehens von einer Streife festgesetzt. Er suchte, so ist in einem Aktenvermerk zu lesen, immer wieder das Gespräch mit einer Polizeibeamtin: »Er meinte, er sei doch ein ganz netter Mensch, der niemandem etwas antun könne und er verstehe nicht, warum wir gerade auf ihn als möglichen Täter gekommen sind. Er habe doch nie etwas angestellt oder Drogen konsumiert. Er vergaß lediglich das Ummelden.«[45]

Im Ermittlungsbericht wird zum Motiv festgehalten: »Es konnte bisher kein Motiv ermittelt werden, das die Attacke des Beschuldigten zum Nachteil des Geschädigten erklären könnte.«[46]

B gibt in seiner Aussage an, dass er »das [den Angriff durch seinen Freund, Anm. d. Verf.] wohl so hinnehmen [muss]«.[47] **A**.s Charakter beschreibt er als »sehr ruhig, bedacht, er hat nie irgendwelche Erscheinungen von Gewalt und Aggression gegen irgendetwas oder irgendwen gezeigt. Er ist immer hilfsbereit. Wenn man ihn gefragt hat ›Kannst du mir hierbei helfen oder dort oder kannst du vielleicht für mich im Supermarkt kurz was mitkaufen, weil ich grad keine Zeit hab‹ hat er das immer gemacht, ohne nachzufragen.«[48]

Der den Fall ermittelnde Beamte skizziert die Biografie **A**.s, hebt dabei hervor, dass er zwei Studienabschlüsse habe, gerade an seinem Masterabschluss sitze, er gibt Charakterisierungen wieder, in denen der junge Mann als »besonnen«, »hilfsbereit«, »nett« beschrieben wird, er äußert, der Geschädigte könne sich die Tat nicht erklären, die Schwester des Gewaltausübenden könne sich die Tat nicht erklären, die Familie sei in jeglicher Hinsicht »unauffällig«, »wohlsozialisiert«, und es ist dem Beamten wichtig zu betonen, dass der junge Mann in den Vernehmungen einen »ehrlichen« Eindruck auf ihn gemacht habe, der Beamte bringt seine Unsicherheit auf den Punkt: »Die Tat hat zum Beschuldigten überhaupt nicht gepasst.«[49]

Die einzige Erklärung, die er habe, sei die Alkoholisierung des Angeklagten, doch so richtig überzeugt war und ist er von der Erklärung nicht. Die beiden Freunde haben öfter miteinander getrunken, auch

45 Fall 1, Aktenvermerk, Band 1, Blatt 4.
46 Fall 1, Ermittlungsbericht, Band 1, Blatt 141 f.
47 Fall 1, Aussage Geschädigter, Band 2, Blatt 384.
48 Ebd., Blatt 380.
49 Interview mit Polizeibeamt:innen, 26.10.2018, Sequenz 25:19 bis 25:21.

heftiger getrunken. Es ist niemals zu Ausbrüchen, geschweige denn zu gewaltsamen Ausbrüchen zwischen ihnen gekommen.

Die Frage des Beamten, ob er generell zu Gewalt neige, wenn er trinke, verneinte **A**. Zudem war der Alkoholgehalt im Blut mit knapp über einem Promille auch nicht in dem Bereich, in dem die Ermittler von einem klaren Zusammenhang zwischen Alkoholisierung und Tat ausgehen. Auch wenn der Beamte die Alkoholisierung immer wieder als Faktor heranzieht, kann er sich den Gewaltausbruch und vor allem die Brutalität – noch dazu, weil die Gewalt von einem Freund gegen einen Freund ausgeübt wurde – nicht erklären. Er sagt: »Da stellt sich dann auch die Frage: Muss es denn immer einen Grund geben?«[50]

Rekonstruktion Fall 2

> »Wenn ich das weiß, dann erkläre ich es Ihnen. Ich weiß nur, dass die Polizei gekommen ist, dann habe ich gesehen, dass ich Blut an den Schuhen habe und die Polizei hat mir gesagt, dass ich jemanden geschlagen habe.«[51]
> *Beschuldigter A*

Als **A** die Lokalität im Bahnhofsinnenbereich betritt, hat er eine Magnum Flasche Wodka bei sich, die »aber schon ziemlich leer [war]«.[52] Eine Mitarbeiterin der Lokalität gibt an, ihn deswegen wieder nach draußen geschickt zu haben. Die Frau, die **A** von früheren Besuchen der Lokalität kennt, beschreibt ihn als »nett«, er gebe »immer gutes Trinkgeld«.[53] **A** verlässt die Lokalität und kommt vor dem Eingang mit drei Personen (aus dem »Obdachlosenmilieu«) ins Gespräch.[54] Die Gruppe, die sich spontan vor der Lokalität bildet, macht sich auf den Weg in Richtung des Gleisbereichs, um dort zu rauchen.

Es ist etwa 2:00 Uhr nachts als die Gruppe und **B** im Innenbereich des Hauptbahnhofs aufeinandertreffen. Der Beginn und der Verlauf

50 Interview mit Polizeibeamt:innen, 26.10.2018, Sequenz 48:02 bis 48:09.
51 Fall 2, Vernehmung Beschuldigter, Band 1, Blatt 107.
52 Fall 2, Aussage Angestellte Lokalität, Band 1, Blatt 248.
53 Ebd., Band 1, Blatt 247.
54 Von diesen vier sind zwei weiblich und zwei männlich.

des Geschehens lassen sich aus den Aussagen nur bruchstückhaft rekonstruieren. **B** sagt aus, »niemanden angefasst oder beleidigt [zu haben]«, er habe »den Mann [gemeint ist **A**, Anm. d. Verf.] nur höflich gebeten, damit aufzuhören am Bahnhof mit den Fäusten herumzuschlagen«.[55]

Eine Frau aus der Spontangruppe um **A** beschreibt das Aufeinandertreffen mit **B** in gegenteiliger Weise: »Kurz vor der Tür zum Bahnsteig ist dann ein Russe auf uns zugegangen und hat uns beschimpft und beleidigt.«[56] Sie haben ihm daraufhin gesagt, er solle sie in Ruhe lassen, er »aber gab keine Ruhe«[57] und folgte ihnen bis zum Bahnsteig. **B**, so fügt die Frau hinzu, vermittelte den Eindruck, »dass er stark betrunken war«.[58]

Auf Videoaufzeichnungen von Sicherheitskameras im Bahnhof ist zu sehen, wie **B** auf die Gruppe trifft. Es kommt zu einer kurzen Unterhaltung, dann, so legen es die Aufzeichnungen nahe, entsteht ein (verbaler) Konflikt, in dessen Verlauf **A B** den Mittelfinger zeigt.[59] **A** macht selbst keine Angaben zur Entstehung des Geschehens. In der Vernehmung schwört er auf »Gott«, dass er sich »an die Sache nicht erinnern kann«.[60]

Auch das Geschehen kurz vor der körperlichen Attacke von **A** auf **B** wird widersprüchlich beschrieben. Die Frau aus der Gruppe um **B**, deren Zeugenaussage am detailliertesten ist, gibt an, dass sie sich zuerst noch zwischen die beiden gestellt habe. **B** habe sich dann auch »ein Stück« von der Gruppe entfernt, aber sei, nachdem er seine Jacke ausgezogen habe, wieder auf die Gruppe zugekommen.[61] Die beiden, so sagt ein weiterer Mann aus der Spontangruppe aus, haben »angefangen, sich gegenseitig zu schubsen«.[62] **B** äußert hingegen, dass »der

55 Fall 2, Aussage Geschädigter, Band 1, Blatt 095.

56 Fall 2, Aussage Frau aus Gruppe Beschuldigter, Band 1, Blatt 269. Da die Frau, wie sie in der Vernehmung hinzufügt, Halbrussin sei und die Sprache verstehe, konnte sie aussagen, dass es sich um Beschimpfungen handelte.

57 Ebd.

58 Ebd., Band 1, Blatt 270.

59 Fall 2, Vernehmung Beschuldigter, Zusammenfassung des Geschehens und Hinleitung zu einer Frage durch ermittelnden Beamten, Band 1, Blatt 107.

60 Ebd., Band 1, Blatt 105.

61 Fall 2, Aussage Frau aus Gruppe Beschuldigter, Band 1, Blatt 269 f.

62 Fall 2, Aussage Mann aus Gruppe Beschuldigter, Band 1, Blatt 243.

Araber« ihn »auf einmal auf den Hinterkopf geschlagen [hat]«, er sei daraufhin zu Boden gegangen. »Dann«, so heißt es in der Aussage weiter, »hat mich der Araber mit den Händen und mit den Füßen getreten.«[63] Videoaufnahmen zeigen, dass beide Darstellungen Teilaspekte des Geschehens beschreiben. So kam es zu einem Handgemenge, wobei **B** Personen aus der Gruppe, die sich zwischen ihn und **A** stellen, schubst. Nachdem **B** seine Jacke ausgezogen und sie »zusammengelegt an die Eingangstüre [zum Bahnhofsbereich, Anm. d. Verf.]«[64] abgelegt hatte, bewegt er sich wieder in Richtung der Gruppe, jetzt geht **A** »unvermittelt«[65] auf **B** los – so die in einer Bildunterschrift zu einer Bildsequenz aus der Videoaufzeichnung formulierte polizeiliche Einschätzung.

In diesem Moment wird die schwere Gewalthandlung ausgeübt.[66] **B** beschreibt diese wie folgt: »Ich bin zu Boden gegangen und dann hat er mich weiter mit den Füßen getreten. Ich bin mir sicher, dass er mich 30 Mal geschlagen hat. Ich habe mein Gesicht mit den Händen abgedeckt. Der Mann hat irgendwas auf Arabisch geschimpft.«[67]

Auf die Nachfrage des ermittelnden Beamten, ob es sich um »Fußballkicks oder Stampftritte von oben«[68] handelte, gibt **B** an: »Es war beides. Am Anfang ist er auf mich draufgetreten und dann hat er auch gekickt. Wie oft er mich getreten hat, weiß ich nicht. Es waren viele Male. Die ersten Tritte waren extrem brutal und stark.«[69]

Ein Zeuge, der das Geschehen aus dem Inneren des Bahnhofs heraus beobachten konnte, beschreibt die Attacke: »Ihm wurde auf jeden Fall mehrmals gegen den Kopf getreten, das weiß ich. Der Täter stand mit dem Rücken zu mir. Ich habe schon so fünf bis sechs Tritte gegen den Kopf gesehen. Der Mann hat regelrecht mit dem Fuß ausgeholt und ähnlich wie bei Fußballspielen gegen den Kopf getreten. Der Geschädigte lag dabei am Boden und hatte die Hände schützend vor sei-

63 Fall 2, Aussage Geschädigter, Band 1, Blatt 093.
64 Fall 2, Bildunterschrift 10, Lichtbildtafeln, Band 1, Blatt 157.
65 Fall 2, Bildunterschrift 13, Lichtbildtafeln, Band 1, Blatt 157.
66 Ich zitiere drei Perspektiven auf das Gewaltgeschehen detailliert.
67 Fall 2, Aussage Geschädigter, Band 1, Blatt 094.
68 Ebd.
69 Ebd.

nen Kopf gehalten. Er lag auf der linken Körperseite und dem Täter zugewandt.«[70]

Die Frau aus der Gruppe um **B** sagt aus, dass sie, als sie **A** auf **B** eintreten sah, noch einmal versucht habe, dazwischen zu gehen, **A** habe sie jedoch »weggeschubst«. Sie hat sich dann – die anderen Personen der Spontangruppe waren bereits zuvor weggegangen – vom Geschehen entfernt, weil es ihr »zu viel« wurde und sie »keinen Ärger« wollte. Zudem »ließ sich [der »Schläger«, so bezeichnete die Zeugin **A** während ihrer Vernehmung, Anm. d. Verf.] ja auch nicht abhalten, weiter auf den Russen einzutreten und zu schlagen«.[71]

Im Haftbefehl wird – auch anhand der Videoaufzeichnungen – der Hergang des Gewaltgeschehen wie folgt dokumentiert[72]: »Im Verlauf dieser Auseinandersetzung [gemeint ist das sich ab dem Bahnhofsinnenbereich entwickelnde Geschehen, Anm. d. Verf.] schlug bzw. stieß der Beschuldigte den Geschädigten zu Boden. Auf den am Boden liegenden Geschädigten schlug der Beschuldigte sodann mindestens sechs Mal kraftvoll mit der Faust ein, wobei er ihn hauptsächlich im Bereich des Kopfes traf. Auch packte er den Geschädigten am Körper und stieß ihn zu Boden und stieß mit dem Knie gegen den Oberkörper des Geschädigten. Nachdem eine Zeugin den Beschuldigten wegzog, riss er sich los, lief wieder zum weiter am Boden liegenden Geschädigten hin und trat zweimal wuchtig mit einem Stampftritt von oben gegen den Kopf des Geschädigten. Sodann schlug er noch einmal mit der Faust gegen den Kopf des Geschädigten und trat zweimal von der Seite kraftvoll gegen den Kopf des Geschädigten, wie wenn man einen Fußball tritt.«[73]

Als **B** regungslos auf dem Boden liegt, lässt **A** von ihm ab. Ob der körperliche Zustand, die Regungs- bzw. Bewusstlosigkeit **B**.s, die Beendigung der Gewalt nach sich zog; oder ob **A** »einfach so« aufhört; oder inwieweit die Ansprache durch Umstehende zur Beendigung der Gewalthandlung (mit-)beiträgt, ist unklar. **A** verlässt den Ort des Geschehens und begibt sich in Richtung des U-Bahn-Abgangs. **B** steht

70 Fall 2, Aussage neutraler Zeuge, Band 1, Blatt 082.

71 Fall 2, Aussage Frau aus Spontangruppe Beschuldigter, Band 1, Blatt 270.

72 Aufgrund der Eindringlichkeit der Schilderung zitiere ich den gesamten Abschnitt.

73 Fall 2, Haftbefehl, Band 1, Blatt 129.

nach »einiger Zeit« auf und »taumelt« in Richtung des Bahnhofinnenbereichs. An der Zugangstür zum Innenbereich kümmert sich ein Mann um ihn, bis die Bundespolizei eintrifft.[74]

A geht in die Lokalität, in der er zuvor gewesen war, zurück. Die Angestellte gibt an, dass sie **A**, als er das zweite Mal in die Lokalität gekommen sei, gesagt habe, er solle erst mal ein kleines Wasser trinken, dann würde sie mit ihm nach draußen zum Rauchen gehen. Während sie sich unterhalten, bemerkt die Angestellte Abschürfungen an **A.**s Hand und fragt, was er gemacht habe. **A** antwortet, so gibt die Angestellte seine Worte wieder, »dass irgendeiner von ihm Geld wollte. Dem hätte er dann eine Faust gegeben.«[75]

Sie verlassen daraufhin die Lokalität und begeben sich in Richtung Gleisbereich, wo sie sich auf eine Bank setzen und rauchen. Dort wird **A** schließlich von einem Beamten der Bundespolizei entdeckt und festgesetzt.[76] Die Frau reagiert überrascht: »Erst als ich mitbekommen habe, dass ein Bundespolizist über Funk sagte, er hätte den Verdächtigen gefunden, der hätte Blut am Fuß, ist mir aufgefallen, dass **A** am Schuh an der Ferse Blut hatte.«[77]

A selbst schildert, als er in der Vernehmung danach gefragt wird, warum er **B** geschlagen habe, den Moment der Festsetzung: »Wenn ich das weiß, dann erkläre ich es Ihnen. Ich weiß nur, dass die Polizei gekommen ist, dann habe ich gesehen, dass ich Blut an den Schuhen habe und die Polizei hat mir gesagt, dass ich jemanden geschlagen habe.«[78]

Im Verlauf der Ermittlungen wird die Glaubwürdigkeit beziehungsweise die Unglaubwürdigkeit der Aussagen **A.**s immer wieder von den ermittelnden Polizeibeamt:innen thematisiert. In den Akten wird mehrmals vermerkt, dass **A.**s Darstellungen zweifelhaft sind. Auch die Frage, inwieweit sich das Gewaltgeschehen abgezeichnet habe, bestimmt die Ermittlungsrichtung mit. Zwei Ereignislinien werden, so die Aktenlage, in Bezug zum Gewaltgeschehen am Bahnhof gebracht. Zum einen eine mehrere Jahre zurückliegende Gewalttat,

74 Fall 2, Anklageschrift, Band 2, Blatt 368.
75 Fall 2, Aussage Angestellte Lokalität, Band 1, Blatt 247.
76 Fall 2, Bildunterschrift 29 und 30, Lichtbildtafeln, Band 1, Blatt 167.
77 Fall 2, Aussage Angestellte Lokalität, Band 1, Blatt 248.
78 Fall 2, Vernehmung Beschuldigter, Band 1, Blatt 107.

die **A** nach eigener Aussage in seinem Herkunftsland begangen und die letztendlich seine Flucht verursacht beziehungsweise erzwungen haben soll. Zum anderen ist **A** in Deutschland bereits einschlägig strafrechtlich in Erscheinung getreten und wurde u. a. wegen gefährlicher Körperverletzung zu Jugendarrest verurteilt. Der erstgenannte Fall bleibt äußert diffus. Stichhaltiger ist dagegen **A**.s Situation in Deutschland dokumentiert. **A** lebte in unterschiedlichen Unterkünften für geflüchtete Menschen, die er aber zumeist relativ schnell wieder verließ – oder die er, weil es immer wieder zu Problemen kam, verlassen musste. Er mietete eine eigene Wohnung, gab sie jedoch wieder auf, da sie ihm zu teuer wurde. Er übernachtete bei Bekannten, lebte obdachlos. Ein Bekannter **A**.s, der ihm eine Stelle angeboten hatte und bei dem **A** zeitweilig Unterschlupf fand, berichtet über **A**.s Zustand und seinen Umgang mit der Situation. So habe **A** »zwei Gesichter« gehabt: »Wenn er nichts getrunken hatte, war er der freundlichste Mensch, der keinem was zu Leide tut. Er war höflich, zuvorkommend. Aber wenn er was trinkt, dann glaube ich, schaltet in seinem Kopf irgendwas um und er ist ein anderer Mensch.«[79]

A selbst gibt an, bei ihm sei eine Depression diagnostiziert worden und er habe zeitweise Medikamente gegen die »Unruhe« eingenommen. Diese setzte er aber immer wieder eigenmächtig ab und trank stattdessen Alkohol; vor allem wenn es ihm nicht gut ging.[80]

Die dokumentierte gewaltkriminelle Vorgeschichte **A**.s umfasst drei Geschehen, wobei eine Gewalthandlung strafrechtlich als gefährliche Körperverletzung beurteilt wurde. Zu den früheren Vorgängen befragt, antwortet **A**, dass er sich an diese – auch aufgrund von Alkoholisierung – nicht erinnern könne. Er fügt hinzu, dass er sich als nicht normal erlebt habe.[81] Auch in seiner Vernehmung zum Gewaltgeschehen am Hauptbahnhof äußert **A**, als er danach gefragt wird, warum er **B** geschlagen habe: »Ich war, glaube ich, nicht normal. Sonst hätte ich ihn nicht geschlagen. Warum habe ich ihn geschlagen, warum?«[82] Eine Ex-Partnerin von **A** beschreibt Gewalttätigkeit ihr gegenüber und äußert die Vermutung, dass **A** »ein psychisches Problem«

79 Fall 2, Aussage Bekannter A.s, Band 1, Blatt 237.
80 Fall 2, Bericht Jugendhilfe, Band 2, Blatt 465.
81 Fall 2, Gutachten, Band 2, Blatt 507.
82 Fall 2, Aussage Beschuldigter, Band 1, Blatt 107.

habe.[83] Als strafrechtlich relevant, so die Einschätzung des fachpsychiatrischen Gutachters, ist der psychische Zustand **A**.s (zum Tatzeitpunkt) jedoch nicht zu bewerten. Zwar seien »Persönlichkeitsakzentuierungen« – insbesondere »emotionale Instabilität« und »vermehrte Impulsivität« – festzustellen, aber eine »manifeste Persönlichkeitsstörung sei nicht zu diagnostizieren. Demgegenüber lege der Alkoholisierungsgrad eine erheblich verminderten Steuerungsfähigkeit zumindest nahe.[84] Unter Alkoholeinfluss und in Momenten von Anspannung, so eine Einschätzung, die in mehreren Dokumenten zu finden ist, verhalte **A** sich »aggressiv«[85].

Rekonstruktion Fall 3

> »Ich habe auch nicht mit solchen Folgen gerechnet, sondern ich dachte halt, ja, der hat jetzt eine blutige Nase und ich habe jetzt eine kaputte Hose.«[86]
> *Hauptbeschuldigter A*

Als die Großveranstaltung gegen Mitternacht zu Ende geht und sich immer mehr Menschen auf die Suche nach einem Taxi machen, kommt es an einem Taxistand in der Nähe des Veranstaltungsortes zu einer Auseinandersetzung zwischen zwei Personengruppen. Die an der Situation Beteiligten nennen unterschiedliche Gründe, warum der Streit entstand und weshalb das Geschehen außer Kontrolle geriet. Das Geschehen kann aus vier Perspektiven rekonstruiert werden: Eine Taxifahrerin und ein Taxifahrer machen Angaben wie Personen aus einer unbeteiligten Gruppe. Zentrale Beschreibungen stammen zum einen von Personen einer Dreiergruppe um **A**, der im Verlauf der Auseinandersetzung Tritte gegen Oberkörper und Kopf **B**.s ausführt. **A** war zusammen mit **C**(A), seinem Chef, und dessen Frau **D**(A) bei der Großveranstaltung zu Gast.

83 Fall 2, Gutachten, Band 2, Blatt 489.
84 Fall 2, Gutachten, Band 2, Blatt 534 ff.
85 Fall 2, Gutachten, Band 2, Blatt 524; Aussage Ex-Partnerin, Band 2, Blatt 545.
86 Fall 3, Vernehmung A, Band 2, Blatt 320.

Zum anderen stammen zentrale Beschreibungen von Personen der Gruppe um **B**, der im Laufe des Geschehens die schwerwiegendsten Verletzungen davonträgt (neben **B** sind die Schilderungen von **X**$^{(B)}$, der an der körperlichen Auseinandersetzung mitbeteiligt war, aussagekräftig). Auch diese Personen waren Gäste auf der Großveranstaltung. Der Konflikt beginnt, soweit stimmen die Aussagen überein, als die Personengruppe um **A** – und aus dieser vor allem **D**$^{(A)}$ – versucht, ein Taxi zu bekommen, das jedoch von der Personengruppe um **B** vorreserviert war. Alle der Beteiligten waren zu diesem Zeitpunkt mehr oder weniger stark alkoholisiert.[87] Der Taxifahrer beschreibt den Beginn des Geschehens: »Als ich im Auto saß, haben Leute bei mir an die Scheibe geklopft und haben gerufen ›Taxi, Taxi‹. Ich hab die Scheibe auch runtergemacht und denen erklärt, dass wir vorbestellt sind. Es hat auch mal eine Dame, die war ziemlich frech und hat das nicht begreifen wollen, dass wir nicht für sie da sind. Die war sehr vehement und hat sich fast nicht abwimmeln lassen. Zu ihr ist dann ein Herr dazu gekommen, der auch unbedingt mitfahren wollte. Als ich ihm erklärt habe, dass ich vorbestellt bin, hat die Dame zu ihm gesagt, dass wir diejenigen sind, die vorbestellt haben. Ich hab dann das Fenster wieder hochgemacht, bin ausgestiegen, hab das Auto abgesperrt und bin zu meiner Kollegin gegangen. Sie hat dann gesagt, dass diejenigen jetzt da sind, die vorbestellt hatten. Ich kann mich nicht mehr erinnern wann, aber ich habe irgendwann bemerkt, dass schräg hinter meinem Taxi zwei Leute am Boden waren.«[88]

In dieser komprimierten Darstellung des Geschehens durch den Taxifahrer wird die Handlungskette des Ablaufs skizziert und zugleich beinhaltet die Schilderung die zentralen Probleme, vor der die Rekonstruktion des Geschehens steht: Zum einen wird dem Verhalten **D**.s (der Frau) eine ungewöhnlich starke Bedeutung für den Verlauf des Geschehens bis hin zur schweren Gewalthandlung zugeschrieben;

87 Da A, C und D erst nach einiger Zeit ermittelt werden konnten, lässt sich der Grad der Alkoholisierung nicht exakt bestimmen. Die Aussagen legen nahe, dass zumindest A und C über den gesamten Tag hinweg alkoholische Getränke konsumiert hatten. Einer der ermittelnden Beamten äußert zudem nach der Sichtung von Kameraaufnahmen, dass A »nicht mehr rund läuft« (Interview mit Polizeibeamten, 19.02.2019, Sequenz 16:10 bis 16:17).

88 Fall 3, Zeugenaussage Taxifahrer, Band 1, Blatt 146.

zum anderen unterscheiden sich die Aussagen hinsichtlich der situativen Dynamik und der Wendepunkte je nach Perspektive (Beschuldigten- vs. Geschädigtengruppe) teils erheblich.[89]

Was vor sich ging, bevor die schwere Gewalt ausgeübt wurde, wird widersprüchlich und konkurrierend geschildert. Ausgangspunkt ist die als Streit beschriebene Situation am Taxistand. **X**[(B)], der mit **B** und weiteren Personen die Veranstaltung besuchte, schildert aus seiner Perspektive, wie sich der Konflikt entwickelte: »Die Taxis standen da und dort standen auch bereits Menschen. So wie ich das aufgefasst habe, kam es dort schon zu Diskussionen. Wir sind an das Taxi herangetreten und dort wurde geklärt, auf welchen Namen das Taxi bestellt worden ist und wer die Taxis, es waren zwei, nehmen darf. Zu diesem Zeitpunkt war der Sachverhalt geklärt, dass der **Y**[(B)] [Person aus Gruppe um **B**, die die Taxis vorbestellt hatte, Anm. d. Verf.] die Taxis nehmen darf. Dann kam es zur ersten Diskussion als wir unseren Anspruch wahrnehmen und einsteigen wollten. Mich hat betroffen, dass ich an das Taxi herangegangen bin und das Taxi verschlossen war. Es war seitlich eine Dame an dem Taxi, die ihren Anspruch auf das Taxi mit Nachdruck erklären wollte. Zu diesem Zeitpunkt hat **Y**[(B)] mit den Taxifahrern geklärt, dass die Taxis für unsere Namen bestellt waren. Es wurden explizit unsere Namen genannt. Die Taxis wurden nach der Klärung entriegelt.«[90]

Die Schilderung von **C**[(A)] widerspricht den Aussagen von **X**[(B)] insofern, als **C**[(A)] die Situation als für seine Frau **D**[(A)] bedrohlich werdend beschreibt: »Nach kurzer Zeit bemerkte ich, dass einer der beiden [**B** und ein Mann aus der Personengruppe um **B**, (wahrscheinlich ist damit **Y**[(B)] gemeint, Anm. d. Verf.] etwas aggressiver und noch lau-

---

89 Was das Geschehen zudem bemerkenswert macht, ist, dass die schwere Gewalt aus einem Handgemenge heraus einerseits (relativ) »unvermittelt« erfolgte, sich aber andererseits, gerade im Vergleich zu den anderen Fällen, deutlicher in den vorangegangenen Geschehensablauf einfügte. Dieser »fließende« Verlauf der Situation hat auch Auswirkungen darauf, wie die Gewalt wahrgenommen und geschildert wird. A äußert, dass er die von ihm ausgeübte Gewalt als niemals so schwerwiegend eingeschätzt habe, wie sie dann tatsächlich war. Der wichtige Punkt hier ist: Als er mit der Schwere der Gewalthandlung konfrontiert wird, widerspricht er der Darstellung nicht.

90 Fall 3, Aussage X, Personengruppe um B, Band 1, Blatt 171.

ter wurde und sich gegenüber **D**$^{(A)}$ aufbaute und die Arme erhob. Ich dachte mir er würde jetzt meine Frau schlagen.«[91]

Auch **D**$^{(A)}$ selbst, die in den Aussagen des Taxifahrers und einer Taxifahrerin wie auch in den Aussagen der Personengruppe um **B** für die Entstehung des Konflikts als hauptverantwortlich genannt wird, schildert das Geschehen als eine auf sie bedrohlich wirkende Situation. Auf die Frage in der Vernehmung, wie sich die Unterhaltung mit dem Taxifahrer gestaltete, antwortet **D**$^{(A)}$: »Gar nicht, der hat ja nicht einmal das Fenster runter gemacht. Ja, der hat nur den Kopf geschüttelt und hat gefragt, ob ich reserviert habe. Das hat man durch das geschlossene Fenster gehört und dann hat er gesagt, nö, aber wie gesagt. Das war dem dann egal und dann kamen zwei Männer auf mich zu, wie gesagt in Schlangenlinien und ich habe den anderen gesagt, dass sie sicherlich auch nicht das Taxi bekommen werden, oder ob sie reserviert hätten und dann auch das Gleiche mit dem Taxifahrer. Frau alleine hier unter Männern, das möchten sie wohl nicht verantworten, ob ich jetzt nicht das Taxi haben könnte und dann gab es einfach eine verbale Auseinandersetzung. Dann hat man sich ein bisschen nicht nett beschimpft, genau und dann ging das halt die ganze Zeit so weiter und irgendwann holte er [gemeint ist wahrscheinlich **B**, Anm. d. Verfassers] aus und die Faust kam schon in Richtung von meinem Gesicht und dann habe ich nur aus im Augenwinkel gesehen, dass mein Mann [**C**$^{(A)}$, Anm. d. Verf.], halt die Faust, oder seine Hand festgehalten hat, drehte ihn um und ich weiß nicht, vielleicht ist er dann umgeknickt oder das war vom Winkel so und was mit **A** dann war und dem anderen Herrn [**B**, Anm. d. Verf.] habe ich nicht so mitbekommen.«[92]

A kommt zu dem sich entwickelnden Konflikt erst hinzu: »Wir sind da vorgelaufen zu der Straße, wo die Taxis standen, und ich habe mitbekommen, wie die **D**$^{(A)}$ (die Frau) in eine lautstarke Diskussion mit zwei anderen verwickelt war. [...] Für mich hat das schon ausgesehen wie so ein kleines Handgemenge zwischen den zwei anderen und der **D**$^{(A)}$ und irgendwann ging dann auch die Taxi-Tür auf.«[93]

Ob und inwieweit eine konkrete (körperliche) Bedrohungslage für **D**$^{(A)}$ vorlag, lässt sich nicht rekonstruieren. In diesem situativen

91 Fall 3, Aussage C, Begleiter B.s, Band 2, Blatt 333.

92 Fall 3, Aussage D, Personengruppe um A, Rote Mappe, Blatt 080 f.

93 Fall 3, Aussage A, Beschuldigter, Band 2, Blatt 317.

Durcheinander ist es nun der Moment des Einsteigens *oder* (Wieder-) Aussteigens **B**.s in das *oder* aus dem Taxi, in dem aus einem handgreiflichen Konflikt eine gefährliche Gewaltsituation wird.

B sagt aus, dass er beim Versuch in das Taxi einzusteigen, gepackt wurde: »Ich habe die Beifahrertüre aufgemacht und wollte einsteigen. Ich denke, ich hatte auch schon den Fuß im Taxi. In dem Moment wurde ich von einer mir unbekannten Person zu Boden gerissen.«[94] Seine Aussage wird auch von seinem Begleiter **X**(B) unterstützt: »Ich weiß aber noch, dass **B** mit seinen Fuß schon im Taxi war und im Begriff war seinen Körper in den Sitz fallen zu lassen. Zu diesem Zeitpunkt habe ich dann gesehen, dass er aus dem Fahrzeug herausgerissen wurde. Was zwischen dem **B** und dem anderen gesprochen wurde, habe ich nicht gehört.«[95]

Gegenteilig schildern **A**, **C**(A) und **D**(A) den Moment der schweren Gewalthandlung. **A** sagt aus, dass er das Geschehen als »extreme Situation«[96] eingeschätzt habe: »Die Taxi-Tür flog auf, einer sprang auf die Seite und ich habe das als Bedrohung für die **D**(A) wahrgenommen. Es war eine Schreierei dabei und es war so hektisch und eng und dann habe ich halt die Person da am Taxi-Stand geschlagen oder versucht, die **D** zu verteidigen; ich weiß nicht.«[97]

C(A) unterstützt in seiner Aussage die Verteidigungsabsicht **A**.s: »Ich konnte dann sehen, dass (...) **A**, dazwischen ging und Schlimmeres verhinderte, indem er die Person leicht von meiner Frau zurückdrängte.«[98]

Was **C**(A) in der Vernehmung als »Zurückdrängen« beschreibt[99], wird von anderen Beteiligten als ein schwerer Gewaltausbruch **A**.s geschildert. **A** selbst – und es ist an dieser Stelle wichtig zu wiederholen, dass die ermittelnden Beamten seine Schilderung als nicht zutreffend, aber glaubhaft einstufen – hat die von ihm ausgeübte Gewalt als nicht

94 Fall 3, Aussage Hauptgeschädigter, Band 1, Blatt 109.

95 Fall 3, Aussage X, Personengruppe um B, Band 1, Blatt 171.

96 Fall 3, Vernehmung A, Band 2, Blatt 316.

97 Ebd.

98 Fall 3, Aussage C, Begleiter B.s, Band 2, Blatt 333.

99 Im Zuge der Ermittlungen wird deutlich, dass C – anders als A, der die schwerwiegende Gewalt ausübt – ab einem bestimmten Zeitpunkt in der Situation zu erkennen scheint, dass A »unverhältnismäßig« schwere Gewalthandlungen ausführt.

schwerwiegend wahrgenommen: »Wie ich den jetzt geschlagen habe, dass weiß ich jetzt nicht mehr so genau. Ich habe halt diese Rangelei gelöst und ich hatte auch nie die Absicht, jemanden so schwer zu verletzen oder auch zu töten, um Gottes Willen.«[100]

In **B**.s Beschreibung dessen, was folgte, nachdem er aus dem Taxi gerissen wurde, werden die Gewalttätigkeit des Ausbruchs **A**.s und die Unübersichtlichkeit der Situation hingegen deutlich: »Es ging alles sehr schnell. Als ich am Boden lag, wurde schon angefangen mit Füßen auf mich einzutreten. Ich bin der Meinung, dass es mindestens drei Personen waren, die auf mich eingetreten haben. Erkannt habe ich keinen. Ich weiß noch, dass es einer mit einer braunen Jacke war. Wenn Sie mir den jetzt zeigen würden, würde ich ihn aber nicht erkennen. Gefühlt waren es, wenn es drei Mann waren, jeweils drei bis vier Tritte. Sie haben mich am Körper, Oberkörper und auch am Kopf getroffen.«[101]

Ein Zeuge, der weder der Personengruppe um **A** noch der um **B** angehört, beschreibt die ausgeübten Fußtritte: »Ich fand es krass. Es ist total eskaliert. Das war richtig willenlos, wie da vorgegangen wurde. Die Tritte erfolgten nicht mit Anlauf, aber mit einer Ausholbewegung. Ich kann mich nur an die Tritte erinnern, wie gegen einen Fußball.«[102]

In der Anklageschrift wird das Gewaltgeschehen wie folgt dokumentiert: »In der Folge packte der Angeschuldigte den Geschädigten **B**, zog ihn über den Boden und trat mehrfach mit den Füßen, an denen er Straßenschuhe trug, absichtlich ohne rechtfertigenden Grund auf den Körper, insbesondere den Kopf, des am Boden liegenden Geschä-

---

100 Fall 3, Vernehmung A, Band 2, Blatt 316.

101 Fall 3, Aussage Hauptgeschädigter, Band 1, Blatt 109. In einer späteren Aussage wird B auf die Frage, wie er darauf komme, von drei Personen getreten worden zu sein, antworten: »Das war meine Vermutung im Fallen, weil ich da drei Personen wahrgenommen habe, die um mich herumstanden. Die Tritte kamen sehr schnell nacheinander, deshalb glaube ich, dass es mehrere Personen waren. In einem Abstand zu meinem Kopf standen noch zwei Personen einfach herum und haben nichts gemacht. Deswegen habe ich wahrscheinlich am Anfang angegeben, dass es fünf Personen waren, die mich getreten haben.« Aussage Hauptgeschädigter Band 1, Blatt 211. Auch wenn die subjektive Wahrnehmung B.s, die schwere Attacke sei von mehreren Tätern ausgeführt wurden, sich nicht mit dem tatsächlichen Ablauf zu decken scheint, lässt die Schilderung erahnen, mit welcher Schnelligkeit und Brutalität der Gewaltausbruch erfolgte.

102 Fall 3, Aussage Zeuge unbeteiligte Gruppe, Band 1, Blatt 200.

digten **B** ein, so dass dieser eine Gehirnerschütterung, eine Orbitabodenfraktur links, eine Prellung des kleinen Fingers links, ein Monokelhämatom links sowie Schürfwunden an beiden Armen und am linken Bein erlitt. Die Tritte erfolgten jeweils mit einer Ausholbewegung wie gegen einen Fußball gerichtet. Entgegen seiner Absicht konnte der Angeschuldigte nicht weiter auf den Geschädigten **B** einwirken, da er von den dem Geschädigten **B** zu Hilfe eilenden Zeugen [Personen aus einer nicht am Ursprungskonflikt beteiligten Personengruppe., Anm. d. Verf.] und dem anderweitig Verfolgten $\mathbf{C}^{(A)}$ [Chef von A, Anm. d. Verf.] weggezogen und von der weiteren Tatausführung abgehalten wurde.«[103]

Die Ermittlungen führten zu dem Ergebnis, dass die schwerwiegenden Gewalthandlungen ausschließlich von einer Person, nämlich von **A**, ausgeführt wurden. Das Gewaltgeschehen war zugleich chaotisch. So legen die Dokumente nahe, dass neben **A** mindestens auch sein Chef $\mathbf{C}^{(A)}$ wie aus der anderen Personengruppe $\mathbf{X}^{(B)}$ und $\mathbf{Y}^{(B)}$ und eine weitere Person (aus der nicht am Ursprungskonflikt beteiligten Gruppe) körperlich Gewalt ausübten.

$\mathbf{X}^{(B)}$, $\mathbf{Y}^{(B)}$ und die Person aus der am Ursprungskonflikt nicht beteiligten Personengruppe, auch das lässt sich aus den Akten relativ sicher rekonstruieren, wenden physische Gewalt jedoch vor allem an, um **A** davon abzuhalten, **B** weiter zu attackieren. $\mathbf{X}^{(B)}$ beschreibt die situative Dynamik: »Ich bin dazwischen gegangen. Ich bin da reingesprungen. Wie ich das gemacht habe, weiß ich nicht. Ich weiß nicht, ob ich geschlagen, geschubst, weggeschubst oder abgedrängt habe. Ich kann mir aber schon gut vorstellen, dass ich irgendjemand getroffen habe.«[104] Die Person aus der am Ursprungskonflikt nicht beteiligten Gruppe schildert ihr Eingreifen und das (vorläufige) Ende der Gewaltsituation: »Ich habe gerufen ›Aufhören‹ und bin von vorne auf ihn drauf und habe ihn weggeschoben. Ich glaube, irgendein anderer ist dazu gekommen und hat ihn von hinten umklammert. Der hat dann weiter den anderen, der am Boden lag, beleidigt. Ich kann mich nur noch an das Wort ›Wichser‹ erinnern. Während des Wegschiebens war er noch aggressiv, aber irgendwann hat er sich beruhigt.«[105]

---

103 Fall 3, Anklageschrift, Band 2, Blatt 472.

104 Fall 3, Aussage X, Personengruppe um B, Band 1, Blatt 174.

105 Fall 3, Aussage Zeuge unbeteiligte Gruppe, Band 1, Blatt 200.

Auch **D**$^{(A)}$ beschreibt das Eingreifen und die Auflösung der Gewaltsituation: »Mein Mann, der war, ich habe da rüber geguckt, da lag der Mann, wo der **A** eingetreten hat, und ich weiß nicht, ob mein Mann, glaube ich, zu **A** gegangen und hat versucht, ihn wegzuziehen oder hat gesagt: »**A** es reicht.« Das hat er gemacht und dann war es so ein bisschen, dann war er in so einer Welt.«[106]

Der Gewaltausbruch **A**.s wird durch das Eingreifen anderer Personen gestoppt. **A**, **C**$^{(A)}$ und **D**$^{(A)}$ entfernen sich daraufhin zügig vom Ort des Geschehens. **X**$^{(B)}$, der nach eigenen Angaben im Zuge des Gewaltgeschehens zu Boden gestürzt war, rappelt sich auf und rennt der Personengruppe hinterher.

Die Gruppe um **A** war zu diesem Zeitpunkt aufgesplittet. **X**$^{(B)}$ traf auf **C**$^{(A)}$ und **D**$^{(A)}$, **A** war nicht anwesend. Als **X**$^{(B)}$ **C**$^{(A)}$ und **D**$^{(A)}$ erreicht, kommt es zu einer weiteren Auseinandersetzung, wobei deren Verlauf nur unklar zu rekonstruieren ist. Feststeht, dass **X**$^{(B)}$ von **C**$^{(A)}$ niedergeschlagen wird und am Boden liegen bleibt. Es folgt jedoch keine weitere Gewalthandlung. **C**$^{(A)}$ und **D**$^{(A)}$ verlassen den Ort des zweiten Geschehens, treffen wenig später auf **A**, nehmen ein Taxi und begeben sich in ihr Hotel.

Auf die Frage der ermittelnden Beamten, ob, beziehungsweise worüber, sie nach dem Geschehen über das Vorgefallene gesprochen hätten, gibt **C**$^{(A)}$ an: »Was denn das für Typen sind, die da so Stress machen, die da meine Frau anpöbeln, vielleicht auch dann noch schlagen wollten. Dass das einfach, ja, Assis sind.« Auf die Rückfrage, ob sie sich denn gar nicht über die Heftigkeit des Geschehens ausgetauscht hätten, gibt er weiter an: »Ne, wie gesagt, das habe ich eben ja schon erzählt, ich war mir jetzt gar nicht bewusst, dass irgendeine Person da jetzt schwer verletzt ist, das nicht.«[107]

Als **A** einige Wochen nach der Tat festgenommen und mit den Auswirkungen der Gewalttat konfrontiert wird, äußert er sich in einer ersten Vernehmung bestürzt zu den Anschuldigungen[108]: »Das ist alles

---

106 Fall 3, Aussage D, Personengruppe um A, Rote Mappe 1, Blatt 084.

107 Fall 3, Aussage C, Personengruppe um A, Band 2, Blatt 338.

108 In dieser Vernehmung gibt A weiter an, dass es zu einem Streit gekommen sei, und nennt Details des Geschehens (etwa das Aufgehen der Beifahrertür, die empfundene Bedrohungslage für D, einen Faustschlag, den er einer Person versetzt haben will). Auf die Rückfrage, ob er auch zugetreten habe, antwortet A: »Wenn

so unreal für mich. Es tut mir auch unendlich leid. Ich habe das nie so realisiert, dass der wirklich so schwerverletzt worden ist und ich wollte das auch auf keinen Fall. Für mich war das ein Schlag, ein Faustschlag und ich dachte, ja der sitzt vielleicht am Abend schon über ein Bier und hat eine blutige Nase und das war es. Ich habe auf keinen Fall so etwas erwartet. Ich würde auch gerne zu demjenigen hinfahren und mich persönlich bei ihm entschuldigen.«[109]

A, der von seinem Chef **C**$^{(A)}$ als »sehr bestimmend und weiß, was er will, aber [nicht als] aggressiv«[110] und von dessen Frau **D**$^{(A)}$ als »ganz lustiger toller Typ, der einem immer hilft, wenn man Hilfe braucht«,[111] charakterisiert wird, wird auch von den ermittelnden Beamten als freundlich und zuvorkommend beschrieben.[112]

Im Schlussbericht der Ermittlungen wird **A**.s Verhalten während der Vernehmungen herausgestellt: »Er zeigte sich bei seiner Festnahme äußerst kooperativ und sorgte sich in erster Linie um das Wohl des Geschädigten. Seine Intention war immer wieder, sich zu entschuldigen und für die Schmerzen bzw. Krankheitskosten aufzukommen. Bezüglich der Tat gab er immer wieder zu erkennen, dass dies nur passiert sei wegen seinem Alkoholkonsum an diesem Tag.«[113]

Neben dem Alkoholkonsum nennt **A** auch die Bedrohungslage für **D**$^{(A)}$, auf die er reagiert habe, als Motiv für die von ihm ausgeübte Gewalt.[114] Zugleich machen seine Aussagen aber deutlich, dass er sich selbst vielleicht erklären kann, warum es zu einer tätlichen Auseinandersetzung gekommen ist, aber nicht, warum er so massiv Gewalt ausgeübt hat. Auch die ermittelnden Beamten können sich die Heftigkeit des Ausbruchs nicht erschließen – vor allem nachdem sie **A** in den Vernehmungen erlebt haben, wie einer der Beamten äußert: »Jetzt im Nachhinein kann ich wirklich sagen, das ist jetzt einmal ein Fall gewesen, dem ist da einfach was verrutscht, dem ist einfach was

---

Sie mir das so sagen, dann wird das schon so gewesen sein, aber ich kann mich nicht mehr daran erinnern. Ich weiß es nicht mehr. Das ist weg aus meinem Kopf.« Fall 3, Aussage A, Beschuldigter, Band 2, Blatt 319.

109 Fall 3, Aussage A, Beschuldigter, Band 2, Blatt 325.

110 Fall 3 Aussage C, Personengruppe B, Band 2, Blatt 337.

111 Fall 3, Aussage D, Personengruppe B, Rote Mappe 1, Blatt 077.

112 Interview mit Polizeibeamten am 19.02.2019.

113 Fall 3, Schlussbericht, Band 2, Blatt 408.

114 Fall 3, Fachpsychiatrisches Gutachten, Band 2, Blatt 560.

passiert, das passt eigentlich nicht zu ihm.«[115] Und später fügt der Beamte auf eine Nachfrage im Interview hinzu: »Der [gemeint ist **A**, Anm. d. Verf.] war vom Umgang her ein Mensch, wo ich sag, das ist kein Straftäter. Also das war schon etwas seltsam, wie gesagt, sogar die ganzen JVA-Angestellten haben ihn geliebt.«[116]

Eine Deutung, weshalb die Gewalt in dieser Heftigkeit erfolgte, findet sich im fachpsychiatrischen Gutachten. **A**, der von einer längeren inneren Anspannungszuständen und depressiven Verstimmungen berichtet, wird von dem Gutachter eine emotional-instabile Persönlichkeitsstörung diagnostiziert. Zentral sei im vorliegenden Fall, dass eine emotionale Instabilität dazu beitragen könne, dass Personen »in inadäquater und aus der äußeren Situation heraus nicht ableitbarer Art und Weise aggressiv« reagieren.[117] Der Gewaltausbruch könne demzufolge – gerade in Kombination mit einer Alkoholisierung – auch als ein aggressiv-überschießender Handlungsimpuls interpretiert werden.

Rekonstruktion Fall 4

»7–8«.
Beschuldigter A auf die Nachfrage des ermittelnden Polizeibeamten, wie stark er – auf einer Skala von 1 bis 10 – den von ihm ausgeübten Fußtritt einschätze.

Als die Gruppe um **B** die Gruppe um **A** passierte, war es gegen 4:30 Uhr am frühen Morgen. **B** war mit den Brüdern $\mathbf{X}^{(B)}$ und $\mathbf{Y}^{(B)}$ und einer Freundin, $\mathbf{Z}^{(B)}$, nachdem sie zusammen eine Diskothek besucht hatten, auf dem Nachhauseweg. In der Gruppe um **A**, zu der $\mathbf{C}^{(A)}$, ein Bekannter **A**.s, $\mathbf{D}^{(A)}$, die Freundin **A**.s und $\mathbf{E}^{(A)}$, ihre Schwester, gehörten, gab es zu diesem Zeitpunkt Streit. Der Streit, der in einer Bar angefangen hatte, kreiste um den Vorwurf von $\mathbf{C}^{(A)}$ an **A**, dieser sei für den Verlust von Banknoten im Wert von mehreren Hundert Euro verantwortlich.[118]

---

115 Interview mit Polizeibeamten, 19.02.2019, Sequenz 12:54 bis 13:03.
116 Interview mit Polizeibeamten, 19.02.2019, Sequenz 32:36 bis 32:52.
117 Fachpsychiatrisches Gutachten, Band 2, Blatt 612.
118 Fall 4, Anklageschrift, Band 4, Blatt 815.

Die Stimmung, so beschreiben es die Personen aus der Gruppe, sei angespannt gewesen, man habe »weitergestritten und diskutiert«[119].

Dass es eine Auseinandersetzung innerhalb der Gruppe um **A** gab, legen auch Aussagen von Personen aus der Gruppe um **B** nahe: »Die Gruppe hatte offenbar untereinander Streit. Sie schrien sich auf jeden Fall gegenseitig an. Eine der Frauen schrie einen der Männer an, er solle ruhig sein. Mich hat das erst mal nicht genauer interessiert, daher sind wir alle direkt an der Gruppe vorbeigelaufen, ohne groß Notiz von ihnen zu nehmen.«[120]

Kurz nachdem die Gruppe um **B** an der streitenden Gruppe vorbeigelaufen ist, ändert sich die Situation. Es lässt sich nicht klar rekonstruieren, ob die Beleidigung, die die Konfliktsituation letztlich auslöst, im Rahmen des Streits *in der Gruppe* um **A** ausgesprochen wurde und **A**.s Freundin **D**^(A)^ galt oder ob die Beleidigung *gegen die vorbeikommende Gruppe* um **B** gerichtet war.

X^(B)^ schildert die Situation: »Als wir ca. zwei Meter an der Gruppe vorbeigelaufen waren hörten wir, dass der große muskulöse Mann uns etwas hinterherrief. Ich hörte ganz deutlich, dass er »Schaut euch mal die Fettsäcke an« sagte. »Es war in diesem Moment klar, dass wir gemeint waren, es war niemand anderes in der Nähe.«[121]

E^(A)^ beschreibt den Moment, als die Gruppe um **B** an ihnen vorbeigeht, aus einer entgegengesetzten Perspektive: »Die Gruppe ist dann an uns vorbeigelaufen und durch den Torbogen hindurchgegangen. Als sie den Torbogen bereits wieder verlassen hatten, drehte sich einer der Männer zu uns um und fragte: ›Wer von euch hat zu mir fette Sau gesagt?‹ es könnte auch sein, dass er gesagt hat: ›Wer von Euch hat zu UNS fette Sau gesagt?‹ Wir antworteten: ›Niemand von uns hat was gesagt.‹ Die anderen Männer sagten aber, dass wir schon was gesagt hätten. Meine Schwester **D**^(A)^ sagte dann aber schließlich, dass ihr Freund **A** dies zu ihr gesagt hätte.«[122]

Auf die Rückfrage des ermittelnden Beamten, ob **A** seine Freundin wirklich »fette Sau« genannt habe, antwortet **E**^(A)^: »Nein, ich denke,

119 Fall 4, Aussage A, Beschuldigter, Band 1, Blatt 87.

120 Fall 4, Aussage X, Personengruppe um B, Band 1, Blatt 52.

121 Ebd.

122 Fall 4, Aussage E, Personengruppe um A, Band 1, Blatt 59.

dass **D**^(A) dies nur zu den anderen gesagt hat, damit die uns in Ruhe lassen, also dass es keinen Streit gibt.«[123]

Der Versuch, die Situation zu deeskalieren, scheitert, und die Gruppen geraten in eine verbale Auseinandersetzung. Die Angaben über den Inhalt der ausgetauschten Beleidigungen – und vor allem darüber, welche der Personen aggressiver war – sind widersprüchlich. **E**^(A) gibt an, dass sie und ihre Schwester aus der Gruppe um **B** heraus mit »ihr Fotzen«[124] beleidigt worden seien. Zugleich sagt jedoch **X**^(B) aus, dass **B** in einem »ganz normalen Ton [fragte], was das solle«[125].

Die verbale Auseinandersetzung, so legen die recht unklaren Aussagen über den Geschehensverlauf nahe, habe sich aber vor allem zwischen **C**^(A) und **B** abgespielt. Darüber wie und warum der Konflikt sich dann schnell weiter verschärfte, machen die Personen – je nach Gruppenzugehörigkeit – erneut stark voneinander abweichende Angaben. **E**^(A) sagt aus, dass eine Person »[provozierend] auf unsere beiden Männer [einredete]« und dabei »die Hände gestikulierend [bewegte]«.[126] Sie folgert aus dem Verhalten: »Man musste davon ausgehen, dass derjenige eine Schlägerei anfangen wollte.«[127]

X^(B) schildert dagegen, wie sein Bruder **Y**^(B) **B** am Arm nahm, um ihm zum Weitergehen zu bewegen. Er gibt an, keine weitere verbale Auseinandersetzung als die Frage, was das solle, mitbekommen zu haben: »Im Weiterlaufen drehte ich mich dann zu der Gruppe um, um zu sehen, was die machen. Hierbei sah ich, dass der muskulöse Mann gerade seinen Pullover und sein T-Shirt auszog.«[128]

Es muss in etwa zu diesem Zeitpunkt gewesen sein, als **C**^(A) sich »vor der Gruppe [um **B**, Anm. d. Verf.] in bedrohlicher Art und Weise aufgebaut und eine Art Countdown von 3,2,1 heruntergezählt haben [soll]«.[129]

Aus Perspektive der Gruppe um **B** beschreibt **Y**^(B) den nun folgenden Moment: »Mitten im Countdown hat der Andere [gemeint ist **A**, Anm. d. Verf.], der im Dunkeln stand, angefangen sich den Oberkörper

123 Ebd.
124 Ebd., Band 1, Blatt 60.
125 Fall 4, Aussage X, Personengruppe um B, Band 1, Blatt 53.
126 Fall 4, Aussage E, Personengruppe um A, Band 1, Blatt 60.
127 Ebd.
128 Fall 4, Aussage X, Personengruppe um B, Band 1, Blatt 53.
129 Fall 4, Aktenvermerk, Band 1, Blatt 43.

auszuziehen. Ich bin dann ein paar Schritte zu den Anderen zurückgegangen und wollte, dass die weitergehen, dass wir weiterkommen. Ich habe noch gesagt: ›Lasst die reden. Wir gehen jetzt.‹ In dem Moment ist aber der andere Typ [gemeint ist **A**, Anm. d. Verf.] auf den **B** rausgestürmt. Mein Bruder hat den **B** gepackt, hat ihn auf die andere Seite rübergezogen, aber der Andere ist weitergerannt und direkt auf den **B** zu und hat ihm mit voller Wucht ins Gesicht geschlagen. Er hat ihn auf der linken Seite getroffen. Das weiß ich noch sicher. Der **B** ist umgefallen wie ein nasser Wassersack, kerzengerade, so wie er gestanden ist, so ist er auch gefallen. Der andere hat dann mit dem Fuß aufgezogen und hat dem **B** genau ins Gesicht getreten. Der andere wollte noch mal treten und deswegen bin ich hin und habe den vom **B** weggezogen. Der andere hat wie wild um sich geschlagen. Ich hatte dann meine Mühe den dort wegzudrücken, habe ihn auch immer wieder geschubst und versucht ihn die ganze Zeit vom **B** wegzuhalten. Der andere war wie ein wütiges Tier, der irgendwas zerfleischen möchte.«[130]

A schildert den Situationsverlauf in einer ersten Vernehmung wie folgt: »Der Hauptstreitpunkt war zwischen dem **C**$^{(A)}$ und dem Schwerverletzten. Es war erstmal nur verbal. Dann hat der Schwerverletzte gesagt er macht und uns jetzt platt, da hab ich gesagt dass er das gern probieren kann. Ich hab mein T-Shirt ausgezogen und dann ist er schon weggelaufen. Er ist um ein Auto rum, ich bin ihm nach. Er ist dann stehengeblieben und hat dann seinen Stoß bekommen. Ich weiß es nicht mehr wie genau, ich ihn angegriffen hab. Ich glaube es war mit der flachen Hand ins Gesicht. Er ist auf jeden Fall zu Boden gegangen. Ich bin halt einfach ausgeflippt, weil er uns so beleidigt hat und irgendwie war es dann zu viel für mich. Er lag am Boden und ich hab ihm dann einen Fußstoß verpasst, Elfmeter klingt doof, aber ich habe schon nach ihm getreten.«[131]

---

130 Fall 4, Aussage Y, Personengruppe um B, Band 2, Blatt 446.

131 Fall 4, Aussage A, Beschuldigter, Band 1, Blatt 88. A wird im Verlauf der Ermittlungen seine zuerst gemachte Aussage zurückziehen und gibt an, B nicht gegen den Kopf getreten zu haben. Die hier getroffene Aussage ist nun auch aus einem methodischen Grund von Interesse: Wenn Beschuldigte, aber auch Situationsbeteiligte und Zeug:innen, das Sprachbild »Elfmeter« heranziehen, kann ich nicht mit Sicherheit sagen, ob es ihr Sprachbild ist oder ob das Sprachbild von den ermittelnden Polizeibeamt:innen zuerst eingeführt wurde.

X$^{(B)}$ sagt wie sein Bruder **Y**$^{(B)}$ aus, es habe sich nicht um einen Stoß, sondern um einen Faustschlag gehandelt: »Auf jeden Fall sah ich, dass der Muskulöse aus vollem Lauf, ohne zu bremsen zu **B** lief, kurz vor diesem noch hochsprang, dabei mit der rechten Faust auszog und **B** schlug. Der Schlag hatte eine unglaubliche Wucht.«[132] Auf die Nachfrage des ermittelnden Beamten, ob **B** sich wehrte, antwortet **X**$^{(B)}$: »Nein, der fiel kerzengerade um. Er lag direkt am Straßenrand. Er konnte weder die Hände schützend hochnehmen noch irgendwie sonst reagieren. Daher befürchte ich, dass er den Angriff des Mannes gar nicht hat kommen sehen. Ob das daran lag, dass alles so schnell ging, oder weil **B** noch nach hinten in Richtung Torbogen sah, weiß ich nicht.« Und auf eine weitere Nachfrage, ob **B** seinen Fall abfangen konnte, gibt **X**$^{(B)}$ an: »Nein, er hat überhaupt nicht reagiert. Er fiel vollkommen ungebremst zu Boden, wo er auch mit dem Kopf aufkam. Wo genau **B** aufkam, ob mit dem Hinterkopf oder der Seite, kann ich nicht genau sagen. Ich hatte das Gefühl, dass **B** zu diesem Zeitpunkt schon bewusstlos war. Es kam kein Schrei und kein Mucks mehr von ihm. Der muskulöse Mann zog gleich, nachdem **B** am Boden zum Liegen kam, mit dem rechten Fuß aus und trat nach **B**.«[133]

Auch **Z**$^{(B)}$ beschreibt den Moment des Niederschlagens und des Tritts: »Der **B** ist umgefallen wie ein nasser Sack auf den Asphalt. Der **B** lag dann am Boden und der **A** hat dann aufgezogen und ihm noch mal mit dem Fuß voll auf den Kopf und ich glaube ins Gesicht getreten. Ich werde das nicht mehr vergessen mit welcher Aggressivität der da vorgegangen ist. Das war unglaublich.«[134]

In ihren ersten Aussagen geben **D**$^{(A)}$, die Freundin **A**.s, und ihre Schwester, **E**$^{(A)}$ an, den Fußtritt **A**.s gegen **B** nicht gesehen zu haben. **E**$^{(A)}$ sagt jedoch aus, den Faustschlag beobachtet zu haben. Diese ersten Darstellungen werden **D**$^{(A)}$ und **E**$^{(A)}$ im Ermittlungsverlauf weitgehend beibehalten. Beide geben eidesstattliche Versicherungen ab, in denen sie herausstellen, einen Fußtritt **A**.s nicht beobachtet zu haben. **E**$^{(A)}$ gibt nun zudem an, auch den Moment, in dem **A B** zu Boden geschlagen haben soll, nicht erfasst zu haben. Sie habe nur wahrgenom-

132 Fall 4, Aussage X, Personengruppe um B, Band 1, Blatt 53.

133 Alle: ebd.

134 Fall 4, Aussage Z, Personengruppe um B, Band 2, Blatt 430.

men, wie **B** plötzlich nach hinten gefallen sei.[135] **D**[(A)], die in ihrer ersten Aussage – nach eigener Angabe auf Druck des ermittelnden Beamten – angegeben hatte, den Fußtritt vielleicht deswegen nicht gesehen zu haben, weil sie von einem Handgemenge in das **C**[(A)] mit Personen aus der Gruppe um **B** verwickelt war, abgelenkt gewesen wäre, sagt nun aus, »...dass **A** niemals dem Geschädigten mit dem Fuß ins Gesicht getreten hat«[136].

(Die Angaben der Personen der Gruppe um **B** wie auch **A**.s eigene Aussage und auch das Verhalten der Beteiligten, nachdem der Gewaltausbruch stoppt beziehungsweise beendet wird, sprechen dafür, dass **A B** gegen den Kopf getreten hat.)

Auf die Frage des ermittelnden Beamten, ob **A** von alleine von **B** abgelassen habe, gibt **X**[(B)] an: »Nein, dann kam ich dazu und versuchte den Mann wegzureißen. Das funktionierte aber erst nur teilweise. Ich packte den Mann am rechten Arm und versuchte ihn mit aller Gewalt von **B** wegzuziehen. Der Typ war aber wie im Rausch und reagierte überhaupt nicht auf mich. Es gelang mir dann ihn einige Meter in Richtung Torbogen wegzuziehen. Dann versuchte ich ihn noch ein Stückchen von mir zu schubsen. Das gelang mir aber nicht so gut und der Mann kam gleich darauf wieder zu mir zurück und schlug mir einmal mit der Faust in den Magen. Ich sackte durch den Schlag erst einmal zusammen und ging in die Knie. Ich bekam mit, dass der Mann, sobald ich ihn losgelassen hatte, wieder in **B**.s Richtung ging. Daher stand ich sofort wieder auf und rannte auf den Mann los. Zu diesem Zeitpunkt kam mir auch mein Bruder zur Hilfe und gemeinsam konnten wir den Mann stoppen. Ich schubste ihn mit den flachen Händen an den Schultern weg. Durch die Schubser strauchelte der Mann einige Meter nach hinten in Richtung des Torbogens. Mein Bruder wandte sich dann wieder ab und ging zu **B**.«[137]

Auf die Rückfrage des ermittelnden Beamten, ob **A** ihn dann ein weiteres Mal angegriffen hatte, antwortet **X**[(B)]: »Nein, als er dann am Torbogen stand, fixierte ich ihn, indem ich ihn an den Oberarmen packte und an die Mauer des Torbogens drückte. Dann änderte sich sein Verhalten auf einmal. Ich hatte das Gefühl, dass er jetzt erst das

135 Fall 4, Eidesstaatliche Versicherungen von D und E, Band 2, Blatt 402 ff.
136 Fall 4, Eidesstaatliche Versicherung D.s, Band 2, Blatt 404.
137 Fall 4, Aussage X, Personengruppe um B, Band 1, Blatt 54.

Denken anfängt und realisiert, was passiert ist. Er wurde auf einmal ruhig und blieb stehen. In diesem Moment kam die Polizei schon.«[138] **X**$^{(B)}$ gibt weiter an, sich dann aus der Situation zurückgezogen zu haben, um »erstmal runter[zu]kommen«[139].

Entgegen dieser Schilderung beschreibt ein Polizeibeamter die Lage, als sie am Ort des Geschehens eintreffen. **X**$^{(B)}$ war, so die Darstellung eines Polizeibeamten, in direkter Nähe zu **A** und sehr aufgebracht. Die Polizisten sind zuerst damit beschäftigt, **X**$^{(B)}$ davon abzuhalten, **A** zu attackieren. Immer wieder versucht er, zu **A** zu gelangen. In einem Eindrucksvermerk zum Nachgang des Gewaltgeschehens beschreibt der Beamte das Verhalten von **X**$^{(B)}$ als »extrem aggressiv und aufgebracht«, begründet aber auch, worin die Aggressivität seiner Einschätzung nach herrührte: »Mit ›aufgebracht‹ meine ich, dass er [gemeint ist **X**$^{(B)}$, Anm. d. Verf.] ganz offensichtlich fassungslos von der aus seiner Sicht sehr brutalen Tatausführung des von ihm bezeichneten Täters [**A**, Anm. d. Verf.] war. Immer wieder rief er, dass man doch so etwas nicht machen könne, einen Mann niederstrecken und dann mit voller Wucht gegen den Kopf zu treten.«[140]

In diesem Dokument finden sich weitere Eindrücke des Polizisten: »Auf mich wirkte **A** schockiert. Er machte keinen ›abgebrühten‹ Eindruck, sondern eher den, dass er von den Folgen der körperlichen Auseinandersetzung überwältigt, geschockt ist.«[141] Der Beamte notiert weiter: »Das Verhalten des Beschuldigten **A** vor Ort, wo er weder vor, noch nach Eintreffen der ersten Streife flüchtete, noch aggressiv auf das Gebaren des **X**$^{(B)}$ reagierte, machte auf mich den Eindruck, dass er körperliche Auseinandersetzungen auf der Straße nicht gewohnt, und von den Folgen dieser Auseinandersetzung sichtlich geschockt war. Das schlechte Gewissen schien ihm vor Ort ›ins Gesicht geschrieben‹«.[142]

Warum es in der Konfliktsituation zu dermaßen schwerer Gewalt kam, ist auch bei diesem Fall unklar. Auf die erste Beleidigung (»Fettsack«), von der nicht gesagt werden kann, wem sie letztlich galt, über den gegenseitigen Austausch von Beleidigungen und Provokationen

138 Ebd.
139 Ebd.
140 Fall 4, Eindrucksvermerk, Band 2, Blatt 226.
141 Ebd., Band 2, Blatt 227.
142 Ebd., Band 2, Blatt 228.

bis hin zum Herunterzählen eines Countdowns verdichtete sich das Geschehen. Der schwerwiegende Angriff **A**.s erfolgte dann jedoch plötzlich. Auf die Frage des ermittelnden Beamten, was der Tritt bezwecken sollte, antwortet **A**: »Ich war in dieser Situation schon vom Kopf weg, ich hab mir nix dabei gedacht ich hab auch nicht gezielt getreten, sondern einfach nur drauf.«[143] Und auf die Nachfrage, was **A** bei dem Tritt empfunden habe: »Währenddessen war der Kopf ausgeschalten. Danach hab ich sofort gemerkt, was ich für eine Scheiße gebaut hab. Ich hab ja dann auch nichts mehr weiter gemacht.«[144]

A, der vor dem Geschehen polizeilich noch nie in Erscheinung getreten war, wirkt, das legen sein Verhalten und Äußerungen nach der Tat nahe, von der von ihm ausgeübten Gewalt selbst überrascht. Auf die Frage des ermittelnden Beamten, während einer ersten Vernehmung, wie **A** sich jetzt fühle, antwortet er: »Beschissen.«[145]

Ein früherer Freund beschreibt **A**.s Persönlichkeit: »Den **A** würde ich als sehr hilfsbereit, zuverlässig, pünktlich, ehrgeizig und diszipliniert bezeichnen. Wenn ich mal nachts keine Möglichkeit hatte, nach Hause zu kommen, brauchte ich nur den **A** anrufen. Egal zu welcher Zeit.«[146]

Neben der situativen Dynamik des Geschehens (insbesondere die Konfrontation zweier Gruppen) werden in den Ermittlungen weitere, die Gewalthandlung mitauslösende Gesichtspunkte angeführt: Zum einen eine den Tattag durchziehende Grundfrustration **A**.s, da ein sportlicher Wettkampf kurz zuvor nicht so verlaufen war, wie **A** sich das vorgestellt hatte. Zum anderen ein mit der sportlichen Betätigung in Zusammenhang stehender Zustand der Angespanntheit. Eine frühere Partnerin **A**.s gibt in ihrer Aussage an, dieser sei in den Vorbereitungsphasen auf Wettkämpfe, in denen er Diät hielt, gereizter gewesen. Auch eine gewisse Impulsivität **A**.s konnte sie in diesen Phasen feststellen.[147]

---

143 Fall 4, Aussage A, Beschuldigter, Band 1, Blatt 88.

144 Ebd.

145 Fall 4, Aussage A, Beschuldigter, Band 1, Blatt 88.

146 Fall 4, Aussage eines früheren Freund A.s, Band 2, Blatt 434.

147 Fall 4, Fachpsychiatrisches Gutachten, Band 4, Blatt 1078. Dazu hält die Gutachterin fest: »Es muss offenbleiben, ob die […] beschriebene Gereiztheit möglicherweise auch im Zusammenhang mit der Einnahme anaboler Steroide (Testosteron) stand. Es soll an dieser Stelle aber darauf hingewiesen werden, dass A selbst eine vermehrte Aggressivität durch Anabolikakonsum verneint.« (Ebd.)

Und schließlich wird die Alkoholisierung **A.**s zum Tatzeitpunkt in ihrer Bedeutung für die Gewalthandlung befragt. Im Fachpsychiatrischen Gutachten wird dazu festgehalten, dass zwar »von einer gewissen alkoholbedingten Enthemmung und einer affektiven Aufladung aufgrund vorausgegangenen Streits ausgegangen werden [muss]« – eine tatzeitbezogene Aufhebung der Einsichts- und/oder Steuerungsfähigkeit **A.**s, so die Gutachterin, lag jedoch nicht vor.

Aspekte des Handlungsmodus gewalttätiger A-Sozialität

Personen, die an den Konflikt- und Gewaltsituationen beteiligt waren, wie auch Zeug:innen der Geschehen, schildern die Gewalthandlungen eher als ein brutales Ereignis, das in die Situation hineinbricht und nicht als eine Handlung, die aus dem Geschehensverlauf heraus irgendwie verständlich wäre. Auch die Gewaltausübenden, die in den polizeilichen Vernehmungen nachvollziehbare Gründe dafür hätten, die eigene Verantwortung für den Gewaltausbruch zu relativieren, etwa indem sie eine Aggression des Gegenübers oder eine subjektive Bedrohungslage herausstellen, äußern sich ambivalent. Zwar schildern sie die konflikthafte Dynamik der Situationen und nennen Gründe für ihre Gewalthandlung, doch zugleich scheinen sich die Gewaltausübenden den Moment, den Sprung in die brutale Gewalt, nicht wirklich erschließen zu können. Im Zuge der polizeilichen Ermittlungen wird dieses Nicht-erklären-Können zwar mehr und mehr anhand situativer Kontextbedingungen, wie dem Alkoholkonsum der Gewaltausübenden (Fall 1), der gewaltkriminellen Vorgeschichte in Kombination mit dem Alkoholkonsum (Fall 2) und Momenten von Gruppendynamik (Fall 3 und 4), »weg-erklärt«. Trotzdem, und darauf kommen die Polizeibeamt:innen in den Interviews immer wieder zu sprechen, lassen diese und vergleichbare Taten sie seltsam ratlos zurück. In den Gewaltsituationen, in denen Menschen, die zuvor nicht oder nur minderschwer gewaltkriminell in Erscheinung getreten sind, aus relativ alltäglichen Konflikten heraus einen anderen Menschen potenziell tödlich verletzen und sich bereits kurz nach der Gewalthandlung so verhalten, »wie wenn nix gewesen wäre«, wie es eine Polizeibeamtin in einem Interview formulierte,[1] die dann, wenn sie in den Vernehmungen mit der von ihnen ausgeübten Gewalthandlung konfrontiert werden, diese nicht abstreiten, sondern die Beschuldigungen geknickt hinnehmen und sich über die Heftigkeit der Tat und die Folgen erschrocken zeigen, stecken irritierende Beobachtungen, die eine gewaltsoziologische Untersuchung herausfordern. Es ist, als würde nicht nur die Gewalthandlung nicht zu den Situationen, in denen sie ausgeübt wird, passen, sondern, wie es ein Polizeibeamter im Nachgang zu einem Interview formulierte, als würden die Taten auch nicht zu den Tätern passen. Eine Einschätzung, die deswegen irritiert, weil die Gewalthandlungen so brutal ausgeführt werden. Sie, und darauf werde ich später zurückkommen, scheinen den Willen zu genau dieser Form der Gewalt vorauszusetzen. Fuß- und Stampftritte gegen eine am Boden liegende wehrlose Person sind kein Ausrutscher. Die Flapsigkeit der Formulierung, und auch darauf werde ich noch zurückkommen, ist an dieser Stelle beabsichtigt. So wie ich weiter oben bewusst das Wort »geknickt« verwendet habe. Die Fälle sind in Bezug auf die ermittelnden Taten unstrittig. Doch dass es zu den Taten gekommen

1 Eine Polizeibeamtin beschreibt im Interview offene Fragen, die sich trotz vielfältiger Ermittlungsergebnisse nicht aus dem Weg räumen lassen: »Was halt immer auch schwierig ist, also ich meine, gut, es treffen zwei Kontrahenten aufeinander, es wird provoziert, in welcher Form auch immer, [...] man hört ja nicht, was sie sprechen, also man sieht ja nur auf der Videoaufzeichnung irgendwas ist, der schlägt gegen eine Scheibe, der zeigt dem den Stinkfinger, will vielleicht noch mit dem debattieren, der Beschuldigte versucht eigentlich ja noch Abstand zu nehmen, er will seine Ruhe haben, will seinen Schnaps trinken, mit seinen Begleitern rauchen gehen und wird praktisch vom Geschädigten, ja, provoziert, also er folgt dem, lässt ihn einfach nicht in Ruhe. *Und was passiert dann?* [Hervorhebung durch den Verfasser] Oder wie weit muss die Provokation gehen, dass einer dann diese Hemmschwelle übertritt und jetzt einfach auf ihn zuschlägt. Und jetzt nicht nur mit einem Faustschlag, dass er zu Boden geht. Sondern eben auch das Nachtreten. *Was ist da die Intention oder die Motivation?* [Hervorhebung durch den Verfasser] Das, ja gut, jetzt liegt er am Boden, jetzt hat er eine gekriegt, jetzt habe ich meine Ruhe, nein, jetzt geh ich mit Knien auf ihn, hau ihm noch zusätzlich weiter, er rührt sich nicht mehr, versetze ihm noch einen Fußstoß, es versucht mich sogar noch jemand wegzuziehen, aber das kriegt der in dem Wahn gar nicht mit, lässt sich nicht abhalten und sobald sich das Opfer dann nicht mehr bewegt oder nicht mehr rührt, geht man weg vom Tatort, eigentlich wie wenn nix gewesen wäre, also in aller Ruhe, ja, geht in die Lokalität [genaue Bezeichnung durch den Verfasser ersetzt] und macht eigentlich weiter wie vorher.« (Interview mit Polizeibeamt:innen, 26.10.2018, Sequenz 56:12 bis 57:48.)

ist, scheint für die beteiligten Personen und auch die ermittelnden Polizeibeamt:innen irgendwie auch unwirklich[2] (vielleicht mit Ausnahme von Fall 2). Die Gewaltausübenden geben an, sich nicht richtig an die Situationen zu erinnern. Und sie schätzen das, was sie getan haben, und die Folgen falsch ein. Beteiligte Personen und Zeug:innen der Geschehen äußern, dass sie den brutalen Gewalteinsatz einfach nicht fassen können. Ich denke, dass die Beschreibungen einer wirklich-unwirklichen Situation nicht nur dem Umstand geschuldet sind, dass die Personen über eine Situation Auskunft geben (müssen), die sie verängstigt, geschockt, angeekelt oder wütend gemacht hat. Die Schilderungen mögen ein moralisches Urteil über die Tat enthalten, und sie mögen als der schwierige Versuch angesehen werden, über erfahrene und beobachtete Brutalität zu sprechen, aber sie erschöpfen sich nicht darin. In ihnen kommt auch die Unsicherheit darüber zum Ausdruck, eine Situation nicht in ihrer Existenzialität erkannt zu haben. Oder erst im Moment der schweren Gewalthandlung, und damit zu spät, begriffen zu haben, was hier gerade passiert. Die Beteiligten wirken darüber verunsichert, dass die Geschehen nichtig beginnen und doch tödlich hätten enden können. Die Schilderungen verbindet, dass der Moment des Sprungs in die Gewalt darüber entscheidet, was die Wahrnehmung der Situationen bestimmt. Erst jetzt stellen sich Fragen, Fragen, die sich nicht gestellt hätten, wenn es die brutale Gewalt nicht gegeben hätte und alle mehr oder weniger unbeeindruckt von einem alltäglichen Konflikt auseinandergegangen wären.

In der Analyse gehe ich von den konkreten Gewaltsituationen und der spezifischen Form, in der die Gewalt ausgeübt wurde, aus. Die im vorangegangenen Kapitel herausgearbeiteten dokumentarischen Rekonstruktionen verstehe ich als ersten Schritt der Analyse. Wichtig war mir, die Gewaltsituationen anhand der Gegenüberstellung unterschiedlicher Beschreibungen in ihrer situativen Dynamik vorstellbar zu machen und dabei zu zeigen, dass der Moment, in dem die schweren Gewalthandlungen ausgeübt werden, Teil der Situationen ist, aber zugleich wie ein Bruch in den Geschehen wirkt. In diesem Kapitel werde ich mich immer wieder auf die dokumentarischen Rekonstruk-

2 Das Wort »unwirklich« verwendet auch die Beteiligte eines Falls, um die Situation zu beschreiben.

tionen rückbeziehen, um die analytischen Überlegungen möglichst gegenstandsnah zu entwickeln. Im Verlauf der empirischen Arbeit hat sich herauskristallisiert, dass ich zwei Perspektiven miteinander in Bezug setzen muss: Erstens betrachte ich die situative Dynamik und die situativen Kontextbedingungen der Geschehen. Und zweitens integriere ich Beobachtungen in die Analyse, die Einsichten in präexistente Muster des Erfahrens und Wahrnehmens und damit auch in die Situationsdeutungen der Gewaltausübenden ermöglichen. Eine soziologische Arbeit kann nicht in die Köpfe der Beteiligten blicken, sie kann sich aber anhand von Selbst- wie Fremdbeschreibungen, in denen der personale Status der Gewaltausübenden thematisiert wird, oder ausgehend von Beobachtungen, die den Körper- und Sinnesbezug von Gewalt zum Gegenstand haben, der Frage nach den Erfahrungs- und Wahrnehmungsrealitäten der Gewaltausübenden zumindest annähern. Ziel der Analyse ist, den Moment, in dem im Kontext eines alltäglichen Konfliktgeschehens brutale Gewalthandlungen ausgeübt werden, anhand des heuristischen Konzepts des Handlungsmodus *gewalttätiger A-Sozialität* analytisch dicht zu beschreiben, um dann Fragen aufwerfen zu können, die über die konkreten Fälle hinausweisen und das Gesellschaftliche, das in den Taten zum Vorschein kommt, zum Gegenstand haben. In der Analyse unterscheide ich drei zentrale Handlungsaspekte: (1) *Die Einkapselung des Gewaltausübenden und die situative Verschattung des Gegenübers.* In diesem Kapitel diskutiere ich die situativen Dynamiken und die situativen Kontextbedingungen der Gewaltgeschehen in ihrer Bedeutung für den Moment der Gewalthandlung. (2) *Die Beziehungslosigkeit zwischen Handelnden und Gewalthandlung.* In diesem Kapitel erweitere ich die Überlegungen zur Einkapselung der Gewaltausübenden um die Beobachtung, dass die Gewaltausübenden zwar brutal aktiv in die Gewalthandlungen involviert sind, dabei aber zugleich seltsam entfernt von den ausgeübten Handlungen erscheinen. (3) *Über Handlungssprünge und vermittelte Handlungsmuster.* In diesem Kapitel gehe ich der Frage nach, wie die Unvermitteltheit der schweren Gewalthandlungen in einem Zusammenhang mit der Abbildhaftigkeit der Situationen steht.

Die drei Handlungsaspekte, so die These der Untersuchung, verschränken sich in den untersuchten Fällen, in unterschiedlicher Weise, zu einem Handlungsmodus gewalttätiger A-Sozialität. An einem bestimmten Punkt im Interaktionsgeschehen scheint es, als würde das

Gegenüber aus dem Selbst- und Weltbezug der Gewaltausübenden (plötzlich) verschwunden sein. Und der Sprung in die Gewalt stellt sich in dieser Hinsicht als ein Moment radikal a-sozialer Gegenwart dar.

Der Begriff Handlungsmodus gewalttätiger A-Sozialität bezeichnet dabei keine stabile persönliche Eigenschaft eines Gewaltausübenden, sondern einen spezifischen, zeitlich begrenzten Moment im Interaktionsgeschehen. In diesem Moment springt der Gewaltausübende in die schwere Gewalthandlung. Die Gewalthandlung hat eine affektive Seite, aber ich würde sie nicht als Affekthandlung beschreiben. Oder anders gesagt: Ich würde argumentieren, dass das Besondere der Gewalthandlung nicht erfasst werden kann, ohne nach der ihr zugrunde liegenden Handlungsgrammatik zu fragen. Bei einer Affekthandlung denken wir an Aktion. Die Aktion mag wenig reflektiert sein oder unbewusst erfolgen, trotzdem begreifen wir sie als eine Unterform eines Handelns, das sich auf etwas bezieht oder sich an jemandem orientiert. In den von mir untersuchten Fällen erkenne ich aber eher Apathie als Aktion. Eher eine Art des depressiven[3] Auf-sich-bezogen-Seins als eine Gewalthandlung mit einem Zweck (und sei der Zweck der Gewalt sie selbst). Oder zumindest erkenne ich in den Fällen beides: Die Gewaltausübenden sind brutal aktiv involviert und wirken von ihrem eigenen Tun entfernt. Aber auch Begriffe wie »Gewaltrausch« oder Formulierungen wie »Tunnel der Gewalt«[4], die herangezogen werden, um einen irgendwie entrückten Zustand von Gewaltausübenden zu beschreiben, scheinen mir das Phänomen nicht angemessen zu erfassen. Beide Begrifflichkeiten beziehen sich auf die situative Dynamik und das Mitgerissen-Werden des Gewaltausübenden von der ausgeübten Gewalt. Ich betrachte aber vor allem den Moment des Sprungs in die Gewalt, und nicht ein mögliches Feststecken im Tunnel der Gewalt oder das Eskalieren im Rausch (wobei beides schwer voneinander zu trennen ist). Die Frage nach dem Leibes- und

---

3 Jan Philipp Reemtsma hat eindrücklich darauf hingewiesen, dass Soziolog:innen Selbst- und Fremdbeschreibungen eines »depressiven« und dadurch »wie ferngesteuerten« Zustands nicht einfach »abtun« sollten, sondern als Ausgangspunkt für kompliziertere Beschreibungen ernstnehmen. Reemtsma nennt auch eine Formulierung wie »Da sind sie eben ausgerastet« (ders., »Warum Affekte?«, S. 19). Auch wenn ich mit den Ergebnissen hadere, habe ich mich in dieser Arbeit der von Reemtsma eingeforderten Aufgabe gestellt.

4 Collins, »Entering and Leaving the Tunnel of Violence«.

Sinnesbezug der Gewalt stellt sich auch dann, wenn der Moment des Sprungs in Gewalt betrachtet wird, aber nun vor allem als Aspekt der Situationsdeutung und nicht zuerst als Aspekt der Situationsdynamik.

Aspekte des Handlungsmodus I: Einkapselung der Gewaltausübenden und situative Verschattung des Gegenübers

Das soziale Verhältnis der Beteiligten untereinander, vor den Situationen, ist ein erstes Merkmal der untersuchten Gewaltsituationen. Im Unterschied zu Gewaltgeschehen, die über den konkreten Tattag hinausreichen, etwa Geschehen, in denen sich die Beteiligten aus bestimmten Motiven, wie etwa berufliche Konkurrenz, Eifersucht, Nachbarschaftsstreitigkeiten, bereits zuvor persönlich feindlich gesinnt waren, treffen die Beteiligten in drei der untersuchten Fälle als persönlich Unbekannte aufeinander (Fall 2, 3 und 4).[5] In einem Fall

5 Auch Gewaltgeschehen, in denen die Beteiligten sich zuvor bereits kennen und denen eine bestimmte Motivlage zugrunde liegt, müssen, wie es bei Collins heißt, »durch das Nadelöhr der Situation«. Selbst ein zu einer Gewalttat entschlossener Mensch muss diese erst noch verüben. Und doch macht es einen Unterschied, ob Menschen, die sich zuvor begegnet oder gar persönlich feindlich gesinnt sind, oder Menschen, die sich zuvor noch nie begegnet sind, aufeinandertreffen. Die Beteiligten wissen vor der Situation nichts voneinander, und damit auch nichts über die mögliche Gewaltbereitschaft und -fähigkeit des Gegenübers. Sie mögen die (körperliche) Bedrohlichkeit des Gegenübers einschätzen können, aber die Einschätzung erfolgt schnell und im Durcheinander der sich entwickelnden Konfliktsituation. Zu Beginn der Konfliktsituationen passiert sehr viel in sehr kurzer Zeit. Die Beteiligten handeln dabei situativ aus, wer sie füreinander sind. Und in den meisten Fällen führt dies zur Auflösung der Konfliktsituation. Die Beteiligten gehen auseinander, ohne dass es zu physischen Gewalthandlungen zwischen ihnen kommt. Viele Konfliktsituationen verpuffen wohl nicht zuletzt deswegen, weil die Beteiligten sich eben nicht sicher sind, ob das Gegenüber für einen selbst eine Gefahr darstellt. Vielleicht kommt es aber auch deswegen nicht zu »erfolgreicher« Gewalt, weil andere Anwesende in den Konflikt eingreifen, bevor es zur Gewalt kommt. Sie, etwa Freundinnen und Freunde, mit denen jemand am Abend zusammen unterwegs ist, besitzen dann für den situativen Verlauf mehr Gewicht als der (provozierende) Kontrahent. Vielleicht kommt es aber auch nicht zur Gewalt, weil ein »komischer« Moment den situativen Ablauf, der auf eine Gewalthandlung zusteuert, unterbricht. Vielleicht kommt der Gedanke an rechtliche Konsequenzen ins Bewusstsein eines oder mehrerer Beteiligter, vielleicht

sind die Hauptbeteiligten freundschaftlich verbunden, nichts deutet jedoch auf ein angespanntes Verhältnis zwischen ihnen vor dem Gewaltgeschehen hin – ganz im Gegenteil (Fall 1).

Ein zweites Merkmal, auch wenn dies anhand des Materials nur begrenzt nachvollzogen werden kann, ist, dass die untersuchten Gewaltsituationen nicht in eine angespannte Grundstimmung eingebettet waren. In keinem der Fälle wird von Konflikten oder Konfrontationen berichtet, in die die Beteiligten vor den relevanten Geschehnissen involviert waren. Explizit wird nur eine zuvor stattgefundene Auseinandersetzung, und zwar innerhalb der eigenen Gruppe, geschildert (Fall 4). Aber auch diese Schilderung lässt eher auf einen normal verlaufenden Abend schließen als auf eine den gesamten Abend durchziehende angespannte Stimmung, in der sich die Gruppe um den späteren Gewaltausübenden befand. Es finden sich also keine Hinweise im Material, dass die Personen vor den hier relevanten Geschehen Wut angestaut und Aggressivität aufgebaut hatten.

Darüber hinaus hat keines der Gewaltgeschehen dahingehend eine situative Vorgeschichte, dass dieselben Beteiligten bereits früher am Tag/Abend aufeinandergetroffen und miteinander in einen Konflikt geraten wären.[6] Die Gewaltsituationen sind, soweit dies an-

---

der Gedanke an soziale Folgen. Vielleicht erkennen die Beteiligten ganz plötzlich die objektive Schwachsinnigkeit ihres eigenen Verhaltens. Was auch passiert, es kommt viel öfter nicht zu körperlicher Gewalt, als dass sich Konfliktsituationen zu Gewaltsituationen entwickeln. Und noch weniger entwickeln sich Konfliktsituationen zu schwerwiegenden Gewaltsituationen, in denen potenziell tödliche Gewalthandlungen ausgeführt werden. Die Beobachtung, dass dies so ist, und die analytische Unzufriedenheit darüber, dass in den bisherigen Erklärungsversuchen »erfolgreicher« Gewalt weder empirisch dicht noch inhaltlich systematisch danach gefragt wird, warum das so ist (siehe die eben gewählte Formulierung »vielleicht kommt es nicht zur Gewalt, weil...«), steht am Ausgangspunkt mikrosoziologischer Gewalttheorie. Die Prämisse, am prominentesten von Collins vertreten, lautet: Konkrete körperliche Gewaltausübung fällt Menschen schwer. Die soziologische Herausforderung besteht darin, die Gewaltsituation dicht zu beschreiben, um dann zeigen zu können, wie es doch zu »erfolgreicher« Gewalt zwischen Menschen kommt.

6 Die Gewaltgeschehen unterscheiden sich also auch von Situationen, die sich zwar am selben Tag, aber über einen längeren Zeitraum hinweg andeuten – etwa von Geschehen, in denen sich die Beteiligten bereits den Abend über im Club provoziert hatten, bevor sie dann im späteren Verlauf aufeinander losgehen. Auch in solchen Geschehen haben die Beteiligten (womöglich) keine persönliche, aber eine Art der situativen Vorgeschichte.

hand des empirischen Materials rekonstruiert werden kann, nicht mit vorangegangen Konflikten zwischen den später Beteiligten verknüpft.[7]

Die Situationen, in deren Verlauf es zu den schweren Gewalthandlungen kommen wird, haben zudem nicht nur keine situative Vorgeschichte, sondern auch keinen sonderlich bemerkenswerten Auftakt. Sie starten aus nichtigen Anlässen: Ein Freund, der seinen betrunkenen Freund von der Straße zieht. Ein Mann, der einen anderen Mann anspricht/anpöbelt, weil dieser zu viel Lärm macht. Ein nächtlicher Streit um ein Taxi. Zwei Gruppen, zwischen denen sich ein Konflikt aufgrund einer Beleidigung entspinnt, von der nicht einmal genau gesagt werden kann, wem sie eigentlich galt.

Die Situationen nehmen dann verschiedene Verläufe: Während in Fall 1 die Gewalthandlung in dem Moment völlig überraschend erfolgt, als B1 seinen Freund von der Straße zu ziehen versucht, es also nicht einmal zu einem Konflikt der beiden gekommen war, geht den schweren Gewalthandlungen der drei anderen Fälle ein verbaler und leichterer handgreiflicher Konflikt voraus. In Fall 2 versucht A2 zuerst noch, sich von B2 zu entfernen und sich der Situation zu entziehen, B2 folgt jedoch der Gruppe um A2 und spricht A2 erneut an. Es kommt zu ersten körperlichen Auseinandersetzungen. A2 und B2 schubsen sich, eine Beteiligte stellt sich dazwischen, die Situation löst sich kurz auf, dann treffen A2 und B2 wieder aufeinander, A2 bringt B2 zu Boden und attackiert ihn heftig. In Fall 3 entwickelt sich die Situation um den Taxistand schnell und ist unübersichtlich: Im Vergleich zu den anderen Fällen ist die schwere Gewalthandlung direkt mit der Konfliktsituation, in der es zu Beschimpfungen, Drohungen und ersten gewaltsamen Handlungen gekommen war, verschränkt. Aber auch in diesem Fall beschreiben Beteiligte, die selbst handgreiflich in die Situation verstrickt waren, die schwere Gewalthandlung als nicht aus dem Verlauf heraus erklärbar. In Fall 4 berichten die Geschehensbeteiligten von Beschimpfungen, gescheiterten Versuchen, den Konflikt zu entspannen, verbalen und körperlichen Drohgebärden, wie dem Herunterzählen eines Countdowns und dem Ausziehen des T-Shirts. Die schwere Gewalthandlung wird aber auch hier von den Beteiligten

7 In Fall 3 schildern Personen der Kleingruppe um A, dass ihnen die Gruppe um B am Veranstaltungsort zuvor durch lautes Verhalten zwar aufgefallen war, es kam jedoch zu diesem Zeitpunkt zu keinem Aufeinandertreffen der beiden Gruppen.

als ein Bruch mit der Situation beschrieben. Dieser Fall führt das, was ich im dritten Unterkapitel mit dem Begriff des Handlungssprungs zu bezeichnen versuche, in besonders deutlicher Weise vor Augen. Der Gewaltausübende war an der situativen Dynamik gar nicht wirklich beteiligt. Auch als er sein T-Shirt auszog und oberkörperfrei posierte, stand er eher am Rand des Geschehens. Bis zu dem Moment, in dem er dann plötzlich losrannte und eine Person schwer attackierte.

Während in Fall 1 der schwerwiegenden Gewalthandlung nur eine Gewalthandlung gegen Sachen (A1 schlägt gegen das Auto, das er auf der Straße zum Halten bringt) und verbale Beleidigungen gegen den Fahrer des Autos vorausgehen, kommt es in den Fällen 2 und 3 neben verbalen Auseinandersetzungen bereits vor der schweren Gewalthandlung zu ersten körperlichen Auseinandersetzungen.[8] In Fall 2 gehen sich A2 und B2 körperlich an, wobei Personen aus der Gruppe um A2 noch versuchen, sich zwischen die beiden zu stellen. In Fall 3 kann nicht klar rekonstruiert werden, wann die verbale Konfliktsituation in ein Handgemenge übergeht, und auch nicht, wer wann wen genau körperlich angeht. Aber auch hier bedrängen, schubsen und zerren sich die Beteiligten zuerst nur, bis A3 eine bedrohliche Situation für eine Frau aus seiner Gruppe wahrnimmt, eine Einschätzung, die von anderen Beteiligten zurückgewiesen wird, und die schwere Gewalthandlung ausübt. In Fall 4 schaukelt sich die Situation verbal zunehmend hoch, es fällt wohl die Beleidigung »Fotzen«, und es folgen körperliche Drohgebärden wie das oberkörperfreie Posieren. Aber auch in diesem Fall werden vor der schweren Gewalthandlung keine gewalttätigen Handlungen wie etwa Würgegriffe oder Faustschläge ausgeübt.

Bei allen situativen Unterschieden ähneln sich die Gewaltgeschehen darin, dass die schwerwiegenden Gewalthandlungen in Form von Fuß- und Stampftritten gegen den Kopf einer am Boden liegenden Person dann plötzlich erfolgen (in Fall 3 ist die schwere Gewalthandlung noch am ehesten als Teil der Situationsdynamik zu beschreiben).[9]

---

8 In Fall 2 kommt es, dies wird von B2 als Grund angegeben, warum er A2 angesprochen habe, zuerst zu Gewalt gegen Sachen. B2 sagt aus, A2 habe gegen die Scheibe eines Glaskastens/Schaufensters geschlagen.

9 Die Sichtung von Videoaufnahmen vergleichbarer Gewaltsituationen legt nahe, dass der schweren Gewalthandlung oftmals zwar verbale Auseinandersetzungen,

Die Konfliktsituationen sind zu diesem Zeitpunkt konfrontativ, aufgeladen, hektisch, unübersichtlich und in einem mehr oder weniger starken Maße auch bereits körperlich übergriffig, sie werden von den Beteiligten aber nicht als Situationen beschrieben, in denen es jeden Moment zu potenziell tödlichen Gewalthandlungen kommen wird. Die Situation verändert sich radikal, in dem Moment, in dem eine Person zu Boden gebracht wird/zu Boden geht.[10] Kurz nach diesem entscheidenden situativen Moment, der irgendwie Teil der Geschehen ist, aber zugleich einen Bruch im jeweiligen Geschehen markiert, werden die schweren Gewalthandlungen ausgeübt.

Der Moment, in dem die schwere Gewalthandlung ausgeübt wird

Die schwere Gewalthandlung steht in einem engen zeitlichen Zusammenhang mit dem Moment des Zu-Boden-Gehens des Gewaltbetroffenen.[11] In Fall 1 bringt A1 B1 nach einer kurzen Rangelei (B1, der seinen Freund von der Straße zu zieht, scheint von der Gewalttätigkeit A1.s völlig überrumpelt zu sein) auf dem Gehsteig zu Boden, stützt sich an einer hüfthohen Mauer ab und stampft mit dem Fuß auf B1 ein. In Fall 2 eskaliert das Geschehen, nachdem A2 B2 zu Boden gebracht hat (auch hier scheint B2, der zuvor die den Konflikt antreibende Person war, von der schweren Gewalthandlung schlagartig überwältigt). A2 sitzt auf B2, hält ihn umklammert, schlägt auf ihn ein und tritt ihm dann mehrfach gegen und auf den Kopf.[12] In Fall 3 zieht A3 B3 aus dem Taxi, schleift in über den Boden schlägt und tritt ihm dabei ins Gesicht.

---

körperliche Drohgebärden und auch erste leichtere körperliche Konfrontationen vorausgehen. Zugleich steht die Heftigkeit der dann folgenden gewalttätigen Handlung, soweit dies anhand des Videomaterials zu beurteilen ist, in keinem Verhältnis zur vorangegangenen Situation.

10 In den folgenden Ausführungen werde ich die Formulierung des Zu-Boden-Gehens verwenden. Damit soll nicht relativiert werden, dass die Gewaltausübenden die Gewaltbetroffenen zu Boden bringen, sondern die situative Bedeutung des Moments für die schwere Gewalthandlung herausgestellt werden. Und zwar auch hinsichtlich des Eintritts der Gewaltausübenden in einen eingekapselten Zustand gewalttätiger Wut.

11 Auch die Polizeibeamt:innen äußern in den Interviews die Einschätzung, dass der Moment des Zu-Boden-Gehens für ein Verständnis des Moments der schweren Gewalthandlung wichtig ist.

12 Die Gewalthandlung wurde von einer Überwachungskamera aufgezeichnet. Ich konnte die Aufnahmen einsehen.

In Fall 4 schlägt A4 B4 mit einem Faustschlag nieder und tritt dann gegen den Kopf des reglos am Boden liegenden B4.s. Einer der Gewaltbetroffenen (B3) beschreibt den Moment und das unmittelbare Folgen der Tritte: »Sofort nach dem Fallen ging es los. Ohne Unterbrechung.«[13]

In den untersuchten Fällen ist – aus einer die situative Dynamik fokussierenden Perspektive – der Moment des Zu-Boden-Gehens eines der Beteiligten von entscheidender Bedeutung. Die Gewaltausübenden führen die schweren Gewalthandlungen aus. Positionen der Stärke und Schwäche sind eindeutig verteilt. Die Betroffenen sind der Gewalt eher ausgesetzt, anstatt dieser etwas entgegensetzen zu können. Die Geschehen sind jetzt, wie Collins formuliert, »weniger ein Kampf als ein Verprügeln«.[14] Sie haben sich in Sekunden von einer Konfliktsituation, in der es zu gar keinen körperlichen oder nur leichteren Übergriffen gekommen ist, zu einer existenziellen Gewaltsituation entwickelt. Diejenigen, die die Gewalt ausüben, sind voll dabei. Diejenigen, die der Gewalt ausgesetzt sind, versuchen sich am Boden liegend zu schützen (wenn es ihnen noch möglich ist). Die Personen, die an den Situationen zuvor mehr oder weniger stark beteiligt waren, schrecken zurück oder versuchen, nachdem sie den ersten Schock überwunden haben, einzugreifen.

Es gibt Gewaltgeschehen, in denen führt der Moment des Zu-Boden-Gehens einer Person zu einer Unterbrechung oder einem Abbruch der Gewalttätigkeiten. Und das nicht nur dann, wenn eine der beteiligten Personen im Getümmel hinfällt und eine andere Person im Moment der körperlichen Antisymmetrie[15] innehält und erkennt, was auf dem Spiel steht, sondern auch dann, wenn ein Geschehen hart umkämpft ist, bis einer der Kontrahenten den anderen mit einem Faustschlag oder eine Kopfnuss niederstreckt. Selbst in körperlich extrem

13 Fall 3, Aussage Hauptgeschädigter, Band 1, Blatt 212.

14 Collins, »Micro and Macro Causes of Violence«, S. 11; eigene Übersetzung.

15 Ich verwende in dieser Arbeit den Begriff antisymmetrisch für eine situative Konstellation, in der die Positionen zwischen Gewaltausübendem und Gewalterleidendem klar verteilt sind und es unwahrscheinlich oder unmöglich ist, dass die angegriffene Person in die Position des Gewaltausübenden wechseln kann. In den untersuchten Fällen verändert der Moment des Zu-Boden-Gehens die soziale Beziehung der Beteiligten entscheidend, die am Boden liegende Person kann der Gewalt nichts mehr entgegensetzen (vgl. für die Unterscheidung symmetrisch, asymmetrisch und antisymmetrisch Hoebel, »Organisierte Plötzlichkeit«, S. 445).

angespannten Situationen, kann das Zu-Boden-Gehen einer Person also gerade der Augenblick im Geschehen sein, an dem das Gewaltgeschehen zu einem Ende kommt. In den untersuchten Situationen war das nicht der Fall. In allen Fällen brachten die Gewaltausübenden ihre Kontrahenten zu Boden, ließen dann aber nicht von ihnen ab, sondern übten schwere Gewalthandlungen aus. Wie lässt sich das interpretieren?

Don Weenink, der sich in mehreren Studien mit der situativen Dynamik von Gewaltgeschehen auseinandergesetzt hat, diskutiert den Moment des Zu-Boden-Gehens im Kontext mit dem personalen Status der Gewaltausübenden im Gewalthandlungsvollzug. In Gewaltgeschehen, so Weenink, kann es dazu kommen, dass die Gewaltausübenden von der situativen Dynamik mitgerissen werden und in einen Zustand der Einkapselung (»encapsulation«) eintreten. In diesem Zustand scheinen sie den Kontakt zur sie umgebenden Umwelt verloren zu haben. Ihr Wirklichkeitsbezug verändert sich und wird schließlich von der ausgeübten Gewalt absorbiert. Die Welt der Gewaltausübenden schrumpft auf die Gewalthandlung zusammen. Weenink beschreibt den gewalttätigen Zustand, in dem sich die Attackierenden befinden als »state of aggressive frenzy«, als eine Form fieberhafter, rasender Verfasstheit, in der der Angriff auf den Kontrahenten der einzige Fokus des Gewaltausübenden ist.[16] In diesen Momenten, so Weeninks Interpretation, übernimmt die Gewalt und wird exzessiv. Der Moment des Zu-Boden-Gehens des Gewaltbetroffenen ist dabei eng mit dem rasenden Zustand des Gewaltausübenden verknüpft. Das Zu-Boden-Gehen einer Person unterbricht den gewalttätigen Handlungsablauf nicht, sondern beschleunigt den Gewaltausbruch und supplementiert den Zustand »gewalttätiger Wut«.[17] In Weeninks Interpretation wird der Attackierende von der situativen Unterwürfigkeit der am Boden liegenden Person (»the victims' submissiveness«) nicht nur bestätigt, sie fache den Gewaltausbruch sogar noch an (»it fires up the frenzy«).[18] Die Überlegungen Weeninks helfen dabei, Be-

16 Weenink, »Frenzied Attacks«, S. 419.

17 Ebd. Ergänzend zur Perspektive Weeninks auch: Collins, »Entering and Leaving the Tunnel of Violence«. Zitat: Weenink, »Frenzied Attacks«, S. 423.

18 Ein Polizeibeamter äußert eine diese Sicht ergänzende Perspektive: Für ihn sei das Treten einer am Boden liegenden Person auch darin begründet, dass es keine

schreibungen von Situationsbeteiligten und Zeug:innen einzuordnen, in denen sie einen irgendwie veränderten personalen Zustand der Jetzt-Gewaltausübenden thematisieren.[19] Sie werden als »willenlos«[20] (Fall 3) bezeichnet, die Brutalität der Tritte mit einem »Presslufthammer«[21] (Fall 1) veranschaulicht. Gewaltausübende werden als »wütiges Tier, das irgendwas zerfleischen möchte«[22] beschrieben, als »Stier, dem man ein rotes Tuch vorhält«[23] (Fall 4). In allen Fällen wird der Moment des Zu-Boden-Gehens und eine Art der Raserei des Gewaltausübenden beschrieben. Um den Moment der schweren Gewalthandlung in den untersuchten Fällen in seiner Situiertheit zu beschreiben, ist Weeninks Konzept der Einkapselung in einen Zustand gewalttätiger Wut, gerade weil es den personalen Status der Gewaltausübenden mit dem Moment des Zu-Boden-Gehens des Gegenübers in Beziehung setzt, von hoher Wichtigkeit. Die schweren Gewalthandlungen unterscheiden sich stark von allen anderen Handlungen im bisherigen Geschehen. Das zeigt sich auch in der Art und Weise, wie die Gewaltausübenden von anderen Situationsbeteiligen kurz vor und im Moment des Handlungsvollzugs wahrgenommen und beschrieben werden. Sie scheinen in einem anderen personalen Zustand, wirken irgendwie abgetrennt von der sie umgebenden Umwelt und von demjenigen, den die schwere Gewalt trifft. Weeninks Begriff der Einkapselung ist äußerst hilfreich, um den Zusammenhang von rasender Wut und dem situativen Wendepunkt des Zu-Boden-Gehens begrifflich zu fassen.

Regeln mehr gebe, an die sich Kontrahenten in einer Schlägerei zu halten hätten. Er bezieht diese Aussage auf Gewaltantuende wie Gewalterleidende Der Gewaltausübende sehe in der Hilfslosigkeit der am Boden liegenden Person keinen Grund, mit der Gewalt zu stoppen – in dieser Hinsicht ähnelt die Einschätzung derer von Weenink, auch wenn Weenink situative, nichtrationale Handlungsaspekte der Gewalthandlung betont –, der Gewaltbetroffene sei demgegenüber nicht in der Lage einzugestehen, dass er unterlegen sei. Das Gewaltgeschehen, so der Polizeibeamte, würde gewissermaßen immer wieder von vorne beginnen, bis einer der beiden endgültig kampfunfähig ist (Interview mit Polizeibeamt:innen am 26.10.2018).

19 Hierzu Weenink: »What frightens witnesses as well is that the attackers are, in the words of another witness in this case, ›out of touch‹: they have entered a state of encapsulation« (ders., »Frenzied Attacks«, S. 412 f.).

20 Fall 3, Zeugenaussage, Band 1, Blatt 200.

21 Fall 1, Zeugenaussage, Band 2, Ball 222 und 223.

22 Fall 4, Zeugenaussage Person Gruppe Betroffener, Band 2, Blatt 446.

23 Fall 4, Zeugenaussage Person Gruppe Betroffener, Band 2, Blatt 458.

Er trifft aber andererseits auf die untersuchten Fälle nur bedingt zu. Die Frage, die sich stellt, lautet: Woher kommt die Wut? Oder präziser gefragt: Wie geraten die Gewaltausübenden in den eingekapselten Zustand gewalttätiger Wut?

Zumindest in den Fällen 1, 2 und 4 (und mit Einschränkungen auch in Fall 3) ist das Eintreten in einen Zustand gewalttätiger Wut nicht wirklich mit der situativen Dynamik der Gewaltsituationen zu erklären. In den Fällen die Weenink heranzieht, spielt die situative Dynamik, das körperlich-leibliche und emotionale Mitgerissen-Werden von einem eskalierenden Handlungsvollzug eine deutlich wichtigere Rolle. In den von mir untersuchten Fällen sind die schweren Gewalthandlungen jedoch nur bedingt aus der situativen Dynamik herzuleiten. Die Gewalthandlungen erfolgen plötzlich, es wirkt, als katapultierten sich die Gewaltausübenden in einen rasenden Zustand. So als würden sie ein, zwei, drei Handlungsschritte überspringen. Sie eskalieren nicht, sondern springen in die Gewalt. Die Überlegungen Weeninks helfen also dabei, Beobachtungen des personalen Zustands der Gewaltausübenden *im* eskalierenden Handlungsvollzug analytisch präzise beschreiben zu können. Im Handlungsvollzug wirken die Gewaltausübenden in einen Zustand gewalttätiger Wut eingekapselt. Demgegenüber ist die enge Bindung des Arguments an die situative Dynamik eines Geschehens im Kontext der untersuchten Fälle kritisch einzuschätzen. In den Gewaltsituationen kommt es relativ plötzlich zu schwerer Gewalt. Während Weenink die Einkapselung der Gewaltausübenden in Zusammenhang mit der Eskalation von konflikthaften Situationen diskutiert, stellt sich für meine Analyse vor allem die Frage, wie die Beobachtung der Sprunghaftigkeit der Gewalt in die Überlegungen zu integrieren ist. Bevor ich mich dieser Frage in den beiden nachfolgenden Kapiteln zuwende, ist der situative Zusammenhang von Einkapselung des Gewaltausübenden in einen Zustand gewalttätiger Wut und dem Zu-Boden-Gehen des Gewalterleidenden auszudifferenzieren: Erstens in Bezug auf das veränderte körperlich-leibliche Verhältnis zwischen Gewaltausübenden und Gewalterleidenden und zweitens hinsichtlich der Frage, wie die Alkoholisierung der Gewaltausübenden sich auf Situationsverlauf und Handlungsvollzug auswirken kann.

Der Moment des Zu-Boden-Gehens verändert das situative körperlich-leibliche Verhältnis zwischen Gewaltausübenden und Gewaltbetroffenen entscheidend. In der Wahrnehmung eines Gewaltausübenden kann ein noch wenige Sekunden zuvor als agierend oder zumindest reagierend erlebter Kontrahent durch das veränderte körperlich-leibliche Verhältnis zu einer hilflosen, ja »unterwürfigen« (Weenink), Gestalt werden. Das situative Eingekapselt-Sein in einen Zustand gewalttätiger Wut und das antisymmetrische körperlich-leibliche Verhältnis können in einem Zusammenhang mit der Fehleinschätzung der Gewaltausübenden gegenüber ihrer eigenen Gewalthandlungen stehen. In den untersuchten Fällen, das wird besonders in Fall 3 deutlich, scheinen die Gewaltausübenden die Potenzialität der von ihnen ausgeführten Gewalthandlung völlig falsch einzuschätzen.[24] Sie gehen nicht davon aus, dass sie lebensgefährliche Gewalt angewandt haben. Als sie mit der eigenen Brutalität konfrontiert werden, zeigen sie sich eher erschrocken als abgeklärt. Jede Gewaltform hat ein bestimmtes körperlich-leibliches Verhältnis, in dem die Beteiligten zueinanderstehen. Gewaltausübende, die ringen, stehen in einem anderen körperlichen Verhältnis zueinander wie Gewaltausübende, die gegen den Kopf eines am Boden liegenden Menschen treten. Das Zu-Boden-Gehen markiert nun auch deswegen eine situative Wende im Konfliktgeschehen, weil es die Möglichkeiten des Wahrnehmens und eines Sich-ineinander-Erkennens erschwert. Randall Collins hat in seiner mikrosoziologischen Theorie der Gewalt großen Wert auf diesen Aspekt gelegt. Es sei, so Collins, nicht unsere Furcht davor, verletzt oder getötet werden zu können. Und auch nicht, wie Collins in Abgrenzung zu Dave Grossman[25] festhält, die Furcht davor, andere zu verletzten oder zu töten. Vielmehr hindere uns der interaktive Rhythmus, in dem wir uns mit anderen in Situationen befinden, daran, die Konfrontationsanspannung zu überwinden und gewalttätig zu werden. Menschen hätten, so Collins, große Probleme damit, gewalttätig zu werden, wenn sie in das Gesicht und die Augen des Gegenübers blicken können, wenn sie sich gegenseitig

24 Erinnert sei an die bemerkenswerte Aussage A3.s: »Für mich war das ein Schlag, ein Faustschlag und ich dachte, ja der sitzt vielleicht am Abend schon über ein Bier und hat eine blutige Nase und das war es. Ich habe auf keinen Fall so etwas erwartet« (Fall 3, Aussage A, Beschuldigter, Band 2, Blatt 325). Hinzugefügt sei an dieser Stelle, dass die ermittelnden Polizeibeamten den Gewaltausübenden als glaubhaft erschrocken über die Heftigkeit seiner Gewalthandlung beschreiben (Interview am 19.02.2019).

25 Grossman, *On Killing*.

ihrer Mit-Menschlichkeit versichern können.[26] Und auch wenn Collins sich hier auf Momente *vor* der »erfolgreichen« Ausübung von Gewalt bezieht, können seine Überlegungen für die Analyse von Momenten *während* der Gewalthandlung nutzbar gemacht werden. Das antisymmetrische körperliche Verhältnis, der rasende Gewaltausübende, der über dem schutzsuchenden Gewaltbetroffenen steht und auf diesen hinuntertritt, erschwert ein Sich-Erkennen im Anderen. Und damit kann ein möglicher Weg aus der Gewalthandlung versperrt sein: Ein spontanes Innehalten, ein Sich-im-Anderen-Erkennen, ein situativ unerwarteter Moment der Empathie.[27] An dieser Stelle wird abermals deutlich, wie schwierig es ist, soziale Situationen überhaupt in einzelne Sequenzen zu unterteilen. Wenn ich den Moment des Sprungs in die Gewalt betrachte, schwanke ich zwischen dem Augenblick, in dem der Impuls zur Gewalthandlung erfolgt, und dem Augenblick, in dem die Gewalthandlung beginnt/ausgeübt wird. Und ebenso bin ich mir darüber unsicher, in welchem zeitlichen Zusammenhang der personale Zustand der Einkapselung und das Zu-Boden-Gehen genau stehen. Wie soll es soziologisch möglich sein, exakt zu bestimmen, wie Situationen für die Beteiligten ablaufen? Alles, was ich anbieten kann, sind Beschreibungen von Situationsmomenten und Seinszuständen, für die ich hinreichende Belege im Material finde. Ich hierarchisiere sie nicht, sondern stelle sie nebeneinander, in der Hoffnung, das Momenthafte und Widersprüchliche sozialer Situationen zu erhalten.

Eine weitere, für das Verständnis der Gewaltgeschehen zentrale Situationsbedingung, der soziologisch aber kaum beizukommen ist, ist die Alkoholisierung der Beteiligten. In allen vier Fälle waren die Gewaltausübenden, in unterschiedlichem Maße, alkoholisiert.[28] Die

---

26 Hierzu Collins: »In micro-detail, what humans have greatest trouble with is a violent confrontation with another human being when they can see each other's eyes and face, communicating each other's humanity« (ders., »Entering and Leaving the Tunnel of Violence«, S. 135).

27 Wie im obigen Abschnitt erwähnt, kann aber gerade eine radikale Veränderung des körperlichen Verhältnisses zwischen zwei Kontrahenten dazu führen, dass die Mit-Menschlichkeit erkannt wird.

28 Auf eine exakte Angabe der spezifischen Alkoholisierungsgrade der Gewaltausübenden wird an dieser Stelle verzichtet. Vgl. hierzu auch die weiteren Ausführungen in diesem Kapitel, in denen ich in Anschluss an Ferdinand Sutterlüty die Schwierigkeit, den Zusammenhang von Gewalthandeln und Alkoholisierung soziologisch zu erforschen, adressiere.

situative Erfahrungs- und Wahrnehmungsrealität der Gewaltausübenden, das wird im empirischen Material aus unterschiedlichen Perspektiven thematisiert, kann von der zum Geschehenszeitpunkt vorliegenden Alkoholisierung mitbestimmt gewesen sein. Auch in den fachpsychiatrischen Gutachten werden ähnlich nichtdefinitive Formulierungen genutzt. Eine Ausnahme bildet Fall 1. Hier wird die Alkoholisierung des Gewaltausübenden nicht nur während der Ermittlungen als Begründung für die schwere Gewalthandlung herangezogen, sondern schließlich auch im Urteil als entscheidender Faktor festgeschrieben: Der Gewaltausübende wird des vorsätzlichen Vollrausches schuldig gesprochen. Und trotzdem, darauf habe ich in der dokumentarischen Rekonstruktion des Falles verwiesen, äußern die Beteiligten Zweifel daran, inwieweit die Alkoholintoxikation allein die schwerwiegende Gewalthandlung zu erklären vermag. A1 war nicht das erste Mal stark betrunken und er verhalte sich, so wird es zumindest von verschiedenen ihm nahestehenden Personen dargestellt, in einem alkoholisierten Zustand normalerweise nicht aggressiv.[29] Beim Gewaltausübenden des zweiten Falls, darauf deuten Erkenntnisse über seine gewaltkriminelle Vorgeschichte und auch Schilderungen eines Bekannten hin[30], kann Alkoholkonsum eine aggressive Grundstimmung mit sich bringen. Im fachpsychiatrischen Gutachten wird hinsichtlich der Bedeutung der Alkoholisierung des Gewaltausübenden A2 für den Ablauf des Gewaltgeschehens die Einschätzung vertreten, dass der »zum Tatzeitpunkt gegebene Intoxikationszustand maßgeblich dazu beitrug, dass es zu der Heftigkeit der Tathandlung kam«.[31] Wobei in diesem Fall bemerkenswert ist, dass sich der Gewaltausübende zuerst noch mehrfach vom Konfliktgeschehen entfernt. Eine beson-

---

29 So charakterisiert eine Freundin A1.s Persönlichkeit im betrunkenen Zustand wie folgt: »Wenn A1 Alkohol getrunken hat, ist er überhaupt nicht gereizt oder aggressiv. Ich würde ihn als gut gelaunt und lustig beschreiben. Auch wenn A1 über die Stränge schlägt, habe ich ihn noch nie aggressiv erlebt« (Fall 1, Band 2, Blatt 320).

30 So sagt ein Bekannter A2.s auf die Frage nach aggressivem Verhalten: »Wenn er betrunken war, ja. Mir gegenüber war er nicht aggressiv, weil er vor mir Respekt hatte. Meiner Meinung nach hatte er zwei Gesichter. Wenn er nichts getrunken hatte, war er der freundlichste Mensch, der keinem was zu Leide tut. Er war höflich, zuvorkommend. Aber wenn er was trinkt, dann glaube ich, schaltet in seinem Kopf irgendwas um und er ist ein anderer Mensch« (Fall 2, Band 1, Blatt 236).

31 Fall 2, Band 2, Blatt 536.

dere Aggressivität gegenüber der Person, die ihn im Bahnhofsbereich wegen seines Verhaltens und des Lärms, den er verursacht, anspricht, das dokumentieren auch Videoaufnahmen der Situation, ist nicht zu erkennen. Vielmehr wirkt es, als hätte A2 keinen Bock auf Stress.

Auch in Fall 3 liegt eine Alkoholisierung des Gewaltausübenden vor. Ähnlich wie in Fall 1 wird der alkoholisierte Zustand A3.s in den Ermittlungen als Erklärung für die gewalttätige Handlung und vor allem für ihre Heftigkeit herangezogen. Im fachpsychiatrischen Gutachten wird die Alkoholintoxikation von A3 als für sich genommen nicht schuldmindernd beschrieben, jedoch auf den Zusammenhang einer allgemein enthemmenden Wirkung von Rauschzuständen und überschießend aggressiven Handlungsimpulsen verwiesen. Gerade, so die fachpsychiatrische Einschätzung des Gutachters, da bei A3 eine emotional-instabile Persönlichkeitsstörung vorliege, kann die Alkoholisierung die überschießende Gewalthandlung zumindest mitausgelöst haben.[32] Aber auch in diesem Fall finden sich unterschiedliche Charakterisierungen von A3, die die Schwierigkeit verdeutlichen, von einer Alkoholisierung auf die schwere Gewalthandlung zu schließen.[33] In Fall 4, in dem der Gewaltausübende ebenfalls alkoholisiert war, sagt A4 über sich selbst, dass er unter Alkoholeinfluss »leicht reizbar« werde, es bisher aber nur zu »Kleinigkeiten, Streit und Schubsereien« gekommen sei. Zudem sei er zwar alkoholisiert gewesen, konnte aber noch »normal laufen«.[34]

Auch wenn in allen untersuchten Fällen die Alkoholisierung eine teils wichtige Rolle in den Erklärungsversuchen der Situationsbeteiligten und der polizeilichen wie juristischen Aufarbeitung spielt, ist die faktische Bedeutung der Alkoholisierung für die schwere Gewalthandlung nur schwer zu bestimmen. In den Ermittlungen und in den strafrechtlichen Beurteilungen wird die Alkoholisierung der Gewaltausübenden zwar als ein möglicher Erklärungsfaktor für die Ge-

32 Fall 3, Fachpsychiatrisches Gutachten.

33 So gibt eine Person aus der Gruppe um A3 auf die Frage nach dessen Alkoholisierung an: »Der wird halt dann, er ist schon lustig, der wird dann einfach noch lustiger. Er wird auf keinen Fall aggressiv. Er wird einfach noch redseliger und lustiger, wie er eher schon ist. Er macht dann noch einen Spruch mehr, was er eh schon kann, aber im positiven Sinne« (Fall 3, Aussage Person Gruppe um A3, Rote Mappe 1, Blatt 0799).

34 Fall 4, Aussage Gewaltausübender, Band 1, Blatt 88.

walthandlungen angesehen (mit Ausnahme von Fall 1, wobei auch in diesem Fall unklar bleiben muss, warum der Gewaltausübende, der in seinem Leben schon häufiger stark alkoholisiert war, gerade in dieser Situation schwere Gewalt ausübt). Trotzdem wird die Annahme eines eindeutigen Zusammenhangs immer wieder problematisiert: von den ermittelnden Polizeibeamt:innen, aber eben auch von den Gewaltausübenden und von Personen, die die Gewaltausübenden persönlich kennen. Im Kontext der untersuchten Fälle scheint mir zentral, dass, mit Ausnahme von Fall 2, in dem eine erhöhte Aggressionsbereitschaft von A2 unter Alkoholeinfluss geschildert wird, die Gewaltausübenden selbst keine erhöhte Gewaltbereitschaft unter Alkoholeinfluss beschreiben und auch von Personen, mit denen sie verwandt oder persönlich befreundet sind, als nicht gewalttätig beschrieben werden. Die Alkoholisierung der Gewaltausübenden wird zwar immer wieder herangezogen, um die schwere Gewalthandlung zu erklären, dennoch wirken weder die Gewaltausübenden selbst noch die ermittelnden Polizeibeamt:innen wirklich davon überzeugt, dass die Alkoholisierung die entscheidende Erklärung für die Gewalthandlung ist. Die Gewaltausübenden geben zwar an, dass sie sich den Gewaltausbruch nur so erklären können, relativieren die Begründung aber immer auch, indem sie ihr bisheriges Verhalten unter Alkoholeinfluss, das eben nicht sonderlich auffällig war, heranziehen.

Aus einer soziologischen Perspektive danach zu fragen, wie Konflikt- und Gewaltsituationen durch die Alkoholisierung und/oder den Drogengebrauch von Beteiligten beeinflusst werden, stellt vor große forschungspraktische Schwierigkeiten. Eine erste grundsätzliche Schwierigkeit betrifft die Varianz der konsumierbaren Substanzen – Alkohol, Amphetamine, Barbiturate, Cannabis, Crack, Kokain, Ecstasy, Heroin/Opiate usw. – und die Varianz der je individuellen Wirkung der je spezifischen Substanz. Da in den untersuchten Fällen die Gewaltausübenden nur alkoholisiert waren und keine Intoxikation mit anderen Drogen gesichert nachgewiesen werden konnte, war ich »nur« mit der Schwierigkeit konfrontiert, über die je individuelle Wirkung der Alkoholisierung Aussagen zu treffen. Eine zweite zentrale Schwierigkeit ist, dass unterschiedliche Disziplinen die Frage nach dem Zusammenhang von Intoxikation und Gewalt/Aggression aufwerfen, ohne dabei in einen interdisziplinären Verweisungszusammenhang zu treten. Eine dritte Schwierigkeit, die mit den voranstehenden zusammenhängt, ist die Unklarheit, was unter Aggression/Gewalt und was unter Intoxikation eigentlich genau zu verstehen ist. Da es kaum interdisziplinären Austausch über den Zusammenhang von Alkohol- bzw. Drogenintoxikation und Gewalthandlungen gibt, gibt es auch kein gemeinsam geteiltes begriffliches Instrumentarium, anhand dessen Erkenntnisse aufeinander bezogen werden könnten.[35]

Die Effekte, die Alkohol- und Drogenintoxikationen in Gewaltgeschehen haben können, sind auch dahingehend zu unterscheiden, in welchem zeitlichen Verhältnis Konsum und Gewalthandlung zueinanderstehen. Es muss unterschieden werden zwischen einem Wirkungszusammenhang von akutem Rauschzustand und Gewalt, einem Wirkungszusammenhang von Entzugserscheinungen und Gewalttätigkeit, einem Wirkungszusammenhang von Langzeitkonsum und dessen Auswirkungen auf die Aggressions- und Gewaltneigung.[36] Für die vorliegende Studie ist, mit Ausnahme von Fall 2, bei dem eventuell auch ein Wirkungszusammenhang hinsichtlich eines Langzeitkonsums in Betracht zu ziehen ist, vor allem der zuerst genannte Wirkungszusammenhang relevant: die unmittelbaren Wirkungen von Alkoholkonsum in den konkreten Gewaltsituationen.

Die »neurophysiologischen Wirkungen von Alkohol«, so fasst Ferdinand Sutterlüty diese in ihrer Bedeutung für die Untersuchung sozialer Geschehen zusammen, »können zu kognitiven Einschränkungen bei der Situationseinschätzung, zur Abschattung moralischer Gefühle und zu einem enthemmenden Verlust der Selbstkontrolle [führen]«.[37]

---

35 Vgl. als grundlegende Texte zu dieser Thematik: Fagan, »Intoxication and Aggression; Parker/Auerhahn, »Alcohol, Drugs, and Violence«; vgl. für empirische Studien zum Zusammenhang von Gewalt und Alkoholisierung: Tomsen, »A Top Night«; Felson u. a., »The Influence of Being Under Influence«.; für eine Übersicht aus einer psychiatrischen Perspektive: Proescholdt u. a., »Alkohol und Gewalt«.

36 Sutterlüty, »Drogen und Gewalt«, S. 296 f.

37 Ebd. In Sutterlütys Text findet sich auch eine detaillierte Darstellung neurophysiologischer Vorgänge und zugleich eine soziologische Relativierung derselben. Diese Vorgänge führen, so Sutterlüty, »aber keineswegs automatisch zu Gewalt, sondern nur bei einer kleinen Minderheit, die wiederum bei Männern größer ist als bei Frauen. Eine ganze Reihe von persönlichkeitsbezogenen Merkmalen sowie situative Faktoren spielen dabei eine erhebliche, wenn nicht gar bestimmende Rolle. Vielsagend ist der Umstand, dass die von den Akteuren erwartete Wirkung des Alkoholkonsums ganz entscheidend dafür ist, ob sie im Rausch gewalttätig

Gesagtes einschränkend fährt Sutterlüty jedoch fort, dass gewaltfördernde Effekte von Alkoholintoxikation nicht eindimensional mit ihren pharmakologischen Wirkungen zu erklären sind. Vielmehr gehe es immer um einen Wirkungszusammenhang von Motiven und Erwartungen, die mit dem Konsum verbunden sind; für deren Verständnis seien wiederum biografisch erworbene wie subkulturell geprägte Deutungsmuster zentral.[38] Die Kenntnis einer Alkoholintoxikation allein, so lassen sich Sutterlütys Einwände zusammenfassen, erlaubt es aus einer soziologischen Perspektive nicht, kausale Rückschlüsse auf eine Gewalthandlung zu ziehen. Vielmehr müssten wir so viel wie möglich darüber wissen, wer die Beteiligten sind, um dann zu verstehen, was Alkohol in ihrer Lebenswirklichkeit bedeutet. Im Kontext der vorliegenden Untersuchung wird die Frage, wie die Alkoholisierung der Gewaltausübenden in einem Zusammenhang mit den schweren Gewalthandlungen steht, nur unzureichend behandelt werden können. Wie bereits die Entstehung der Konfliktsituationen und dann die situative Dynamik durch die Alkoholisierung der Beteiligten, es waren ja nicht nur die Gewaltausübenden alkoholisiert[39], beeinflusst wurde, kann ich nur bedingt rekonstruieren. Im Material finden sich Beschreibungen verschiedener Momente, die, vor allem wenn man an eigene Erfahrungen unter Alkoholeinfluss zurückdenkt, die Bedeutung der Alkoholisierung für die Situationsverläufe veranschaulichen. Die leichte Reizbarkeit, wenn man sich beleidigt fühlt, die Unfähigkeit, es einfach gut sein zu lassen, die Tendenz, sich größer zu machen, als man ist, die Eitelkeit, vor weiblichen Personen nicht als Schlappschwanz dazustehen, die Überhöhung von Gruppenloyalität inklusive einer schablonenhaften Freund-Feind Unterscheidung. Es ist ein lohnenswertes Gedankenexperiment, die dokumentarischen Rekonstruktionen einmal so zu lesen, als wären alle Beteiligten nüchtern. Und dann so, als würde man sich an eigene alkoholisierte Zustände erinnern. Auf ein-

---

werden oder nicht« (Sutterlüty, »Drogen und Gewalt«, S. 296; vgl. auch die in Sutterlüty zitierte Quelle: Heinz u. a., »Cognitive and Neurobiological Mechanisms of Alcohol-related Aggression«, dort vor allem S. 401, 403 und 410).

38 Sutterlüty, »Drogen und Gewalt«, S. 296.

39 Es lässt sich jedoch auch hier kaum rekonstruieren, inwieweit die Alkoholisierungen, etwa der Gewaltbetroffenen, die Konfliktsituation oder auch situative Wendepunkte im Geschehen wie den Moment des Zu-Boden-Gehens konkret beeinflussten.

mal sind Situationsmomente, die bei dem ersten Lektüredurchgang unverständlich, übertrieben oder komplett dumm wirken, weniger mysteriös. Dass die Situationen ohne Alkoholisierung der Beteiligten genauso verlaufen wären, kann, so denke ich, ausgeschlossen werden. Und doch erklärt die Alkoholisierung der Gewaltausübenden die Situationsverläufe und die schweren Gewalthandlungen nicht. Würden sie es tun, dann gäbe es an jedem durchschnittlichen Wochenende Hunderte vergleichbare Fälle.

Um die für dieses Kapitel zentralen Gedanken, die Einkapselung des Gewaltausübenden in einen Zustand gewalttätiger Wut in Zusammenhang mit dem Moment des Zu-Boden-Gehens des Gewaltbetroffen, beschreiben zu können, ist der Aspekt der Alkoholisierung der Gewaltausübenden in die Überlegungen unbedingt einzubeziehen. An die Frage, wie sich diese in den Situationen auswirken, kann sich eine soziologische Untersuchung nur annähern. Eine erste These scheint mir zu sein, dass die neurophysiologischen Wirkungen mit dazu beigetragen haben, dass a) die Situationsdefinitionen der Gewaltausübenden vergröbert waren und dass b) die gewalttätigen Handlungen in einer solch heftigen Form ausgeübt wurden. Eine zweite These, für deren Prüfung ich aber viel mehr über die Leben der Gewaltausübenden wissen müsste, ist, dass eine Alkoholisierung Erwartungen in die Höhe schießen lässt, von denen Männer glauben, sie erfüllen zu müssen. Für die hier untersuchten Fälle gilt dies vor allem für die beiden Konfliktsituationen, in denen weibliche Personen direkt involviert sind (Fall 3 und Fall 4). Hier scheint ein Zusammenhang zwischen Alkoholisierung und Erwartungsübererfüllung (»Männlichkeit«, Gruppenloyalität) zu bestehen. Aber letztlich kann ich die Frage nach der Bedeutung der Alkoholisierung nicht wirklich beantworten. Ich würde Sutterlütys Argument stark machen und die Effekte von Alkoholkonsum an Erwartungen binden. Einerseits an Erwartungen an den Alkoholkonsum selbst (»heute saufen wir so richtig und dann gibt's aufs Maul«) und andererseits an Erwartungen, von denen Personen, vor allem Männer, meinen, dass sie gesellschaftlich an sie gerichtet werden und die sie im alkoholisierten Zustand übererfüllen. Für erstgenannten Punkt gibt es im Material keine Anhaltspunkte. Für den zweitgenannten Punkt finden sich einige wenige Hinweise. Auch wenn die Auseinandersetzung mit der Alkoholisierung der Gewaltausübenden unbefriedigend ausfällt, halte ich die Annahme für plausibel, dass die

Alkoholisierung dazu beiträgt, dass sich das Gesichtsfeld des Gewaltausübenden verengt.

In der eingekapselten Erfahrungsrealität, in der die gewalttätige Wut, der Moment des Zu-Boden-Gehens und die Alkoholisierung einen situativen Wirkungszusammenhang bilden, verschattet das konkrete Gegenüber. Der Gewaltausübende, und das beschreibt Weenink sehr genau, ist in diesem Moment wie losgelöst und tobt sich aus.

Die Gewalthandlungen sind heftig. Die Beschreibungen von Situationsbeteiligten und Zeug:innen, Videoaufnahmen der untersuchten und vergleichbarerer Gewaltgeschehen, die medizinischen Gutachten zu den Verletzungen der Opfer, die auch Fotografien der verletzten Personen enthalten – all dies dokumentiert die Brutalität der Gewalthandlungen. In der Art und Weise wie die Gewalt ausgeübt wird, scheint ein Wille zur Gewalt, und zwar zu genau dieser Form der Gewalt, zu stecken. Zugleich scheinen die Gewalthandlungen, darauf deuten das Verhalten der Gewaltausübenden im unmittelbaren Geschehensnachgang, Aussagen in den Vernehmungen und Beschreibungen von beteiligten und anwesenden Personen hin, aber auch eine irgendwie ferne und distanzierte Unterseite zu haben. Die Gewaltausübenden wirken im Moment der Gewalthandlung brutal involviert und zugleich beziehungslos zu ihrem eigenen Tun. Es scheint mir eine rasende Beziehungslosigkeit zu sein, die nicht hauptsächlich, wie Weenink und Collins es argumentieren, aus der Situationsdynamik und dem Gewalthandlungsvollzug heraus zu begreifen ist, sondern auch die Frage aufwirft, auf wen – oder was – die Attacke »zielt«.

Aspekte des Handlungsmodus II: Beziehungslosigkeit zwischen Handelnden und Gewalthandlung

Eine irritierende Beobachtung war, wie fern und distanziert sich die Gewaltausübenden, die gerade auf einen anderen Menschen eingetreten und eingeschlagen hatten, bereits kurz nach der Gewalthandlung verhielten. Der gewalttätige Ausbruch schien nichts mehr mit ihnen zu tun zu haben. In keinem der untersuchten Fälle übertrug der Gewaltausübende seine schwere Gewalthandlung auf umstehende oder in das Geschehen eingreifende Personen. Einer der Gewaltausübenden flüchtet, nachdem Zeug:innen und Zeugen des Geschehens sich schreiend in seine Richtung bewegen. Er wird einige Straßen weiter widerstandslos festgenommen, vorgeblich ohne wirklich zu wissen, was denn vorgefallen ist (Fall 1). Ein Gewaltausübender lässt, nachdem er sich gewalttätig »ausgetobt« hat, von seinem Opfer ab und kehrt wenig später in unmittelbare Nähe des Tatorts zurück, setzt sich mit einer weiteren Person auf eine Bank und raucht. Auch er wird widerstandslos festgenommen (Fall 2). Ein anderer Gewaltausübender entfernt sich vom Tatort in dem Glauben, der andere »sitzt vielleicht am Abend schon über ein Bier und hat eine blutige Nase und das war es«[40] (Fall 3). Für Fall 4 gilt nur eingeschränkt, dass der Gewaltausübende die Gewalthandlung nicht auf andere Personen überträgt. Eine Person versucht den Gewaltausübenden, der wohl dabei ist, ein weiteres Mal zuzutreten, von dem reglos am Boden liegenden Gewaltopfer wegzuziehen. Der Gewaltausübende wehrt sich und schlägt der Person, die ihn fortzuziehen versucht, in den Bauch. Kurz darauf gelingt es der Person mit Unterstützung einer weiteren Person, den Gewaltausübenden zu fixieren. Daraufhin verändert sich sein Verhalten abrupt. Er scheint zu realisieren, was er getan hat.[41] Er verhält sich beim Eintreffen der Polizei »ausgesprochen ruhig.«[42] Und zwar in einer immer noch hitzigen Situation, in der ein Mann aus der Personengruppe der schwerverletzten Person, trotz der Anwesenheit mehrerer Polizeibeamten, wieder und wieder versucht, ihn körperlich zu konfrontieren (Fall 4).

Die Gewaltausübenden scheinen den Zustand gewalttätiger Wut verlassen zu haben. Mehr noch: Es wirkt, als ginge sie das alles nicht wirklich etwas an.

An dieser Stelle ist hinzuzufügen, dass die Gewaltausübenden auch von sogenannten Blackouts berichten. Zugleich erinnern sie sich aber an Teilaspekte der Konfliktsituationen. Ich kann anhand des empirischen Materials die Bedeutung der behaupteten *Blackouts* nur schwer einschätzen. Eine interessante Beobachtung ist, dass die Gewaltausübenden, die Geschehensdarstellungen der ermittelnden Poli-

---

40 Fall 3, Aussage Hauptbeschuldigter, Band 2, Blatt 325.

41 Fall 4, Aussage X, Personengruppe um B, Band 1, Blatt 54.

42 Fall 4, Eindrucksvermerk eines Polizeibeamten, Geschehen direkt nach der Tat, Band 2, Blatt 228.

zeibeamt:innen hinnehmen, anstatt sich diesen gegenüber zu positionieren. Es wirkt nicht, als wüssten sie nicht, was vorgefallen ist. Es hat den Anschein, als hätten sie eine Art konkreter Ahnung davon, was passiert ist. Die zumindest so konkret ist, dass es sich nicht lohnt, den Geschehensdarstellungen zu widersprechen. So gibt etwa der Gewaltausübende A1 im direkten Situationsnachgang gegenüber einer Polizeibeamtin an, sich an Teilaspekte des Geschehens zu erinnern, aber nicht daran, seinen am Boden liegenden Freund getreten zu haben. Der Gewaltausübende A4 sagt etwa in einer ersten Vernehmung aus, dass er irgendwie nicht so da war in dem Moment der Gewalthandlung. Auch in Dokumenten, die im späteren Ermittlungsverlauf erstellt werden, ist eine ähnliche Ahnung der Geschehensabläufe dokumentiert. So wird die Einschätzung eines Gewaltausübenden in einem Bericht der Jugendhilfe wiedergegeben: »Er wisse überhaupt nicht, was er an jenem Abend getan habe und wie es ausging. Er räumte jedoch ein, dass das Geschehen, so wie in der Anklageschrift beschrieben, durchaus zutreffend sein könnte« (Fall 2).[43] Der Gewaltausübende A3 gibt an, dass er niemals gedacht hätte, dass die von ihm ausgeübten Gewalthandlungen so schwerwiegend waren, aber erinnert viele Details der Konfliktsituation. Er schließt sich der Geschehensdarstellung des Polizeibeamten mit den Worten an: »Wenn Sie mir das so sagen, dann wird das schon so gewesen sein, aber ich kann mich nicht mehr daran erinnern.«[44]

Neben Momenten, in denen die Gewaltausübenden, die Geschehensdeutung an die ermittelnden Polizeibeamten abgeben, und sich gegenüber den Vorwürfen nicht wirklich positionieren, finden sich im Material auch Beschreibungen emotionaler Reaktionen: Ein Gewaltausübender weint, als er realisiert, was er getan hat, während der kurz nach dem Geschehen stattfindenden medizinischen Untersuchung (Fall 1).[45] In einem Eindrucksvermerk zum direkten Nachgang eines der Gewaltgeschehen hält der sich am Tatort befindliche Polizeibeamte fest: »Während der Schilderung des Tatablaufs zeigte sich der Beschuldigte meiner Meinung nach emotional berührt. Man merkte

43 Fall 2, Bericht Jugendhilfe, Band 2, Blatt 467.
44 Fall 3, Aussage Hauptbeschuldigter, Band 2, Blatt 319.
45 Fall 1, Band 2, Blatt 171.

ihm an, dass ihm der Vorfall leidtue« (Fall 4).[46] Den verschiedenen Reaktionen ist gemeinsam, dass die Gewaltausübenden der eigenen Gewalthandlung irgendwie »geknickt«[47] gegenüberzustehen scheinen. Sie nehmen eher hin, was sie, laut den Schilderungen der ermittelnden Polizistinnen und Polizisten, getan haben sollen. Sie stellen die Version der Polizei nie wirklich infrage.[48] Die Art und Weise, wie die Gewaltausübenden zu den ihnen vorgeworfenen Gewalthandlungen Stellung nehmen, ist dem Verhalten im direkten Geschehensnachgang ähnlich: Sie äußern sich irgendwie fern und distanziert. Statt sich als in der Situation aktiv Handelnde zu beschreiben, verwenden sie Formulierungen, die sie und ihre Verantwortlichkeit für die Gewalthandlung sprachlich relativieren. Einer der Gewaltausübenden sagt: »Er ist dann stehengeblieben und hat dann seinen Stoß bekommen.«[49] Derselbe Gewaltausübende beschreibt den Moment des Trittes und wie er sich in diesem Moment erlebt habe: »Ich war in dieser Situation schon vom Kopf weg, ich hab mir nix dabei gedacht ich hab auch nicht gezielt getreten, sondern einfach nur drauf.« Und die Nachfrage des Polizeibeamten, was er dann »beim Tritt und dem Ganzen empfunden [habe]«, ergänzt er: »Währenddessen war der Kopf ausgeschalten. Danach habe ich sofort gemerkt, was ich für eine Scheiße gebaut hab. Ich hab ja dann auch nichts mehr weiter gemacht.«[50] Ein Gewaltausübender gibt an: »Das ist alles so unreal für mich. Es tut mir auch unendlich

46 Fall 4, Eindrucksvermerk eines Polizeibeamten, Geschehen direkt nach der Tat, Band 2, Blatt 233.

47 Ich habe länger nach einem präziseren Wort gesucht. Die Entscheidung für das Wort »geknickt« habe ich unter anderem deswegen getroffen, da es am ehesten die Ambivalenz der Reaktionen auf den Tatvorwurf beschreibt. Die Gewaltausübenden äußern sich zwar irgendwie entschuldigend (vor allem in Fall 1 und Fall 3), aber zugleich scheint es, als wären sie über ihre eigene missliche Lage betrübt. Darüber hinaus hat das Wort eine fast schon verharmlosende Konnotation. Und diese scheint mir zu der Beobachtung zu passen, dass die Gewaltausübenden selbst im Nachhinein irgendwie keinen Bezug zu ihrem Gewalthandeln zu haben scheinen.

48 Zumindest nicht zu Beginn der Ermittlungen, im Laufe der Ermittlungen kann sich dies verändern. Siehe etwa Fall 4, in dem zu Beginn der Ermittlungen der Fußtritt vom Gewaltausübenden eingeräumt wird, im späteren Verlauf der Ermittlungen widerspricht er der eigenen Aussage.

49 Fall 4, Aussage Beschuldigter, Band 1, Blatt 88.

50 Fall 4, Vernehmung Gewaltausübender A, Band 1, Blatt 88. Im weiteren Ermittlungsverlauf wird sich der Gewaltausübende von der Aussage distanzieren.

leid. Ich habe das nie so realisiert, dass der wirklich so schwerverletzt worden ist und ich wollte das auch auf keinen Fall.«[51] Gerade die Verbindung von Entschuldigung (»Es tut mir auch unendlich leid«) und Passivkonstruktion (»Ich habe das nie so realisiert, dass der wirklich so schwerverletzt worden ist«) steht exemplarisch für ihre ambivalente Haltung: Die Gewaltausübenden, das gilt mit Einschränkungen für alle Fälle, reagieren auf die ihnen gemachten Vorwürfe irgendwie geknickt. Sie streiten nicht ab, was sie getan haben sollen. Aber zugleich nehmen sie sich aus den Schilderungen als aktiv Handelnde heraus.[52] Sie stellen dabei in den Vernehmungen keine provozierende Gleichgültigkeit zur Schau. Sie verhalten sich nicht offensiv. Im Gegenteil: Sie werden von den Polizeibeamt:innen als kooperativ und sogar als »höflich« beschrieben.[53] Das Verhalten in den Vernehmungen führt zu der vorher erwähnten Einschätzung eines ermittelnden Polizeibeamten, dass die Tat zu dem Täter gar nicht gepasst habe.[54] In späteren Vernehmungen ist ein die polizeiliche Geschehensdarstellung hinnehmendes Aussageverhalten weniger zu beobachten. Die Vernehmungslogik und das bessere Verständnis für den strafrechtlichen Ernst der Situation, führen dazu, dass die Aussagen, wenn sich die Gewaltausübenden überhaupt noch äußern, stärker der eigenen Verteidigung dienen. Aber gerade im direkten Nachgang der Gewaltgeschehen und in den frühen Aussagen ist die ambivalente Haltung der Gewaltausübenden dokumentiert: Sie protzen nicht mit der Gewalt. Sie verteidigen sich nicht. Sie sind irgendwie geknickt, über das, was sie getan haben (sollen).

Neben Beschreibungen, die in Bezug zu den konkreten Gewaltsituationen und den konkreten Gewalthandlungen stehen, finden sich im empirischen Material auch implizite Hinweise, die dabei helfen, die ambivalente Haltung der Gewaltausübenden gegenüber dem, was vorgefallen ist – die passive Formulierung ist an dieser Stelle bewusst gewählt –, zu beschreiben. Es handelt sich um Aussagefrag-

---

51 Fall 3, Band 2, Blatt 325, Vernehmung Gewaltausübender.

52 Für Fall 1 kann eine solche Haltung nur im direkten Geschehensnachgang rekonstruiert werden.

53 Vgl. das Interview am 19.02.2019. Das gilt vor allem für Fall 1 und Fall 3, nur sehr eingeschränkt für Fall 2.

54 Interview mit Polizeibeamt:innen, 26.10.2018, Sequenz 25:19 bis 25:21.

mente, Sätze und Formulierungen, die in den Vernehmungen nicht in direktem Bezug zur konkreten Gewaltsituation und zum eigenen Involviertsein in diese, sondern in Fragekontexten der Biografie, der beruflichen und/oder familiären Situation geäußert werden.

An dieser Stelle ist eine methodisch-kritische Einordnung nötig: Für sich genommen haben die impliziten Hinweise nur wenig Aussagekraft. Sie müssen im Kontext der voranstehenden Ausführungen gelesen werden. Dann helfen sie, ein Gespür für die ambivalente Haltung zu entwickeln, die sich im Umgang der Gewaltausübenden mit der von ihnen begangenen Gewalthandlung beobachten lässt. Ohne die Gespräche und Interviews mit den ermittelnden Polizeibeamt:innen, in denen es immer wieder um den Zusammenhang von Person und Gewalthandlung und die Differenz zwischen beidem ging, hätte ich die hier verhandelte Frage nicht entdeckt. Und ohne Sutterlütys Untersuchung zu *Gewaltkarrieren* hätte ich keinen Zugang gefunden, um die bruchstückhaften Beobachtungen, die impliziten Hinweise, in die Analyse zu integrieren.[55] Die Gefahr, die Argumentation an dieser Stelle zu überdehnen, ist nicht von der Hand zu weisen. Trotzdem bin ich der Auffassung, dass der folgende Abschnitt besser zu verstehen hilft, was mit dem Aspekt der Beziehungslosigkeit zwischen Handelnden und Handlung gemeint ist – und warum eine Vorstellung davon wichtig sein könnte, um den Moment des Sprungs in die Gewalt zu erfassen.

Im nachfolgenden Halbsatz, mit dem einer der Gewaltausübenden seine berufliche Situation zusammenfasst, ist ein erster Topos, eine Form der *Unentschlossenheit in der eigenen Einschätzung*, enthalten. Der Gewaltausübende gibt, nach seiner beruflichen Situation befragt, an, »dass im Großen und Ganzen jedoch alles *okay* [Hervorhebung durch den Verfasser] gewesen wäre«.[56] Sowohl der erste Teil des Sat-

55 Vgl. zur Vorgehensweise, implizite Hinweise zu nutzen: Sutterlüty, *Gewaltkarrieren*, S. 38 f. Ich habe diesem Zugang zum Material erst eine größere Aufmerksamkeit geschenkt, als ich in Sutterlütys Untersuchung zu Gewaltkarrieren auf diese Möglichkeit das Material zu untersuchen, gestoßen bin. Im Kontext einer sich langsam verfestigenden Argumentation stützten die impliziten Hinweise Beobachtungen einer irgendwie »passiven« Haltung der Gewaltausübenden in Bezug auf die von ihnen ausgeübten Gewalthandlungen.

56 Fall 3, Fachpsychiatrisches Gutachten, Band 2, Blatt 571. Es ist wichtig hinzuzufügen, dass seine Aussage nicht wortwörtlich wiedergegeben ist, sondern protokolliert wurde.

zes, aber vor allem das Wörtchen *okay* erinnerten mich an einen Satz in Albert Camus' *Der Fremde*[57], der die Haltung Meursaults, des Protagonisten des Romans, gegenüber seinen Lebensumständen auf den Punkt bringt: »Wenn ich recht darüber nachdachte, war ich nicht unglücklich.«[58] Die Formulierung »nicht unglücklich zu sein« lässt wie die Formulierung »im Großen und Ganzen jedoch alles okay« eine Hintertür offen. Camus lässt Meursault nicht sagen: »Wenn ich recht darüber nachdachte, war ich glücklich.« Wobei auch in dieser Formulierung bereits der erste Halbsatz bemerkenswert wäre. Und der Gewaltausübende sagt weder »alles sei *gut* gewesen«, noch verzichtet er auf die Einschränkung »im Großen und Ganzen«. Im Kontext anderer Aussagen, und auch im umfassenderen Kontext der Dokumente zu den anderen Fällen, veranschaulicht die Formulierung etwas, das mir für die ambivalente Haltung, mit der die Gewaltausübenden nach der Gewalthandlung reagieren und mit der sie von sich und der Gewalthandlung berichten, charakteristisch scheint: Die Gewaltausübenden antworten auf viele Fragen irgendwie »unentschlossen«. Die Schilderungen bleiben an vielen Stellen in der Schwebe und werden mit Einschränkungen versehen. So berichtet ein anderer Gewaltausübender von einer »weitgehend glücklichen Kindheit«.[59] Die Selbstbeschreibungen der Gewaltausübenden durchzieht ein bestimmter Ton: Die familiäre Situation ist *ok*. Die Arbeit ist *ok*. Das Studium ist *ok*. Die Beziehung ist *ok* und so weiter und so fort.[60] Insbesondere in den fachpsychiatrischen Gutachten, und dort in den Abschnitten zur biografischen und psychiatrischen Anamnese, finden sich vergleichbare Umschreibungen eines irgendwie »okayen« Lebens.

Auch an dieser Stelle ist es unerlässlich, eine empirisch-kritische Einschätzung hinzuzufügen und auf die Problematik der Aussagekraft der Daten und der Interpretation hinzuweisen: Da sich der Dokumententypus fachpsychiatrisches Gutachten nicht aus direkten Abschriften des Gesagten, sondern in weiten Teilen aus Protokollierungen des

57 Albert Camus' *Der Fremde* war für die Untersuchung ungemein wichtig. Der Text half mir, die soziologische Begriffsarbeit zu präzisieren (vgl. Exkurs: »Der Abzug hat nachgegeben« – Mit Albert Camus' *Der Fremde* den Moment, in dem es zur Gewalt kommt, erzählen).

58 Camus, *Der Fremde*, S. 52.

59 Fall 1, Fachpsychiatrisches Gutachten, Band 3, Blatt 682.

60 Der Satz ist aus einem Memo zitiert.

Gesagten zusammensetzt, sind die angeführten Beispiele kritisch einzuschätzen. Die Beschreibungen des Gewaltausübenden werden gemäß eines forensisch-psychiatrischen Erkenntnisinteresse notiert und sind von einem forensisch-psychiatrischen Duktus vorstrukturiert. Und zwar auch in den Abschnitten zur biografischen Anamnese, in denen das Gesagte noch nicht anhand psychiatrisch-forensischer Terminologie re-formuliert und medizinisch eingeschätzt wird. Nicht zuletzt besitzt dieser Dokumententypus auch eine Eigenlogik hinsichtlich der Aspekte, die überhaupt erst zur Sprache kommen: So werden mögliche Problemkreise, die eine Relevanz für die psychiatrische Beurteilung besitzen, wie beispielsweise die familiäre und berufliche Situation, angesprochen, oder es wird, noch gezielter, nach persönlichen Momenten der Verzweiflung, nach der Einschätzung des Selbstwertgefühls und Ähnlichem gefragt. Ein solcher Dokumententypus, das ist im Blick zu behalten, produziert also immer auch Formulierungen wie die oben angeführten.

Neben dem Topos der *Unentschlossenheit in der eigenen Einschätzung* ist ein zweiter Topos, eine Form der *Verantwortungsabgabe,* für das hier zu entwickelnde Argument von Bedeutung. Dieser Topos findet sich vor allem in Passagen, in denen die Gewaltausübenden ihre Position in sozialen Beziehungen, insbesondere in Intimbeziehungen, charakterisieren.[61] Einer der Gewaltausübenden gibt an, dass er »zufrieden« mit der ehelichen Bindung gewesen sei; einem Kinderwunsch stand er lange »neutral« gegenüber. Mittlerweile »sei er auch überzeugt davon, dass dies richtig gewesen sei«. Ein anderer Gewaltausübender gibt als Grund für das Scheitern einer Beziehung an, »dass er mit sich selbst so unzufrieden gewesen wäre«. Nachdem er und seine Ex-Partnerin nach der Trennung noch eine Zeitlang miteinander in Kontakt standen, »habe sie irgendwann gesagt, dass es besser sei, dass man keinen Kontakt miteinander mehr habe«. Ein Gewaltausübender, der sich ansonsten als relativ isoliert von sozialen Beziehungen beschreibt, berichtet von einem freundschaftlichen Verhältnis zu einem Mann, der ihm eine Arbeit angeboten und ihm in Zeiten der Wohnungslosigkeit ermöglicht hat, in der Arbeitsstätte zu übernachten. In den Erzäh-

61 In dem folgenden Abschnitt verzichte ich auf die genaue Zuordnung zu einem Gewaltausübenden beziehungsweise einem bestimmten Fall.

lungen idealisiert er die Beziehung, hebt hervor, dass der Mann ihn auch in der jetzigen Situation unterstütze. Was die verschiedenen Beschreibungen miteinander verbindet, ist, dass in ihnen eine Haltung gegenüber nahen sozialen Beziehungen angedeutet wird, in der Verantwortlichkeit und Entschlussfähigkeit eher aufseiten der anderen Person verortet werden.[62]

Im Zusammenhang mit den Beobachtungen zum fernen Verhalten im direkten Situationsnachgang und der ambivalenten Haltung in den Vernehmungen, in denen die Gewaltausübenden sich einerseits geknickt und auch entschuldigend äußern, andererseits sich als Handelnde aus den Situationen herausnehmen, verweisen die angeführten impliziten Hinweise auf eine bestimmte Form der Selbsteinschätzung der Gewaltausübenden, in der der eigenen Handlungsmächtigkeit eine untergeordnete Rolle zukommt. Die hier angestellten Überlegungen legen eine mehr oder weniger bewusste Vorstellung von Subjektivität nahe, in der die Handelnden sich selbst, ich greife hier auf Formulierungen Hans Bürger-Prinz' zurück, eher als »Vollzugsort« oder als »Durchgangsstation eines Wirkungszusammenhangs« denn als handlungsmächtige Subjekte beschreiben.[63]

Dieser Aspekt der Gewaltgeschehen wirft nun ein neues Licht auf die in vorangegangenen Kapiteln diskutierten Fragen. Die Beobachtung, dass die Gewaltausübenden (situativ) in einen Zustand gewalttätiger Wut geraten und in der Gewalthandlung brutal aufzugehen scheinen, ist mit der Beobachtung eines irgendwie fernen und distanzierten Verhältnisses zur eigenen Gewaltfähigkeit zu konfrontieren.

---

62 Interessant ist in diesem Zusammenhang auch die wiederkehrende Verwendung des Begriffs »Kumpel«. Alle vier Gewaltausübende verwenden den Begriff. Im Unterschied zum Begriff des »Freundes« verweist der Begriff des »Kumpels« auf eine Beziehungsauffassung, in der Motive der Verpflichtung und Motive des Vertrauens eine untergeordnete Rolle spielen. Mit einem »Kumpel« ist man weniger stark verbunden als mit einem Freund. Da die Gewaltausübenden jedoch auch von »Freund« oder »Freunden« sprechen, kann nicht von einem Muster gesprochen werden.

63 Bürger-Prinz, *Motiv und Motivation*, S. 8. Ich verwende die Begriffe hier nicht in einem forensisch-psychiatrischen Sinn, sondern aufgrund ihrer sprachlichen Kraft und der in ihnen steckenden Fragen. Siehe dafür, warum es für Soziolog:innen (aber nicht nur) lohnenswert ist, Bürger-Prinz zu lesen, auch den schönen Text Helmut Schelskys (ders., »Die Erfahrungen vom Menschen«).

Fremdbeschreibungen des personalen Status der Gewaltausübenden

Im vorangegangenen Kapitel habe ich die Beobachtung, dass die Gewaltausübenden in einen Zustand gewalttätiger Wut eingekapselt scheinen, in dem ihr Wirklichkeitszugriff sich immer weiter verengt, vor allem in Bezug auf die situativen Verläufe der Gewaltsituationen (den Moment des Zu-Boden-Gehens) und situative Kontextbedingungen (die Alkoholisierung) diskutiert. Im Kontext dieses Kapitels wird an die voranstehende Argumentation angeschlossen, das empirische Material jedoch aus einem anderen Blickwinkel betrachtet. Jetzt geht es um die Frage, wie der personale Zustand der Gewaltausübenden kurz vor und im Moment der schweren Gewalthandlung von Situationsbeteiligten und Zeug:innen wahrgenommen und beschrieben wird. Auch in diesem Interpretationsschritt wird also vor allem anhand der Analyse nachträglicher Beschreibungen, nun jedoch aus der Perspektive von Gewalterleidenden, an der Situation Beteiligten oder Zeug:innen, versucht, mehr über den Seinszustand, in dem sich Gewaltausübenden befinden, zu erfahren.

Die schweren Gewalthandlungen werden von Situationsbeteiligten wie Zeug:innen der Geschehen explizit und drastisch geschildert. Zwei Topoi an Beschreibungen, die miteinanderzusammenhängen, lassen sich in der Analyse differenzieren: Beschreibungen, die die Gewaltausübenden im Moment der schweren Gewalthandlung mit einer *Form der Willenlosigkeit* der Gewaltausübenden in Bezug setzen. Und Beschreibungen, die den Moment der schweren Gewalthandlung und die Gewaltausübenden anhand von *Tier- oder Dingmetaphern* zu bezeichnen versuchen. Situationsbeteiligte beschreiben einen irgendwie »willenlos[en]«[64] Zustand der Gewaltausübenden kurz vor und im Moment der schweren Gewaltausübung. Dabei schildern sie den Moment und die Gewalthandlung nachdrücklich. Sie verwenden in ihren Darstellungen Formulierungen wie »krasses Erlebnis«[65], »brutal«[66], »unglaublich«[67]. Eine andere Situationsbeteiligte berichtet vom »Schock«[68], den die Gewalthandlung ausgelöst hat. Die Äußerun-

64 Fall 3, Zeugenaussage, Band 1, Blatt 200.

65 Fall 1, Zeugenaussage, Band 2, Blatt 224.

66 Bspw. Fall 2, Aussage Gewaltbetroffener B, Band 1, Blatt 094.

67 Fall 4, Aussage Person Gruppe um B, Band 2, Blatt 430.

68 Fall 3, Aussage Person Gruppe A, Rote Mappe 1, Blatt 086.

gen, die zuerst innere Zustände und Wahrnehmungen der Beteiligten beschreiben, verweisen dabei auch auf die Gewalthandlungen selbst. Diese sind für die Beteiligten einerseits nicht anhand vorangegangener Erfahrungen zu begreifen. Und andererseits, das wird in den polizeilichen Ermittlungsakten und den Gerichtsdokumenten an verschiedenen Stellen deutlich, verändert die schwere Gewalthandlung die Wahrnehmung der Situationen entscheidend. Was jetzt, im Moment der Gewalthandlung, passiert, hat eine neue »Qualität«. Die Gewaltausübenden, die im vorangegangenen Konfliktgeschehen noch nicht als besonders aggressiv und gewaltbereit aufgefallen waren, werden plötzlich als brutale und rasende Gewaltausübende beschrieben.[69]

Bei allen Unterschieden der Gewaltsituationen: Im Moment der schweren Gewalthandlung nehmen die Situationsbeteiligen und Zeug:innen einen veränderten Bewusstheitszustand der Gewaltausübenden wahr. Situationsbeteiligte beschreiben die Gewaltgeschehen in ihrem situativen Verlauf und stellen zugleich einen Moment des Bruchs heraus: die plötzliche, schwere Gewalthandlung, die der Gewaltausübende ausführt. Der Sprung in der Situation scheint, so legen es die Schilderungen nahe, nun auch mit einem veränderten personalen Zustand der Gewaltausübenden zusammenzuhängen. Jetzt, kurz vor und im Moment der Gewalthandlung, werden die Gewaltausübenden als »willenlos« und »wie im Rausch« bezeichnet. Eine Person aus der Gruppe eines Gewaltbetroffenen schildert, wie sie den Attackierenden aus seinem rauschhaften Zustand herauszuholen versuchte: »Ich packte den Mann am rechten Arm und versuchte ihn mit aller Gewalt von B wegzuziehen. Der Typ war aber wie im Rausch und reagierte überhaupt nicht auf mich. Es gelang mir dann ihn einige Meter in Richtung Torbogen wegzuziehen.«[70] Daran anschließend beschreibt sie das Verlassen des rauschhaften Zustands: »Dann änderte sich sein Verhalten auf einmal. Ich hatte das Gefühl, dass er jetzt erst

---

69 Das gilt für alle vier Fälle, wobei Fall 1 dahingehend eine Besonderheit darstellt, da der Gewaltausbruch gegenüber dem Freund, soweit sich das rekonstruieren lässt, völlig unerwartet erfolgt. Demgegenüber kann Fall 3 am ehesten anhand einer situativ-konflikthaft-dynamischen Handlungskette beschrieben werden. Aber auch hier wird die schwere Gewalthandlung von Situationsbeteiligten als »brutale« Handlung und der Gewaltausübende als »willenlos« bezeichnet.

70 Fall 4, Person Gruppe um B, Band 1, Blatt 54.

das Denken anfängt und realisiert, was passiert ist. Er wurde auf einmal ruhig und blieb stehen.«[71]

Im Versuch, den als willenlos und rauschhaft wahrgenommenen Zustand zu beschreiben, greifen Situationsbeteiligte und Zeug:innen nun auch auf Sprachbilder zurück, anhand derer der Moment, in dem es zur gewalttätigen Handlung kommt, weiter differenziert werden kann. Zum einen wird der Moment der Gewalthandlung anhand von Tiermetaphern als ein Zustand beschrieben, in dem es keine menschlichen Hemmungsgründe zu geben scheint. So wird einer der Gewaltausübenden als »wütiges Tier, der irgendwas zerfleischen möchte«[72], wahrgenommen, als »Stier, dem man ein rotes Tuch vorhält«[73]. Neben Tier-Sprachbildern wird der Zustand der Gewaltausübenden auch anhand von Ding-Metaphern beschrieben. Ein Zeuge schildert den Vollzug der Gewalthandlung: »A [vom Verfasser ersetzt] hat sich da an der Wand festgehalten und hat mit dem Fuß halt, kann man gar nicht beschreiben, wie mit dem Presslufthammer, auf den eingeschlagen.«[74] Auf die überraschte Nachfrage des ermittelnden Polizeibeamten, wie er eingeschlagen habe, wiederholt der Zeuge das Bild: »Wie ein Presslufthammer, würde ich sagen. Buff, buff, das ging so schnell.«[75] Die Fußtritte gegen den Kopf werden auch als Tritte wie gegen einen »Fußball« beschrieben.[76] Im Unterschied zum Sprachbild des »Presslufthammers«, anhand dessen dem Gewaltausübenden ein maschinenhafter und automatisierter Gewalthandlungsvollzug zugeschrieben wird, macht die Schilderung des »Fußballspielens« das Gegenüber zum Spielgerät. Dem Gewaltausübenden wird dabei zugeschrieben, eine Gewalthandlung wie eine sportliche Handlung auszuüben und dabei nicht mehr zwischen lebensgefährlichem Ernst und Spiel unterscheiden zu können.[77]

---

71 Ebd.

72 Fall 4, Zeugenaussage Person Gruppe Betroffener, Band 2, Blatt 446.

73 Fall 4, Zeugenaussage Person Gruppe Betroffener, Band 2, Blatt 458.

74 Fall 1, Zeugenaussage, Band 2, Blatt 222 und 223.

75 Ebd.

76 Fall 3, Zeugenaussage Person um Gruppe Betroffener, alle Band 1, Blatt 200; Fall 3, Eindrucksvermerk Polizeibeamter, alle Band 2, Blatt 226; Fall 2, Zeugenaussage Person Gruppe Betroffener, Band 1, Blatt 082.

77 Dies ist ein dritter zentraler Aspekt der Gewaltgeschehen, dem ich später weiter nachgehen werde.

Auch wenn manche der Einschätzungen noch unter dem direkten Eindruck der Geschehen und im Zustand emotionaler Aufgewühltheit getroffen werden, geben sie doch Auskunft über den Moment, in dem die Konfliktsituationen in schwere Gewaltgeschehen kippen. Dieser Moment, so legen es die Schilderungen nahe, scheint auch mit dem veränderten personalen Zustand der Gewaltausübenden zusammenzuhängen. Im Unterschied zu den fernen und distanzierten Selbstbeschreibungen, in denen sich die Gewaltausübenden als Handelnde aus der Situation herausnehmen, wird der Moment des Gewalthandlungsvollzugs von beteiligten Personen und Zeug:innen nun vielmehr als ein brutal aktiver Zustand beschrieben. In den Selbst- wie in den Fremdbeschreibungen wird, wenn auch aus gegensätzlicher Richtung, eine Form der *Beziehungslosigkeit von Handelnden und Gewalthandlung* zum Ausdruck gebracht. In beiden Perspektiven sind die Gewaltausübenden von ihrem Tun irgendwie abgeschnitten. Wie geht das zusammen?

Zum vandalistischen Aspekt der Tat

Die Verwendung von Dingmetaphern gibt einen ersten Hinweis darauf, dass das eine von dem anderen womöglich gar nicht so leicht zu trennen ist. Dass der ferne, distanzierte Aspekt dem brutal aktiven Aspekt der Gewalthandlung nicht entgegensteht, sondern als dessen Unterseite zu verstehen ist.[78]

In den untersuchten und vergleichbaren Fällen gibt es ein wiederkehrendes Element: Kurz bevor schwere Gewalt gegen Menschen ausgeübt wird, werden Dinge attackiert. Eine Gruppe Männer zerstört ein lebensgroßes Playmobil-Männchen, ehe sie wenig später einen Mann gemeinschaftlich fast zu Tode tritt.[79] Ein junger Mann zerschlägt in

78 Das Sprachbild des Presslufthammers, dass der Zeuge eines Gewaltgeschehens heranzieht, vereint die beiden Aspekte: das Kraftvolle wie das Ferne. Arbeiter, die einen Presslufthammer einsetzen, wirken immer ein wenig, als wären sie in ihrer eigenen Welt, und sei es, dass der Eindruck durch die Lärmschutzkopfhörer entsteht, die sie tragen. Im Unterschied zu den Gewaltausübenden wirken sie dabei aber konzentriert und fast schon friedlich.

79 Zu diesem Fall habe ich leider nur ein Interview mit dem den Fall ermittelnden Beamten geführt. Der Termin des Gerichtsverfahrens stand noch nicht fest, und so hatte ich auch keinen Zugang zu den Akten. In diesem Fall kam es am Rande einer Dorffeierlichkeit zu einer Gewalttat, die im Kontext der vorliegenden Un-

einem Bahnhof einen Glaskasten, bevor er einen Mann mit Fuß- und Stampftritten malträtiert. Ein Mann schlägt auf ein Auto ein, bevor er seinen Freund bewusstlos stampft. Als ich am Ende eines Interviews die Polizeibeamten mit der Beobachtung konfrontierte, erwiderte ein Polizeibeamter mit spontaner Selbstverständlichkeit, dass das »ja eigentlich schon der Fußtritt an sich inne [hat]«. »In dem Moment«, fährt der interviewte Polizist fort, »wo ich auf einen Liegenden mit den Füßen einwirke, dann spreche ich ihm jede Individualität, jede Empathie ab ... ich behandele den wie ein Stück. Der ist mir egal, ich will den vielleicht vernichten, aber ich mach mir, landläufig gesagt, die Hände nicht mehr schmutzig.«[80]

Der Polizeibeamte entdeckte, ganz im Sinne von Trothas, in der konkreten Form, in der die Gewalthandlung ausgeübt wird, ein Erklärungsmoment. Fuß- oder Stampftritte sind eine körperlich kraftvolle Gewalthandlung, deren Form immer auch etwas darüber mitteilt, gegen wen – oder *was* – sie gerichtet ist und was sie erreichen soll. Die Formulierungen »Ja, das hat ja eigentlich schon der Fußtritt an sich inne« und »Ich behandele den wie ein Stück« werfen genau diese Frage auf: Was sagt uns die konkrete Form der Gewalthandlung darüber, was hier vor sich geht?

Um die beobachtete Beziehungslosigkeit zwischen Handelndem und Gewalthandlung beschreibbar zu machen, ist die Frage nach dem (Nicht-)Status des Gegenübers, aus einer anderen Perspektive, in die Überlegungen zu integrieren. Im vorangegangenen Kapitel habe ich

---

tersuchung deswegen von besonderer Bedeutung gewesen wäre, weil (mutmaßlich) mehrere Personen am Gewalthandlungsvollzug beteiligt gewesen waren. Die Beobachtung, dass es vor der Gewalthandlung gegen eine Person auch zu Momenten von Vandalismus gekommen ist, hätte ich gerne stärker in die Überlegungen integriert. Ich glaube – aber dafür müsste eine Methodik der Erkundung eines Tattags entworfen werden –, dass der Frage der mittelbaren situativen Vorgeschichte für eine Gewaltanalyse mehr Bedeutung zukommen müsste. Nicht zuletzt, um hiervon ausgehend Mikro- und Makrobetrachtungen von Gewaltphänomenen miteinander in Bezug zu setzen. Eine solche Untersuchung, die nach der mittelbaren situativen Vorgeschichte einer Gewaltsituation fragt, könnte der Erforschung von Gewalt dahingehend neue methodische und theoretische Impulse geben, da verschiedene Handlungsmomente, die nicht unbedingt körperliche Gewalthandlungen gegen Personen beinhalten müssen – wie etwa Attacken gegen Dinge –, in einen Diskussionszusammenhang mit einer Gewaltsituation gebracht werden können.

80 Interview mit Polizeibeamt:innen, 26.10.2018, Sequenz 1:12:30 bis 1:13:29.

diese Frage entlang der situativen Dynamik gestellt. Die Einkapselung des Gewaltausübenden in einen Zustand gewalttätiger Wut, das Zu-Boden-Gehen des Gewalterleidenden und die Alkoholisierung bilden, so die Argumentation, einen situativen Wirkungszusammenhang, in dem das konkrete Gegenüber *verschattet* und der Gewaltausübende in seinem gewalttätigen Tun aufgeht. Die in diesem Kapitel angestellten Überlegungen, in denen ich Beobachtungen der Beziehungslosigkeit zwischen Handelnden und Gewalthandlung in den Mittelpunkt gerückt habe, verweisen auf die Notwendigkeit nun anders über das Verhältnis, in dem Gewaltausübende und Gewaltbetroffene zueinander stehen, nachzudenken. In der konkreten Form, in der die Gewalt ausgeübt wird, in der fernen und distanzierten Art und Weise, wie die Gewaltausübenden sich zur Tat verhalten und in den Beschreibungen, in denen eine brutal aktive Beziehungslosigkeit der Gewaltausübenden zum eigenen Tun geschildert wird, kommt etwas zum Vorschein, dass ich als vandalistischen Aspekt der Gewalthandlung bezeichnen möchte. Die schwere Gewalthandlung, die kraftvoll ist und apathisch wirkt, hat etwas von einer Sachbeschädigung.[81] Wolfgang Sofsky bezeichnet Gewalt gegen Dinge als »Zerstören«.[82] »Die Destruktion«, so Sofsky, »ist die radikale Umkehrung der Produktion, des Herstellens. Obwohl sie mitunter Arbeit macht, ihr Ziel ist nicht die Veränderung der Objekte, sondern der leere Platz.«[83] Etwas zu zerstören, wende sich »gegen das Prinzip des Objektiven, des Widerständigen überhaupt«.[84] Der Akt des Zerstörens richtet sich zwar auf etwas, oftmals auf Objekte, denen eine symbolische Bedeutung zugeschrieben wird, aber es geht nicht um sie. Es geht darum, dass sie weg sind. Darum, dass man von dieser Welt nicht gestört wird. So verstanden trifft der Begriff des Zerstörens die hier untersuchten Gewalthandlungen besser als der Begriff des Vernichtens. Und so verstanden geht es auch nicht zuerst um die Frage, ob Menschen für Menschen Dinge sind, die sie austreten wie eine Laterne oder auf deren Kopf sie treten wie gegen einen »Fußball«, sondern um die Frage, wie in dem vandalisti-

81 Diese Beobachtung soll den Gewalthandlungsvollzug und vor allem die Folgen für das Gegenüber nicht verharmlosen – ganz im Gegenteil.

82 Sofsky, *Traktat über die Gewalt*, S. 191 f.

83 Ebd., S. 193.

84 Ebd.

schen Akt des Zerstörens ein Ich zum Ausdruck kommt, das von nichts und niemand behelligt werden möchte. Zerstören ist befreiend, exzessiv und am Ende völlig sinnlos. Im Akt des Zerstörens empfinden wir schlagartig Allmacht und langanhaltend Ohnmacht. Zerstören ist, auch dann, wenn es gemeinschaftlich ausgeübt wird, eine selbstbezogene, einsame Tätigkeit.

Aspekte des Handlungsmodus III: Handlungssprünge und vermittelte Handlungsmuster

In den Gewaltsituationen erfolgen die Gewalthandlungen unvermittelt. Sie markieren eher einen Bruch im bisherigen Geschehensverlauf, als dass sie deren situativer Höhepunkt sind (mit Einschränkung von Fall 3, in dem die schwere Gewalthandlung fließender aus dem Konfliktgeschehen hervorgeht). Die Situationen eskalieren nicht, vielmehr wirkt es, als übersprängen die Gewaltausübenden mehrere Zwischenschritte und katapultierten sich in die brutale Gewalthandlung hinein. Die Beobachtung ist umso erklärungsbedürftiger, da die Gewaltausübenden, mit Ausnahme von Fall 2, über keine gewaltkriminelle Vorgeschichte verfügen und auch von Familie, Freundinnen oder Kollegen nicht als zur Gewalttätigkeit neigende Menschen beschrieben werden. Das Zusammentreffen von sprunghafter Gewalthandlung und persönlicher Unerfahrenheit in der Ausübung von Gewalt, noch dazu in dieser schwerwiegenden Form, wirft die Frage auf, warum die Gewaltausübenden relativ handlungssicher wirken. Sie können auf kein Handlungsrepertoire zurückgreifen, das in eigenen Erfahrungen gründet. Sie sind, und das gilt auch für den Gewaltausübenden in Fall 2, keine sogenannten Intensivtäter. Im Unterschied zu den Gewaltausübenden, mit denen Sutterlüty sich in seinem Buch zu *Gewaltkarrieren* beschäftigt, ist nicht anzunehmen, dass ihren Situationsdeutungen ein »gewalttätiges Interpretationsregime«[85] zugrunde liegt. Vielmehr befinden sie sich in einem für sie unbekannten Situationsmoment. Und doch, und das scheint mir eine entscheidende Frage zu sein, die die untersuchten Fälle aufwerfen, greifen die

85 Sutterlüty, *Gewaltkarrieren*.

Personen auf die Handlungsoption schwere Gewalt seltsam selbstverständlich zurück.

Um sich der Frage anzunähern, müssen wir erneut von der konkreten Form ausgehen, in der die Gewalthandlungen ausgeübt werden. In der Diskussion im Anschluss an einen Vortrag, den ich während des Forschungsprozesses gehalten habe, wurde die Frage gestellt, ob ich bereits über den Zusammenhang von Gewaltform und Popkultur nachgedacht hätte. Gerade Fuß- und Stampftritte gegen am Boden liegende Personen, so der Kommentar, werden ja in Filmen und Videos inszeniert. Sie hätten eine popkulturelle Geschichte. Diese Taten seien Zeichen, die gelesen werden können und die auf etwas verweisen.[86] Auch wenn ich der Deutung der Gewalttaten als Zeichen für die Fälle, mit denen ich mich beschäftige, widersprach, leuchtete mir der Kommentar sofort ein. Vor allem deswegen, weil ich während der Untersuchung des empirischen Materials immer wieder auf Formulierungen, Beschreibungen und Beobachtungen stieß, die sich nicht nur ähnelten, sondern die klangen, als griffen die Personen auf einen gemeinsam geteilten Wortschatz zurück. Zudem erstaunte mich während der Arbeit an den dokumentarischen Rekonstruktionen, wie bekannt mir die Situationen vorkamen. Und je detaillierter ich die Fälle beschrieb, desto mehr irritierte mich die Ähnlichkeit von Situationsmomenten; zwischen den Fällen, aber auch im Vergleich zu anderen Szenen, die ich aus realen Videos oder filmischen Inszenierungen kannte. Aber erst der Kommentar und die daran anschließende Diskussion führten mir vor Augen, dass in der Abbildhaftigkeit der Gewaltsituationen etwas steckte, dem sich nachzugehen lohnte.

Gerade in sozialen Situationen, die emotional angespannt und konfliktreich verlaufen und für die die Beteiligten kein erfahrungsgesättigtes Handlungswissen aktivieren können, ist die Frage nach vermittelten Handlungsmustern, an denen sie sich orientieren, von Interesse. Der Begriff der vermittelten Handlungsmuster soll dabei fiktive Handlungsmuster, die aus Filmen, Serien oder Musikvideos

86 Ich kann mich nicht mehr erinnern, ob genau dieser Kommentar von Bernt Schnettler kam. Er hat den Zusammenhang von Popkultur und Form der Gewalthandlung aber bei verschiedenen Anlässen, bei denen wir über meine Forschung diskutiert haben, betont. Dafür möchte ich ihm danken.

stammen, und nichtfiktive Handlungsmuster, die etwa in Videoaufnahmen tatsächlicher Gewaltgeschehen festgehalten sind, umfassen. Ich verwende den Begriff heuristisch, und spüre den Annahmen, die er aufwirft, im Material nach. Ich werde nicht belegen können, dass spezifische Handlungsmuster für den Verlauf der untersuchten Fälle von entscheidender Bedeutung waren, wie das etwa für den Mordfall Marinus Schöberl[87] gezeigt werden kann (zu diesem Fall gleich mehr). Ob die Gewaltausübenden sich direkt an popkulturellen und medial vermittelten Handlungsmustern orientieren, kann ich nicht wirklich wissen. Ich werde aber zu plausibilisieren versuchen, wie vermittelte Handlungsmuster in die Gewaltsituationen indirekt hineinwirken. Ich nehme die Beschreibungen von Situationsbeteiligten, dass die Situationen und der Gewaltausbruch irgendwie wirklich-unwirklich wirkten, ernst und werde die Frage aufwerfen, was das mit dem Status des Gegenübers zu tun hat. Der Moment der Gewalthandlung, so die These in diesem Kapitel, wirkt auch wie ein abrupter Wechsel der subjektiv gültigen Wirklichkeitsbereiche oder zumindest wie eine Überlappung von Wirklichkeitsbereichen.[88]

Kopfkino: Bordsteinfressen

In jedem der Gewaltgeschehen lassen sich Szenen beobachten, die wirken, als entstammten sie einem schlechten Drehbuch zu einem Film: In Fall 1 stellt sich der Gewaltausübende, kurz bevor es zur Gewalttat kommt, auf die Straße und bringt ein Auto zum Stehen. Er geht um dieses herum, hämmert mit seinen Fäusten gegen den Wagen, brüllt und beleidigt den Fahrer.[89] Dann, als sein Freund versucht, ihn von der Fahrbahn zu ziehen, flippt er aus, bringt ihn zu Boden, stützt sich an einer Mauer ab und stampft auf den am Boden liegenden Freund ein. In Fall 2 faltet ein Mann, kurz bevor er brutal attackiert wird, seine Jacke ordentlich zusammen, legt sie in einer Nische ab und geht auf den Mann, der ihn gleich niederschlagen und schwer verletzen wird, locker-lässig zu.[90] In Fall 3 streiten sich zwei Gruppen betrunken um

87 Veiel, *Der Kick;* Kohlstruck/Münch, *Der Mordfall Marinus Schöberl.*
88 Schütz, »Über die mannigfaltigen Wirklichkeiten«.
89 Siehe Rekonstruktion Fall 1.
90 Siehe Rekonstruktion Fall 2.

Taxis, plötzlich reißt ein Mann einen Mann, der sich gerade auf den Beifahrersitz gesetzt hat, aus dem Wagen heraus und attackiert ihn, während er ihn über den Boden schleift und hinwirft, brutal. In Fall 4 zählt ein Mann einen Countdown herunter, währenddessen zieht ein anderer Mann sein T-Shirt aus und posiert oberkörperfrei, rennt plötzlich los, umkurvt zwei Personen, schlägt den Gewaltbetroffenen nieder und tritt den reglos am Boden Liegenden mit einem Tritt wie bei einem Elfmeter gegen den Kopf.[91] Ein Mann, der ein Auto zum Stehen bringt und wildgeworden gegen die Scheibe schlägt. Ein Mann, der seine Jacke faltet, bevor die Action beginnt. Ein Mann, der einen Mann vom Autositz zurückreißt. Ein Mann, der zu einem Countdown sein T-Shirt auszieht und posiert – die Szenen wirken in ihrer Übertriebenheit, und ja, auch in ihrer brutalen Lächerlichkeit, abbildhaft und nachgestellt.[92]

Aber auch die Gewalthandlungen selbst haben einen abbildhaften Aspekt: Die eingesprungenen Tritte, das Abstützen an einem Mauervorsprung, das Treten mit Anlauf wie gegen einen Fußball – wie die Gewalt ausgeübt wird, erinnert an Inszenierungen und Aufnahmen ähnlicher Gewaltakte. Auf einen ersten Blick mag das banal klingen: Wie sollen Tritte gegen eine am Boden liegende Person schon ausgeführt werden, wenn nicht ähnlich? Aber wer Videos solcher Gewaltaktionen betrachtet, erkennt, dass nicht nur die gewalttätigen Handlungsvollzüge sich ähneln, sondern auch die Körperhaltungen und Gesten.

Zwei Quellen für die bekannt vorkommenden Bilder lassen sich unterscheiden: fiktive Darstellungen und nichtfiktive Aufzeichnun-

---

91 Siehe Rekonstruktion Fall 4.

92 Das ist eine Beobachtung, die sich auch in verschiedenen ethnografischen Aufzeichnungen findet, die ich im Kontext anderer Konflikt- und Gewaltsituationen angefertigt habe. Gerade in aufgeheizten Geschehen war ein vergleichbarer abbildhafter Aspekt der (Gewalt-)Handlungen zu beobachten. Bei Demonstrationen wird das besonders deutlich. Während der Proteste gegen den G20-Gipfel kam es immer wieder zu Szenen, anhand derer die Beobachtung veranschaulicht werden kann: Demonstranten, die sich erst ihre T-Shirts auszogen, bevor sie Steine und Flaschen warfen. Demonstranten, die vor den Polizeiketten tanzten und posierten. Das Entzünden von Barrikaden, um davor Fotos zu machen. Polizisten, die wie mittelalterliche Krieger gegen ihre Schilde schlugen. Die Situationen vor Ort war oftmals lächerlich, übertrieben, abbildhaft – und, nicht nur als Spezialkräfte der Polizei das Schulterblatt räumten, potenziell tödlich.

gen.[93] Gewaltgeschehen, in deren Verlauf es zu Fuß- und Stampftritten gegen den Kopf einer am Boden liegenden Person kommt, sind Teil der Populärkultur, sie wurden und werden in Filmen, Videoclips, Literatur und Songs inszeniert und ästhetisiert. Eine äußert brutale und zugleich popkulturell wie medial bedeutende Form von Fuß- und Stampftritten gegen den Kopf einer am Boden liegenden Person sind Gewaltaktionen, bei denen das Opfer per Fußtritt regelrecht exekutiert wird. Im amerikanischen Englisch werden diese Gewalttaten als *curb stomp* bezeichnet. In den deutschen Sprachgebrauch gingen, spätestens nach den rassistischen Übergriffen Ende der 1980er und Anfang der 1990er Jahre, Begriffe wie »Bordsteinfressen«, »Randsteinbeißen« oder »Bordsteinknacken« ein. Im Unterschied zu den hier untersuchten Fällen, handelt es sich bei *curb stomps* um zielgerichtet ausgeführte Gewaltaktionen. Das Gewaltopfer wird vor der schwerwiegenden Gewalthandlung in Position gebracht. Der Kiefer wird so geöffnet, dass das Opfer in die Kante des Bordsteins »beißt«. Der Tritt in das Genick, der auf die demonstrativen Vorbereitungen folgt, hat den Tod des Opfers zum Ziel. Zumindest nimmt der Gewaltausübende schwerwiegende Verletzungen im Kopf- und Nackenbereich des Opfers billigend in Kauf.

93 So finden sich auf Internetplattformen wie *YouTube* oder *LiveLeaks* unzählige Videos zu (physischen) Gewaltgeschehen: Die Spannweite reicht von Ohrfeigen bis hin zu Videoaufnahmen, die Erschießungen oder das Verbrennen eines Menschen bei lebendigem Leib zeigen. Nun ist es nicht so, dass die menschliche Vorstellungskraft erst Hollywoods oder des Internets bedurfte, um, wie es bei Popitz zu lesen ist, ausufernd zu sein. Sie ist es, spätestens seit Menschen in den Himmel blicken (vgl. Setz, »Der zerstörte Himmel«). Doch nicht zur Kenntnis zu nehmen, dass es heute problemlos möglich ist, eine sexualisierte Gewalttat auf Handys zu streamen oder die Enthauptung eines amerikanischen Journalisten im Loop abzuspielen oder live dabei zu sein, wenn ein Rassist Menschen in Moscheen hinrichtet, oder dabei zuzusehen, wie Menschen anderen Menschen gegen die Köpfe treten, oder durch immer neuere Möglichkeiten im Gaming den Gewalthandlungsvollzug spielerisch zu simulieren, bedeutet, die Augen davor zu verschließen, dass Vorstellungen von Gewaltsituationen und Gewalthandeln auch medial und virtuell entstehen. Wie technologische Entwicklungen Muster des Erfahrens und Wahrnehmens (mit-)prägen, und damit auch die Handlungsgrammatik von Menschen verändern, ist nicht nur für gewaltsoziologische Untersuchungen eine der zentralen Fragen der Gegenwart.

Eine *curb-stomp*-Szene aus dem Film *American History X*[94] gilt als die wohl berühmteste popkulturelle Inszenierung dieser Form der Gewalthandlung.

Die Szene beginnt,[95] als Danny Vinyard, in das Zimmer seines älteren Bruders Derek, der gerade Sex mit seiner Freundin Stacy hat, hereinplatzt. Zuerst reagieren Stacey und Derek wütend, doch in der Sekunde, in der Danny sagt, dass ein »black guy« sich vor dem Haus aufhält und dabei ist, Dereks Wagen aufzubrechen, ändert sich Dereks Haltung.[96] Sein Gesichtsausdruck, seine Körpersprache, die Fragen, die er an seinen Bruder richtet (»How many?«; »Is he strapped?«) wirken angespannt, aber überlegt, so als hätte er auf diesen Augenblick hintrainiert. Er holt die Waffe aus der Schublade, lädt sie, gibt seiner Freundin, die ihn fragt, was los sei, die Anweisung im Bett zu bleiben. Er bewegt sich vorsichtig die Treppe nach unten, stoppt auf dem Absatz, signalisiert seinem Bruder, dass er ruhig und konzentriert bleiben müsse, und bewegt sich langsam in Richtung Eingangstür. Er entriegelt, möglichst leise, das Sicherheitsschloss, das über der Klinke angebracht ist, dann blickt er, bevor er die Tür öffnet, durch den Türspion. Auf der Treppe, die zur Veranda führt, steht ein Mann mit dem Rücken zur Tür. Derek löst sich vom Türspion, blickt noch einmal kurz zu seinem Bruder, positioniert sich so, dass er die Tür auftreten und zugleich die Waffe sicher halten kann, tritt die Tür mit Wucht auf und schießt ohne Vorwarnung auf den Mann. Der Mann, der selbst eine Waffe in der Hand hält, reagiert zwar noch auf den Krach, den das Auftreten der Tür verursacht, und dreht sich um, hat aber keine Gelegenheit einen Schuss abzugeben, zu schnell läuft das Geschehen ab. Derek feuert fünfmal, dann entdeckt er einen zweiten Mann, der sich

94 *American History X*, Regie von Tony Kaye (1998).

95 An dieser Stelle ist eine entscheidende Einschränkung vorzunehmen: Die folgende Rekonstruktion der Szene stützt sich auf Ausschnitte des Films, die auf *YouTube* zu finden sind. In diesen Ausschnitten ist die *curb-stomp*-Szene – anders als im Film – zu einer einzigen Szene zusammengeschnitten. Im Film wird die Szene durch Zeit- und Handlungssprünge kontextualisiert und vorbereitet. Anhand eines Vergleichs des Ausschnitts, der auf *YouTube* zu finden ist, mit der Originalfassung, ließe sich die methodologisch schwierige Frage, wann eine Gewaltsituation denn eigentlich beginnt, gegenständlich durchspielen.

96 Derek Vinyard wird von Edward Norton dargestellt; Danny Vinyard von Edward Furlong; Stacey von Fairuza Balk; Lawrence, der schwarze Mann, der in der Szene von Derek Vinyard ermordet wird, von Antonio David Lyons.

in der Nähe seines in der Einfahrt geparkten Wagens befindet. Derek schießt dreimal auf den Mann, der in Richtung Straße wegrennt. Der Mann wird getroffen und bleibt verletzt auf einem Rasenstreifen in der Nähe der Bordsteinkante liegen. Ein dritter Mann, der in einem Wagen auf die beiden anderen zu warten scheint, flieht. Derek schießt auf den Wagen, der kurz zum Stehen kommt, dann aber weiter davonfährt. Derek läuft in die Mitte der Straße und schießt dem Wagen hinterher, bis sein Magazin leer ist. [Nun kommt es zur berühmt gewordenen *curb-stomp*-Szene.] Derek geht zu dem schwerverletzt am Boden liegenden Mann, packt ihn und sagt: »N*, you just fucked with the wrong bull.« Er reißt den Mann zur Bordsteinkante. Es ist nicht klar, wann Derek erkennt, dass es sich bei dem Verletzten um einen Mann handelt, mit dem es zuvor zu einem Zusammentreffen auf einem Basketballplatz gekommen ist. Er brüllt, während er den Mann über den Boden schleift, auf ihn ein: »You should've learned your lesson on the fuckin' basketball court! But you fuckin' monkeys never get the message.« Er hält dem Mann die Waffe an den Hinterkopf und zwingt ihn in die Bordsteinkante zu »beißen«: »I'm gonna teach you a real lesson now, motherfucker. Put your fuckin' mouth on the curb.« Sein Bruder, der das Geschehen beobachtet, schreit und rennt in Dereks Richtung, um seinen Bruder von der Gewalttat abzuhalten. Derek führt den Tritt mit den Worten »Now say good night« aus. Er tritt von dem Mann, den er gerade ermordet hat, zurück, spuckt auf ihn, nennt den leblosen Körper noch einmal »motherfucker«.

Derek steht auf der Straße, als die ersten Polizeiwagen eintreffen und lässt sich ohne jeden Widerstand festnehmen. Als die Polizisten ihn auffordern, sich mit erhobenen Händen umzudrehen, trifft sein Blick auf den gebrochenen Blick seines Bruders. Dereks Gesicht hingegen verkündet: Sieg. Er zieht seine Augenbrauen nach oben, als wollte er Danny sagen: »Siehst du, so regelt man das«, und lacht ihn an. Erst als Derek Handschellen angelegt werden, verhärtet sich sein Blick, in ihm blitzt Hass auf, dann, als er abgeführt und Danny von einem Polizisten in Richtung des Hauses weggezogen wird, setzt die Gewissheit ein, dass er von seinem Bruder und von seiner Familie weggerissen wird. Das, und nicht die brutale Gewalttat, so die filmische Inszenierung, macht etwas mit ihm.

In dieser Szene wird der zentrale Aspekt dieser spezifischen Form von Fuß- und Stampftritten inszeniert: *curb stomps* zeugen auch vom

Willen nach symbolischer Vernichtung des Opfers. Wer einen Menschen in einen Bordstein »beißen« lässt, will mit genau dieser Form der Gewalt etwas zum Ausdruck bringen: Eine Überlegenheit, die mehr ist als die situative Dominanz. Ein Weltbild, in dem es Herren- und Untermenschen gibt. Ein Zeichen an die Peers: Don't fuck with me. *Curb stomps* sind Zeichen und haben häufig einen ideologischen Unterbau. Die Motivlage verweist auf die spezifische Form der Gewalt, und die spezifische Form der Gewalt verweist auf die Motivlage.

Eine brutale Gewalttat aus dem Jahr 2002, die Ermordung des 16-jährigen Marinus Schöberl, erweitert die Frage nach dem Zusammenhang von Gewaltform und ideologischem Unterbau um eine wichtige Dimension: Die Gewalttat warf die Frage nach der Bedeutung von filmischen Inszenierungen von Fuß- und Stampftritten gegen den Kopf für den Verlauf eines tatsächlichen Gewaltgeschehens auf. Was war passiert? Am 12. Juli 2002 wurde Marinus Schöberl von drei jungen Männern, die dem rechtsextremistischen Spektrum zuzurechnen waren, erst stundenlang gequält und schließlich ermordet. Am Ende der Tortur stellte einer der Täter, Marcel S., die *curb-stomp*-Szene aus dem Film *American History X* nach. Er trat Marinus Schöberl, der zuvor gezwungen wurde, in den Rand eines Schweinetrogs zu »beißen«, ins Genick. Ob der Tritt Marinus Schöberl getötet hat oder ob er seinen zahlreichen schweren Verletzungen erlegen ist, die ihm über den Tag hinweg von den drei jungen Männern zugefügt wurden, konnte vor Gericht nicht geklärt werden. Dass die Filmszene für die *curb-stomp*-Gewalthandlung entscheidend war, ist unstrittig. In Vernehmungen nahm der Haupttäter Marcel S. explizit darauf Bezug.[97]

In einer interpretativ vielschichtig angeleiteten Rekonstruktion des Tathergangs haben Michael Kohlstruck und Anna Verena Münch herausgearbeitet, wie sich das Gewaltgeschehen bis hin zur Ermordung Marinus Schöberl steigerte. Kohlstruck und Münch verbinden in ihrer Untersuchung diverse Erklärungsansätze: das Verhältnis der Täter untereinander (zwei der drei Täter waren Brüder); Maskulinitätsvorstellungen und Aggressivität gegen »unmännliches« Verhalten; Alkohol und Drogeneinfluss; Ausgrenzungs- und Liquiditätsdiskurse; situative Eskalationsdynamiken; und die Bedeutung der Filmszene

97 Veiel, *Der Kick.*

aus *American History X* für die Ausführung der letzten brutalen Gewaltaktion, die Marinus Schöberl vermutlich tötete. In ihrer Argumentation verschränken Kohlstruck und Münch die verschiedenen Verursachungsmomente, ohne sie entlang einer Zentralerklärung zu systematisieren. Am ehesten dient der Begriff der »überlegenen Subjektivität«[98] als Ankerpunkt, um den herum die verschiedenen Erklärungsansätze angeordnet werden.[99]

Für die in diesem Kapitel zu entwickelnde Argumentation ist nun vor allem das Konzept des »Handlungsschemas Bordsteinkick«[100], das aus dem Film *American History X* stammt, von Bedeutung. Kohlstruck und Münch zeigen in ihrer Darstellung des Tathergangs, vielleicht ein wenig zu schematisch und in sich geschlossen, »wie sich der Vollzug des tödlichen Tritts aus dem früheren Geschehen ergeben hat«.[101] Auch wenn sie betonen, dass »in der Kette der Erklärung das Glied zwischen der Inszenierung des Bordsteinkicks als Drohung und seiner mörderischen Verwirklichung [fehlt]«[102], gestehen sie dem Konzept des Handlungsschemas Bordsteinkick für die Ausführung der letztlich wohl tödlichen Gewalthandlung entscheidenden Erklärungswert zu:

> »Nicht ihre [gemeint sind die drei Täter, Anm. d. Verf.] Aggressivität als solche, nicht ihr Drogenkonsum, nicht die Eskalationsdynamik, wohl aber die Option für dieses brutale Modell von körperlicher Attacke ist schwer erklärbar ohne die Attraktivität von Bildern, die die Täter damit zu Vorbildern gemacht haben. Der »Bordsteinkick« führte zu tödlichen Verletzungen. Ohne dieses spezifische Handlungsmuster wäre es vermutlich nicht zu irreversiblen Verletzungen gekommen.«[103]

---

98 Kohlstruck/Münch, *Der Mordfall Marinus Schöberl*, S. 47.

99 Einerseits ermöglicht ihre Vorgehensweise, den Tathergang aus einer Vielzahl von Perspektiven zu betrachten, andererseits wirft das Vorgehen die Frage auf, ob eine solche »Kette der Erklärung« (S. 51) die Dynamik des über einen Tag andauernden Gewaltgeschehens nicht auch zu stark anhand soziologischer Erklärungen vereindeutigt.

100 Ebd., S. 36 ff.

101 Ebd., S. 51.

102 Ebd.

103 Ebd., S. 51 f.

In der von Kohlstruck und Münch entwickelten Argumentation ist die tödliche Gewalthandlung einerseits in ein sich über einen längeren Zeitraum erstreckendes Gewaltgeschehen eingebettet. Zum anderen wird von den Autoren betont, dass das aus dem Film *American History X* vermittelte Handlungsschema für den Mordfall Marinus Schöberl zentrale Bedeutung hat. Der Haupttäter will die filmische Inszenierung der *curb-stomp*-Gewalttat nachstellen. Auf die Nachstellung der Gewalttat (die erzwungene Positionierung Marinus Schöberls) folgt die mörderische Verwirklichung (der Tritt ins Genick durch Marcel S.).[104] Die Autoren weisen zwar darauf hin, dass zwischen der Inszenierung des Bordsteinkicks als Drohung oder brutalem Spiel und seiner mörderischen Verwirklichung eine Erklärungslücke bleibt. Trotzdem ist für sie evident, dass das Handlungsmuster *curb stomp* für die Ausführung der Tat und die Ermordung Marinus Schöberls die zentrale Erklärung bietet. Die Stärke des Konzepts des Handlungsschemas liegt, für die Analyse des spezifischen Gewaltgeschehens, darin, dass es den Wirkungszusammenhang von rechtsextremistischer Ideologie, popkulturell vermitteltem Handlungsmuster, situativer Kontextbedingungen und konkreter Gewaltaktion zu beschreiben hilft.

Für die hier untersuchten Fälle besitzt das Konzept des Handlungsschemas in der von Kohlstruck und Münch verwendeten Weise zwar keine direkte Erklärungskraft, es gibt aber Hinweise, wie die popkulturelle und mediale Dimension der Gewaltform Fuß- und Stampftritte gegen eine am Boden liegende Person in die Analyse integriert werden kann. Die untersuchten Fälle sind nicht ähnlich zielgerichtet wie *curb-stomp*-Gewaltaktionen und mit dem Mordfall Marinus Schöberl kaum zu vergleichen. In ihnen gibt es kein festes Objekt, dem die Verachtung gilt und an dem sich die eigene Überlegenheit zu verwirklichen glaubt. Die Gewaltgeschehen entwickeln sich aus alltäglichen Konfliktsituationen heraus, die Beteiligten sind sich zuvor nie begegnet, in den Ermittlungen konnten keine ideologischen Motivlagen nachgewiesen werden.[105] Die Geschehen sind hinsichtlich der situativen Machtverhältnisse unklarer, und in ihnen kommt es unvermittelter zu Fuß- und Stampftritten gegen den Kopf, als dies bei

104 Ebd., S. 51.

105 Und auch meine eigenen Rekonstruktionen der Taten legen keine derartige Motivlage nahe.

curb-stomp-Gewaltaktionen zu beobachten ist. Im empirischen Material finden sich keine Belege, die eindeutige Rückschlüsse auf ein den Gewalttaten zugrunde liegendes Handlungsschema zulassen, wie es etwa für die Mordtat an Marinus Schöberl, folgt man der Argumentation Kohlstrucks und Münchs, entscheidend ist.[106] Doch auch wenn kein unmittelbarer Bezug zu Handlungsskripten, die etwa Filmen wie *American History X* und anderen prominenten popkulturellen Quellen entstammen,[107] für die untersuchten Fälle nachweisbar ist, hat mich der abbildhafte Charakter vieler Situationsmomente während der Analyse des empirischen Materials immer wieder neu irritiert.

Aber wie ist der Zusammenhang von popkulturell und medial vermittelten Handlungsskripten dann zu denken? Zwei Deutungen sind meiner Auffassung nach möglich: (1) Die Beteiligten orientieren sich in den Geschehen an fiktiven wie nichtfiktiven Darstellungen, ohne ihr Handeln intentional an spezifischen Handlungsskripten auszurichten. Anstatt dass sie ein Handlungsskript direkt in die Wirklichkeit übertragen, wie es im Fall Marinus Schöberl zu beobachten war, beeinflussen popkulturell und medial vermittelte Vorstellungen davon, wie solche Situationen verlaufen, die Geschehensabläufe indirekt. Die ausgeübte Gewalt wird dabei weniger als eine Gewalt*handlung* beschreibbar, sondern als eine popkulturell und medial vermittelte Gewalt*praktik*, deren Vollzugswirklichkeit sich aber nicht an persönlichen Erfahrungen und habitueller Gewöhnung, sondern an dutzendfachen Abbildern solcher Gewaltaktionen und einem abstrakten Handlungswissen ausrichtet.

Die zu Beginn des Kapitels angeführten Beispiele veranschaulichen diese Deutung. Und auch die Aufnahmen vergleichbarer Gewaltsituationen, die auf Videoplattformen wie YouTube, Live Leaks oder www.realviolence.com zu finden sind, zeigen Ähnlichkeiten: Die

---

106 Wobei von Kohlstruck und Münch selbstverständlich nicht behauptet wird, dass die Mordtat monokausal über das Abspielen eines Handlungsskripts zu erklären ist.

107 Etwa eine berühmte *curb-stomp*-Szene aus der US-amerikanischen Serie *The Sopranos*. Und auch im Video des Rappers Fler zum Song »Basstuning/Bordsteinfressen«, das 2015 veröffentlicht wurde, wird eine *curb-stomp*-Gewalttat – die Referenz auf American *History X* und *The Sopranos* ist unschwer erkennbar – inszeniert (vgl. Fler, »Basstuning/Bordsteinfressen«, Musikvideo zum Song, 2015, online unter: https://www.youtube.com/watch?v=S_d9qr3DePE [30.07.2023].

Dominanzgesten ähneln sich (etwa das Ausziehen des T-Shirts und das oberkörperfreie Posen, bevor es zu physischer Gewalt kommt[108]); situative Wendepunkte ähneln sich (vor allem der Moment des Zu-Boden-Gehens in seiner Bedeutung für die schwere gewalttätige Handlung); und auch körperliche Aspekte der ausgeübten Gewalt ähneln sich (die mit Anlauf »eingesprungenen« Tritte, das Sich-Abstützen an einem Mauervorsprung[109]).

Die Orientierung an einer popkulturell und medial vermittelten Handlungspraktik mag auch ein Grund dafür sein, warum manche Szenen in den Geschehen irgendwie lächerlich und übertrieben wirken. Die Situationsbeteiligten scheinen ihre Konflikt- und Gewaltbereitschaft voreinander auch zu performen. Und dann gehen die Gewaltbeteiligten noch einen Schritt weiter und performen sogar die konkrete, brutale Gewalthandlung.

Diese beschreibbaren Ähnlichkeiten in den Geschehensabläufen und in der Ausführung der gewalttätigen Handlung zu fiktiven und nichtfiktiven Gewaltszenen erscheinen mir zwar bedenkenswert, dürfen aber zugleich nicht überinterpretiert werden. Die Frage, inwieweit sich die konkreten Handlungsvollzüge an popkulturell und medial vermittelten Gewaltdarstellungen orientieren, kann ich für die untersuchten Fälle daher auch nur sehr begrenzt beantworten. Sie aber überhaupt zu stellen, wirft Anschlussfragen auf, die den Zusammenhang von vermittelten Handlungsmustern und Gewalthandlung auf einer anderen Ebene zum Gegenstand haben: (2) Es geht in dieser Interpretation nicht zuerst um die Frage einer direkten oder indirekten Orientierung an fiktiven und nichtfiktiven Gewaltszenen in realen Gewaltsituationen, vielmehr darum, wie tatsächliche Situationen in ihrer Potenzialität überhaupt als soziale Grenzsituationen begriffen werden.[110]

Was erst einmal nach einer abstrakten Frage klingt, kann am Beispiel der untersuchten Fälle konkretisiert werden. Die Situationsbeteiligten unterschätzen in verschiedener Hinsicht die Potenzialität der Situationen: Die Gewaltausübenden schätzen die von ihnen aus-

108 Szene aus Fall 4, die so oder so ähnlich auch in Videoaufnahmen vergleichbarer Gewaltgeschehen zu beobachten ist.

109 Vgl. etwa Fall 1.

110 Vgl. Dieckmann, *Kinder greifen zur Gewalt*, S. 68.

geübten Gewalthandlungen selbst im Nachhinein falsch ein (insbesondere die Gewaltausübenden in Fall 3 und auch in Fall 4).[111] Sie scheinen keinen adäquaten Bezug zu ihrer eigenen Verletzungsmächtigkeit zu haben. Interessant ist, dass sie die Anschuldigungen, zumindest in den ersten Vernehmungen nicht zurückweisen, sondern die Geschehensdarstellungen der Polizei hinnehmen. Zumindest in den Fällen 1, 3 und 4 wirken die Gewaltausübenden geknickt, zu welch schwerer Gewalt sie fähig waren.

Beschreibungen der Gewalterleidenden und anderer Situationsteilnehmer dokumentieren, dass sie das potenziell Existenzielle der Situation erst im Moment des gewalttätigen Handlungsvollzugs erkannt haben. Aber noch im direkten Geschehensnachgang und in den ersten Vernehmungen äußern Situationsbeteiligte ihre Ungläubigkeit. Es wirkt, als könnten sie das, was sich vor ihren Augen zugetragen hat, nicht wirklich begreifen.

An dieser Stelle ist eine wichtige Einschränkung in der Argumentation vorzunehmen: Für das Nicht-Erkennen der Potenzialität der Situationen gibt es plausible Gründe, die Situationen beginnen alltäglich. Die Konflikte unterscheiden sich zuerst nicht von typischen Auseinandersetzungen, wie sie an einem am Abend in der Innenstadt, im Bahnhofsbereich oder vor einem Club häufig stattfinden. Und auch als die Geschehen an konflikthafter Dynamik gewinnen, deutet kaum etwas auf die Gewaltbereitschaft einer Person hin. Bis zu dem Moment, an dem die brutale Gewalthandlung die Handlungskette sprengt, wirken die Situationen nicht existenziell. Die Unterschätzung der Situationen durch die Beteiligten ist also sicherlich auch auf die relative Normalität der Geschehen und die Plötzlichkeit der Gewalt zurückzuführen.

Und doch, so scheint mir, werfen die Fehleinschätzungen die Frage nach dem Wirklichkeitsstatus auf, den die Geschehensbeteiligten, vor allem die Gewaltausübenden, der Situation und ihrer Rolle darin zuerkennen. Um sich der Frage anzunähern, ist der Performance-Charakter der Handlungen, und wie dieser die Trennung zwischen spielerisch und ernst in der Situation unterläuft, wesentlich. Was ich zu beschreiben versuche, wird in Fall 4 besonders deutlich: Zwischen dem Ausziehen des T-Shirts, dem oberkörperfreien Posen und der

---

111 Vgl. etwa Fall 3, Aussage A, Beschuldigter, Band 2, Blatt 325.

schweren körperlichen Attacke liegen nur wenige Augenblicke. Und noch kurz zuvor stand A4 eher am Rande des Konfliktgeschehens, ein anderer Mann war vor allem daran beteiligt. Dann zählt dieser Mann einen Countdown runter, A4 zieht sein T-Shirt aus, posiert, rennt plötzlich los, umkurvt eine Person, schlägt B4 nieder und tritt ihm gegen den Kopf. Von der Performance zur brutalen Wirklichkeit in wenigen Sekunden.[112]

An dem Punkt, an dem es um Leben und Tod geht, an dem man sich, wie es ein Polizeibeamter in einem der Interviews formulierte, »in einem Stadium bewegt – hin zum Mörder«[113], ist einer der wenigen Bezugspunkte des eigenen Tuns womöglich ein popkulturell und medial vermitteltes Handlungsmuster. Im Unterschied zu der voranstehenden Interpretation von Handlungsskripten als direkte und indirekte Anleitung für das eigene Tun, geht es nun um eine tieferliegende Ebene der Situationsdeutung: Die Potenzialität der Situation und des eigenen Tuns – die »Endgültigkeit der Gewalt«[114] – wird nicht wirklich erkannt. Folgt man dieser Argumentation, ist ein Erklärungsmoment für den Handlungssprung in die schwere Gewalt eine Situationsdeutung der Gewaltausübenden, in der die Erfahrungsarmut in Bezug auf die eigene Verletzungsmächtigkeit mit einem »Reichtum« an Bildern der Gewalt eine unheilvolle Beziehung eingeht. Es ist immer weitgehender möglich, selbst brutale Gewalthandlungen zu betrachten, doch zugleich erfahren viele – zumindest diejenigen (weißen) Männer, die relativ gewaltfrei aufgewachsen sind und in relativ befriedeten Gesellschaften leben, was für drei der vier Gewaltausübenden, soweit ich das anhand des Datenmaterials nachvollziehen konnte, zutrifft – physische Gewalt im Alltag kaum. So gibt es zwar immer mehr männliche »Experten« im Gewaltkonsum, die zugleich aber Laien der konkreten Gewalt sind.[115] Das kann etwas Entscheidendes zur Folge haben, wenn

112 Auch Weenink diskutiert den Performance-Charakter von Gewalthandlungen. Er bezieht sich dabei aber auf (Gewalt-)Handlungen, mit denen der Gewaltausübende sein Opfer demütigt, um seine Macht und seine *meanness* (die deutsche Übersetzung »Gemeinheit« scheint mir Weeninks Punkt nicht wirklich zu treffen) zu »performen« (ders., »Contesting Dominance and Performing Badness«).

113 Interview mit Polizeibeamt:innen am 26.10.2018, Sequenz 57:51 bis 58:37.

114 Dieckmann, *Kinder greifen zur Gewalt*, S. 67.

115 Eine Beobachtung, die sicherlich auch in besonderem Maße auf deutsche, männliche Gewaltsoziologen zutrifft.

es um die tatsächliche Ausübung von physischer Gewalt geht: Die an den Geschehen Beteiligten mögen in ihrem bisherigen Leben Konflikte, Pöbeleien, Streit und vielleicht sogar Gewalttätigkeiten erfahren haben, was sie jedoch nicht kennen, ist die schwere, potenziell tödliche Attacke. Sie haben für ihr Handeln, wenn überhaupt, nur popkulturell, medial und virtuell vermittelte Gewaltdarstellungen zum Vorbild. Sie tun etwas, von dem sie nicht aus eigener Erfahrung wissen, wie es zu tun ist. Sie kennen nur das Abbild einer solchen Situation. Die Situation, die potenziell tödlich verlaufen kann, die eigene Verletzungsmächtigkeit wie die Verletzungsoffenheit des Gegenübers haben etwas Fiktives. Ob die Gewaltausübenden die Realität der Verletzungsoffenheit des Gegenübers situativ verkennen oder ob sie sich in diesem Augenblick in ihrer Verletzungsmächtigkeit allmächtig fühlen, kann ich nicht sagen. Aber der situative Sprung in die Gewalt wirkt wie der Sprung in einen anderen Sinnbereich.[116] Und der Handlungssprung in die Gewalt ist wie der schnelle Schnitt im Film.

Cut.

In manchen Videoaufnahmen[117] von *head-stomp*-Gewaltaktionen meint man zu beobachten, eine Beobachtung, die auch durch Aussagen von Zeug:innen der hier untersuchten Gewaltgeschehen gestützt wird,[118] wie der Wiedereintritt in die tatsächliche Wirklichkeit erfolgt: Fast scheint es, als könnte man den Gewaltausübenden kurz nach der brutalen Gewalthandlung dabei zusehen, wie Potenzialität und Konsequenzen des eigenen gewalttätigen Tuns zu ihnen durchdringen. Die Gewaltausübenden scheinen zu begreifen, und das klingt so furchtbar banal, dass das alles eben kein Film ist, sondern dass sie gerade ganz wirklich gegen oder auf den Kopf eines am Boden liegenden Menschen getreten haben.[119] Und dann passiert es dem Betrachter der Videoaufnahmen, dass er sich das auch erst in dem Moment vergegenwärtigt,

---

116 Schütz, »Über die mannigfaltigen Wirklichkeiten«, S. 267.

117 Ich beziehe mich hier u. a. auf Videos, die auf der Homepage www.realviolence.com veröffentlicht wurden.

118 Fall 4, Person Gruppe um B, Band 1, Blatt 54.

119 Dieses Zu-sich-Kommen eines Gewaltausübenden schildert eindringlich ein Polizeibeamter, der nur wenige Augenblicke nach der Tathandlung eingetroffen war. Er beschreibt, wie er den mutmaßlichen Haupttäter zugleich erschrocken über sein Tun und in sich gekehrt antrifft (vgl. Eindrucksvermerk eines Polizeibeamten, Geschehen direkt nach der Tat, Fall 4, Band 2, Blatt 228).

in dem er einen Gewaltausübenden beim Wiedereintritt in die wirkliche Wirklichkeit beobachtet.[120] Es ist ein Moment des Erschreckens darüber, nicht mehr scharf trennen zu können zwischen Wirklichkeitsbereichen – und zwischen Unernst[121] und existentiellem Ernst einer potenziell tödlich verlaufenden Situation.[122]

Exkurs: »Der Abzug hat nachgegeben« – Mit Albert Camus' *Der Fremde* den Moment, in dem es zur Gewalt kommt, erzählen

In Albert Camus' Roman *Der Fremde* verübt der Protagonist Meursault eine Gewalttat, die in manchen Aspekten mit den untersuchten Fällen vergleichbar ist. Die Beiläufigkeit, mit der es in den untersuchten Fällen zur potenziell tödlichen Gewalt kommt, hat mich früh im Arbeitsprozess an die Beiläufigkeit denken lassen, mit der Meursault den namenlosen Araber am Strand erschießt. Im Kontext der Untersuchung bin ich aber nicht deswegen immer wieder auf Camus' Text zurückgekommen, weil ich meinte, die Taten seien inhaltlich vergleichbar – wie bereits gesagt, lese ich fiktionale Literatur nicht als Material, anhand dessen ich Erkenntnisse aus der realen Welt illustriere, belege oder bestreite –, sondern deswegen, weil Camus erzählerische und sprachliche Mittel einsetzt, die die Handlungsgrammatik Meursaults

120 In diesen Momenten taucht die Frage umso drängender auf, wie Aufnahmen realer Gewaltgeschehen, die auf Streaming-Plattformen veröffentlicht werden, Wahrnehmungsmuster und (dadurch) Situationsdeutungen mitprägen. Ich denke, es macht einen Unterschied, fiktive oder nichtfiktive Aufnahmen von *curb / head-stomp*-Gewaltaktionen zu streamen. Und dabei bewegen wir uns immer noch nur auf der Ebene des Betrachtens.

121 Ich verwende die Begriffe Ernst und Unernst heuristisch. Die Unterscheidung geht auf Günther Anders zurück. Anders beschreibt in seinen medienkritischen Überlegungen, wie das Fernsehen eine Art Schwebezustand herstellt, in dem die beiden Kategorien ineinander übergehen/aufgehoben sind. Ernstes, wie ein politischer Machtkampf, wird als News-Sendung ausgestrahlt zu etwas Unernstem, und eine Fernsehserie, das Unernste, wird zu etwas Ernstem, das das Leben derjenigen, die die Serie verfolgen, beeinflussen kann (Liessmann, *Günther Anders zur Einführung*, S. 68 f.). Ich schließe an die Begriffe also nicht direkt an, vielmehr verstehe ich sie als eine analytische Aufforderung, die Schilderungen eines irgendwie wirklich-unwirklichen Situationsverlaufs begrifflich zu erkunden.

122 Vgl. hierzu auch erste Überlegungen im Schlusskapitel.

freilegen und dadurch verstehbar machen, wie die Gewalttat mit der Lebenswirklichkeit Meursaults verbunden ist. Für die Fragen, die mich beschäftigen, ist also die Form, in der *Der Fremde* geschrieben ist, entscheidend. Wie Camus die Welt Meursaults sprachlich ausgestaltet, wie er den Weg zur Gewalttat hin und dann die Tathandlung selbst, darstellt, erlaubt den hier angestellten Überlegungen, um mit Alkemeyer zu sprechen[123], »sinnlich dichte Beschreibungen« der sozialen Dynamiken und Gewohnheiten zur Seite zu stellen, in die der Moment des gewalttätigen Ausbruchs eingebettet ist. Die soziologische Begriffsarbeit anhand der Erzählformen Camus' zu verfeinern, gibt der Analyse etwas von dem zurück, was durch sie verloren gegangen ist: zum einen das Moment nacherlebbarer, subjektiver Wirklichkeit und zum anderen ein Gespür dafür, wie schnelle Situationsdeutungen und spontane Handlungsimpulse immer auch von Mustern des Erfahrens und Wahrnehmens mitgeformt sind, die der konkreten Situation vorausgehen. Die literarische Form ermöglicht es, ein Gewalthandeln im Zusammenhang mit anderen Formen des sozialen Handelns, wie etwa dem Lieben oder dem Arbeiten, eines Protagonisten zu begreifen. Es geht bei einer solcherart verstandenen literatursoziologischen Analyse also nicht um die Frage, inwieweit eine erzählte Handlung, etwa die Gewalttat Meursaults, inhaltlich etwas über eine wirklich stattgefunden habende Handlung aussagt, sondern darum, wie durch erzählerische und sprachliche Mittel eine Handlung als eine Handlung unter anderen Handlungen beschreibbar wird.

Um nachvollziehen zu können, wie Camus die Tathandlung Meursaults als Teil des von Meursault gelebten Lebens erzählt, und um dann zeigen zu können, wie die erzählerischen und sprachlichen Mittel Camus' die soziologische Analyse und Begriffsarbeit präzisieren, ist es darum wichtig, zuerst Camus, wenn auch in der deutschen Übersetzung (Uli Aumüller), ausführlich zur Sprache kommen zu lassen.[124]

---

123 Alkemeyer schließt hier an Überlegungen Helmut Kuzmics' und Gerald Mozetič' an (vgl. dies., *Literatur als Soziologie*).

124 Der folgende Textabschnitt ist einerseits zu knapp, da ich wichtige Erzählpassagen des Romans nicht berücksichtige, und zugleich ist er zu ausführlich, da er den Lesefluss unterbrechen und aus der Argumentation herausreißen kann. Ich musste an dieser Stelle zwei konkurrierende Perspektiven integrieren: Zum einen erscheint es mir für das Argument, dass es gerade die erzählerischen und sprachlichen Mittel sind, die die soziologische Analyse bereichern, unerlässlich, eine

»Heute ist Mama gestorben. Vielleicht auch gestern. Ich weiß es nicht.«[125] Mit diesen drei Sätzen beginnt Camus' Roman *Der Fremde.* Meursault hat ein Telegramm des Pflegeheims erhalten, aus dem nicht klar hervorgeht, wann genau seine Mutter verstorben ist. Der Satz »Ich weiß es nicht« bezieht sich auf diese Ungenauigkeit. Meursault kann also wirklich nicht genau sagen, wann seine Mutter verstorben ist. Es ist möglich, dass das Heim ihn erst einen Tag nach dem Tod der Mutter benachrichtigt hat. Es ist aber auch möglich, dass sie an dem Tag verstorben ist, an dem er das Telegramm erhalten hat. Und doch sind die ersten drei Sätze mehr als die unsichere Information, die sie übermitteln. Sie setzen den Ton der Erzählung. Die Sätze sind kurz und folgen schlagartig aufeinander, aber gelesen werden sie, als lägen Welten zwischen ihnen. Und die Ferne wird nach jedem kleinen Satz größer. Der Tod der eigenen Mutter, ein Ereignis, von dem wir unterstellen, dass es Bedeutung für den Protagonisten haben muss, ist etwas, das heute oder gestern vonstattengegangen sein mag. Die Ungewissheit darüber führt nun aber nicht zur Empörung Meursaults über die nachlässig formulierte Nachricht. Sie führt zu gar nichts.

Als Meursault am Pflegeheim eintrifft, um Totenwache zu halten und an der Beerdigung der Mutter teilzunehmen, »bemüht [er] sich, alles richtig zu machen«[126], und wirkt doch, ein Umstand der ihn später, als es zum Prozess gegen ihn kommt, noch einholen wird, von den Vorgängen entfernt und unberührt. Er hört dem, was der Heimleiter zu sagen hat, schon bald »kaum noch zu«[127], und die Frage des Pförtners des Heims, ob er den geschlossenen Sarg noch einmal öffnen solle, damit Meursault seine Mutter sehen könne, verneint Meursault. Obwohl er bemerkt, dass seine Antwort den Pförtner irritiert, antwortet Meursault auf die Nachfrage des Pförtners, warum er den

---

längere Erzählpassage zu integrieren; zum anderen dauert es eigentlich zu lange, bis die Verbindung zur Argumentation der Untersuchung deutlich wird. Ich habe jedoch die Hoffnung, dass durch die einleitende Passage zu Beginn des *Exkurses,* die auf eine Intervention Thomas Hoebels zurückzuführen ist, verstehbar wird, weshalb ich der Nacherzählung viel Platz einräume.

125 Camus, *Der Fremde,* S. 7.

126 Wellershoff, *Der Gleichgültige,* S. 46.

127 Camus, *Der Fremde,* S. 11.

Sarg nicht öffnen solle: »Ich weiß es nicht.«[128] Über eine Frau, die während der Totenwache weint, wundert sich Meursault und hätte sich gewünscht, »sie nicht mehr zu hören«[129]. Von dem Trauerzug am nächsten Morgen und der kleinen Gruppe, die sich diesem anschließt, erinnert Meursault nebensächliche Details, gibt aber kaum Einblicke in sein Gefühlsleben.[130] Einzig die Sonne und die Hitze scheinen auf ihm zu lasten. Die Helligkeit des Himmels wird gar »unerträglich«[131]. Der Trauerzug bewegt sich durch »dieselbe leuchtende, von Sonne gesättigte Landschaft«[132], bis zu einem Punkt, nach dem »alles so überstürzt, vorschriftsmäßig und natürlich« abläuft, dass sich Meursault danach an nichts mehr erinnern kann.

Am Tag nach der Beerdigung trifft Meursault in einer Badeanstalt am Hafen zufällig auf Marie Cardona, eine frühere Sekretärin aus dem Büro, in dem er arbeitet, sie schwimmen, verabreden sich abends fürs Kino und verbringen die Nacht miteinander in Meursaults Wohnung. Als Meursault am Sonntag aufwacht, ist Marie bereits gegangen. Er bleibt den Vormittag im Bett, macht sich mittags etwas zu essen, stellt sich einen Stuhl ans Fenster, betrachtet bis in den Abend hinein seine Nachbarschaft, geht spät einkaufen und kocht sich ein Essen. Bevor er zu Bett geht, denkt er noch, »daß immerhin ein Sonntag herum war, daß Mama jetzt beerdigt war, daß ich wieder zur Arbeit gehen würde und daß sich eigentlich nichts geändert habe«[133]. Das Leben nimmt weiter seinen Lauf. Der nächste Tag ist wie jeder andere Tag. Meursault geht zur Arbeit, isst in seinem Stammlokal, trifft später am Tag auf seinen Flurnachbar Raymond Sintès, der ein wenig lädiert aussieht, so als wäre er in eine Schlägerei verwickelt gewesen, sie essen gemeinsam in Raymonds Wohnung zu Abend, und Raymond erzählt Meursault von einer Frau (»sozusagen meine Geliebte«[134]), die ihn ausgenutzt und betrogen habe und die er, als er es herausgefunden hatte, »bis aufs Blut geschlagen habe«[135], aber jetzt wisse er nicht genau, wie

128 Ebd.
129 Ebd., S.15.
130 Wellershoff, *Der Gleichgültige*, S. 44.
131 Camus, *Der Fremde*, S.22.
132 Ebd.
133 Ebd., S. 31.
134 Ebd., S. 37.
135 Ebd., S. 39.

es weitergehen solle, und dass er ihr einen Brief schreiben wolle, »mit Gemeinheiten und gleichzeitig mit Sachen, daß sie es bereute«. Aber er fühle sich nicht imstande, den Brief zu verfassen, und fragt, ob nicht Meursault für ihn den Brief schreiben könne. Meursault erklärt sich daraufhin einverstanden und verfasst den Brief.

Die nächste Woche arbeitet Meursault »fleißig«[136], geht mit Marie schwimmen, schläft mir ihr, und als sie ihn fragt, ob er sie liebe, antwortet Meursault, »daß das nichts hieße, daß es [ihm] aber nicht so schiene«[137]. In diesem Moment bricht in Raymonds Wohnung ein Streit aus, eine Frau schreit, dann sind dumpfe Schläge zu hören und Geheul. Später klopft Raymond bei Meursault, Marie war bereits gegangen, und erzählt, wie die Sache abgelaufen sei, sagt, dass das Mädchen ihn beleidigt hätte und Meursault ihm als Zeuge zur Verfügung stehen müsse. Meursault willigt ein.

Wenig später ruft Raymond Meursault in seinem Büro an und erzählt, dass einer seiner Freunde ihn und Meursault in sein Strandhaus in der Nähe von Algier einlade. Meursault, der sich mit Marie verabredet hatte, sagt zuerst ab, aber auf Raymonds Vorschlag Marie doch einfach mitzubringen, sagt er schließlich doch zu. Dann erzählt Raymond noch, dass er den ganzen Tag über von einer Gruppe Araber verfolgt worden sei, unter der sich auch der Bruder der Frau befand, die ihn betrogen habe und die er geschlagen hatte. Nachdem sie aufgelegt haben, bittet Meursaults Chef ihn zum Gespräch. Er möchte seine Meinung zu einem noch sehr vagen Projekt, fragt ihn, ob er bereit wäre dafür nach Paris zu gehen. Der Chef rechnet mit dem Enthusiasmus Meursaults. Ein Leben in Paris, das sei doch ein Leben, das ihm gefallen müsse. Meursault antwortet, dass es ihm im Grunde »egal wäre«, und ergänzt auf die Rückfrage seines Chefs, ob ihn eine Änderung der Lebenssituation nicht reize, »daß man sein Leben nie änderte, daß eins so gut wie das andere wäre«.[138] Sein Chef konfrontiert ihn mit seinen, wie er findet, ausweichenden Antworten und seinem fehlenden Ehrgeiz; so würde er es im Geschäftsleben nicht weit bringen. Meursault hätte ihm zwar lieber »keinen Anlaß zur Unzufriedenheit« gegeben, sah aber auch keinen Grund, etwas an seinem Leben zu

136 Ebd., S. 43.
137 Ebd., S. 44.
138 Ebd., S. 52.

ändern: »Wenn ich recht darüber nachdachte«, so Meursault, »war ich nicht unglücklich.«[139]

Am Sonntagmorgen, an dem sie zu Raymonds Freund an den Strand fahren wollen, trifft Meursault »das schon sonnenpralle Tageslicht wie eine Ohrfeige«[140]. Meursault, Marie und Raymond wollen sich gerade auf den Weg zum Bus machen, als Raymond Meursault auf eine Gruppe von Arabern auf der gegenüberliegenden Straßenseite hinweist, unter denen sich auch der Bruder des Mädchens befindet. Die Gruppe folgt ihnen aber nicht zur Bushaltestelle, und die Stimmung entspannt sich. Sie erreichen einen Außenbezirk von Algier und laufen den restlichen Weg zur Holzhütte des Freundes zu Fuß. Raymonds Freund, Masson, begrüßt sie und sagt, sie sollen es sich bequem machen, es gebe gebratene Fische, die er am Morgen gefangen hätte. Meursault sagt, dass er sein Haus hübsch finde. Masson erzählt, dass er die Samstage, Sonntage und alle Urlaubstage hier verbrachte, und fügt hinzu, dass er mit seiner Frau gut auskomme.

Masson, Meursault und Marie gehen vor dem Essen noch schwimmen. Das Wasser ist kalt und tut gut. Sie legen sich an den Strand, und Meursault nickt ein bisschen ein. Marie rüttelt ihn wach, sagt, dass Masson schon vorgegangen sei und dass sie jetzt essen müssten. Sie gehen noch einmal ins Wasser und kehren dann zur Hütte zurück. Meursault hat großen Hunger und verschlingt seinen Fisch. Es gibt auch noch Fleisch und Pommes Frites, und Masson schenkt Wein nach. Sie trinken Kaffee und rauchen. Dann stehen die drei Männer auf, um am Strand spazieren zu gehen. Marie bleibt bei Massons Frau, um ihr beim Abwasch zu helfen.

Die Sonne steht hoch oben am Himmel, »ihr Glanz auf dem Meer war unerträglich«[141]. Meursault denkt an nichts, die Sonne auf seinem blanken Kopf ermüdet ihn. Als sie den Strand entlanglaufen, kommen ihnen zwei der Araber entgegen. Masson und Raymond tauschen sich darüber aus, wer wen übernimmt, sollte es zu einer Schlägerei kommen. Zu Meursault sagen sie, dass er sich bereithalten solle, falls noch ein dritter auftauche. Als sie ein paar Schritte voneinander entfernt sind, bleiben die Araber stehen. Raymond geht »schnurstracks« auf

139 Beide zitierten Stellen: ebd.

140 Ebd.

141 Ebd., S. 65.

seinen Typ zu. Meursault kann die Worte, die zwischen ihnen fallen, nicht verstehen. Der Araber holt zum Kopfstoß aus, aber Raymond schlägt augenblicklich zu und ruft Masson herbei. Masson geht auf den Araber zu, um den er sich kümmern sollte, und schlägt zweimal »mit voller Wucht«. Auch Raymond schlägt weiter, wendet sich dann Meursault zu, um ihm zu sagen, dass er jetzt mal sehen könne, was der nun abbekomme. In dem Moment zieht der Araber ein Messer, und obwohl Meursault Raymond zu warnen versucht, hat der schon »einen Schnitt im Arm und einen aufgeschlitzten Mund«[142]. Masson springt hinzu, aber der andere Araber, der niedergestreckt dalag, hat sich aufgerichtet und steht hinter dem Araber, der ein Messer in der Hand hält. Langsam ziehen sie sich von Raymond, Masson und Meursault zurück, ohne sie aus den Augen zu lassen. Als sie merken, dass der Abstand groß genug ist, laufen sie sehr schnell davon. Raymond, Masson und Meursault bleiben wie angewurzelt in der Sonne stehen. Dann laufen sie, Raymond stützend, zurück zur Hütte. Von dort machen sich Masson und Raymond auf den Weg zu einem Arzt, während Meursault in der Hütte den Frauen vom Vorgefallenen berichtet. Als Masson und Raymond vom Arzt wiederkommen, sieht Raymond »sehr düster« aus und redet nicht. Er sagt schließlich, dass er frische Luft brauche. Auf Massons und Meursaults Vorschlag, ihn zum Strand zu begleiten, reagiert er wütend. Masson meint, man dürfe ihn nicht reizen, aber Meursault entschließt sich, ihm zu folgen.[143] Sie gehen lange am Strand entlang, bevor sie auf die beiden Araber stoßen, die »vollkommen ruhig und fast zufrieden«[144] daliegen. Daran ändert auch das Auftauchen von Meursault und Raymond nichts. Der Araber, der zugestochen hatte, sieht Raymond an, ohne was zu sagen. Der andere spielt auf einer kleinen Flöte drei immer gleiche Töne. Da ist nur die Sonne, die Stille und die drei Töne. Raymond langt an seine hintere Hosentasche und fragt Meursault, ob er den Araber abknallen solle. Meursault erwidert, dass er noch nichts zu ihm gesagt habe und dass es »gemein aussehen [würde], einfach so zu schießen«[145]. Raymond sagt, dass er ihn also erst beschimpfe, und wenn er dann antworten würde, würde

142 Alle Zitate: ebd., S. 66 f.
143 Ebd., S. 68.
144 Ebd.
145 Ebd., S. 69.

er ihn abknallen. Daraufhin sagt Meursault, dass Raymond nicht schießen könne, wenn der Araber sein Messer nicht zieht. Das macht Raymond wütend. Meursault sagt zu Raymond, dass er ihm den Revolver geben solle und sich von Mann zu Mann mit ihm schlagen solle. Und dass er, wenn der Araber sein Messer ziehe oder der andere eingreife, schießen würde. Als Raymond Meursault den Revolver gibt, »[huscht] die Sonne darüber weg«[146]. Niemand rührt sich – »und alles kam hier zwischen dem Meer, dem Sand und der Sonne, der zweifachen Stille der Flöte und des Wassers zum Stillstand«. In diesem Moment denkt Meursault, »man könnte schießen oder nicht schießen«. Doch plötzlich ziehen sich die beiden Araber zurück, und Raymond und Meursault gehen zurück zur Hütte. Raymond macht nun einen besseren Eindruck, und sie sprechen bereits von der Rückfahrt. An der Hütte angekommen, bleibt Meursault auf der untersten Treppenstufe stehen. Die Sonne dröhnt in seinem Kopf, er zögert vor der Anstrengung, die es bedarf, um die Treppe nach oben zu steigen. Und zugleich war die Hitze zu groß, um »unter dem blendenden Regen, der vom Himmel fiel, stillzustehen.« In Meursaults Kopf pendeln die Gedanken hin und her: »Hierbleiben oder weggehen lief auf dasselbe hinaus.«[147]

Meursault kehrt an den Strand zurück. Überall ist »dieselbe rote Explosion«, Meursault fühlt den heißen Atem auf seinem Gesicht, beißt die Zähne zusammen, ballt die Fäuste in den Hosentaschen, spannt seinen Körper ganz an, um die Sonne zu bezwingen. Er läuft am Strand entlang, denkt an eine kühle Quelle, die hinter einem Felsen liegt, hat Lust, »der Sonne, der Anstrengung und den Frauentränen zu entfliehen, Lust, den Schatten und seine Ruhe wiederzufinden«[148]. Als er der Quelle näherkommt, entdeckt er, dass der Araber zurückgekehrt ist. Er liegt entspannt in der Sonne. Meursault ist überrascht, ihn hier zu sehen. Er war davon ausgegangen, die Geschichte sei vorbei. Als der Araber ihn sieht, richtet er sich ein wenig auf und steckt seine Hand in die Tasche. Meursault umklammert »natürlich«[149] Raymonds Revolver, den er noch immer in seiner Jackentasche hat, fester. Der Araber sinkt leicht zurück in den Sand, belässt seine Hand

146 Ebd., S. 70.
147 Alle Zitate: ebd., S. 70.
148 Ebd., S. 71.
149 Ebd.

aber in der Tasche. Meursault ist noch etwa zehn Meter von ihm entfernt. Er ahnt den Araber, blickt ihn durch seine halb geschlossenen Lider an. In der heißen Luft »tanzt« das Bild des Arabers vor Meursaults Augen. Hoch oben am Himmel steht die furchterregende Sonne. Der Tag scheint nicht weiter vorzurücken, und Meursault denkt, dass er nur umzukehren brauche und es vorbei wäre. Er spürt das Brennen der Sonne wie an dem Tag, als er seine Mama beerdigt hatte, und wie damals tut ihm auch jetzt die Stirn weh, und die Adern pochen unter der Haut.[150] Wegen des Brennens der Hitze macht Meursault eine Bewegung nach vorne. Er weiß, dass es dumm ist, er weiß, dass er die Sonne nicht loswerden wird. Und jetzt zieht der Araber, ohne dabei aufzustehen, das Messer hervor. Das in der Klinge reflektierende Sonnenlicht trifft Meursault an der Stirn:

> »Im selben Augenblick ist der in meinen Brauen angesammelte Schweiß mit einmal über die Lider gelaufen und hat sie mit einem warmen, zähen Schleier überzogen. Meine Augen waren hinter diesem Vorhang aus Tränen und Salz blind. Ich fühlte nur noch die Beckenschläge der Sonne auf meiner Stirn und, undeutlich, das aus dem Messer hervorgeschossene glänzende Schwert, das immer noch vor mir war. Diese glühende Klinge zerfraß meine Wimpern und wühlte in meinen schmerzenden Augen. Und da hat alles gewankt. Das Meer hat einen zähen, glühenden Brodem verbreitet. Es ist mir vorgekommen, als öffnete sich der Himmel in seiner ganzen Weite, um Feuer herabregnen zu lassen. Mein ganzes Sein hat sich angespannt, und ich habe die Hand um den Revolver geklammert. Der Abzug hat nachgegeben, ich habe die glatte Einbuchtung des Griffs berührt, und da, in dem zugleich harten und betäubenden Knall, hat alles angefangen. Ich habe den Schweiß und die Sonne abgeschüttelt. Mir wurde klar, daß ich das Gleichgewicht des Tages zerstört hatte, die außergewöhnliche Stille des Strandes, an dem ich glücklich gewesen war. Da habe ich noch viermal auf einen leblosen Körper geschossen, in den die Kugeln eindrangen, ohne daß man es ihm ansah. Und es war wie vier kurze Schläge, mit denen ich an das Tor des Unglücks hämmerte.«[151]

---

150 Ebd., S. 72.
151 Ebd., S. 73 f.

Mit der zitierten Beschreibung der Handlungssequenz endet der erste Teil des Romans. »Die entscheidende Handlungssequenz«, so formuliert es Peter V. Zima, »die zur Tötung des Arabers und zu Meursaults Prozeß führt, wird von einer verdinglichten »Ereigniskausalität« beherrscht, in der psychische oder gesellschaftliche Motive [...] keine Rolle spielen. Ein Ereignis verursacht das andere, wobei der Zufall den gesamten Handlungsablauf beherrscht.«[152] Was der Begriff der verdinglichten Ereigniskausalität zu bezeichnen versucht, bringt ein bereits zitierter Satz zum Ausdruck, mit dem Meursault den Ablauf der Beerdigung seiner Mutter beschreibt: »Danach ist alles so überstürzt, vorschriftsmäßig und natürlich abgelaufen, daß ich mich an nichts mehr erinnere.«[153] Das ließe sich auch auf die Handlungssequenz übertragen, die der Gewalthandlung vorangeht. Die Sonne brennt vom Himmel herunter, der Schweiß fließt in die Augen, das auf der Messerklinge reflektierende Licht schießt Meursault in die doch schon schmerzende Stirn. Und dann folgt eine »sinnlose Reflexbewegung«[154]: Meursault betätigt nicht den Abzug, der Abzug hat nachgegeben/der Hahn löste sich *(la gâchette a cédé)*. »Der Vorgang«, so hält es Wellershoff fest, »ist ohne Geheimnis.«[155]

Und so versteht Meursault auch nicht, was der Untersuchungsrichter – im zweiten Teil des Buches wird Meursault der Prozess gemacht – damit meint, als er sagt: »Was mich interessiert, sind Sie.«[156] Meursault schweigt, er hätte aber auch, sagen können: »Ich habe doch nichts mit der Sache zu tun, meine Person können wir ganz beiseitelassen.«[157] Dass die Tat, wie Wellershoff sie deutet, eine Tat »ohne personale Deckung«[158] ist, kann der Untersuchungsrichter aber nicht zulassen. Er – und die Gesellschaft – braucht eine »böse Tat«, die moralisch bearbeitbar ist. Und er – und die Gesellschaft – braucht einen Täter, »den man durch Begriffe wie Schuld, Reue und Sühne wieder in die sittliche Weltordnung einbringen und in ihr beugen kann«[159]. Aber

152 Zima, *Der gleichgültige Held*, S. 177.
153 Camus, *Der Fremde*, S. 23.
154 Wellershoff, *Der Gleichgültige*, S. 56.
155 Ebd.
156 Camus, *Der Fremde*, S. 81.
157 Wellershoff, *Der Gleichgültige*, S. 56.
158 Ebd.
159 Wellershoffs, *Der Gleichgültige*, S. 57.

»Meursaults Schuß auf den Araber war«, so fasst Wellershoff zusammen, »schließlich nur eine Fehlhandlung, also das Gegenteil einer Aktion.«[160] Das Missverhältnis zwischen dem Bericht Meursaults von der Tat, in dem er die Umstände aufzählt, die zur Tat geführt haben,[161] und der Suche des Untersuchungsrichters nach den dahinterliegenden wirklichen Gründen, strukturiert die erste Hälfte des zweiten Teils des Romans. Der Untersuchungsrichter begreift aber nicht nur die personale Leere hinter der Tat nicht, auch der konkrete Handlungsvollzug ist für ihn nicht nachvollziehbar. Auf den ersten Schuss folgt eine kurze Pause, in der Meursault sich kurz klar wird, »das Gleichgewicht des Tages zerstört zu haben«[162], und dann schießt er noch »viermal auf einen leblosen Körper«[163]. Dieses Mehr an Gewalt versteht der Untersuchungsrichter nicht. Er fragt Meursault wiederholt, warum er auf eine »am Boden liegende Leiche«[164] geschossen habe. Meursault hat seinem Bericht aber nichts weiter hinzuzufügen und schweigt.[165]

Im Gerichtsverfahren entwirft der Staatsanwalt ein Bild Meursaults, in dem sich dieser nicht wiederfindet. Es schien Meursault, »diese Sache« würde »gewissermaßen unabhängig« von ihm verhandelt, als liefe alles ohne sein »Zutun« ab«[166]. Und Meursault versteht eigentlich auch nicht, was es da alles zu besprechen und zu erklären gebe. Er habe ja alles zum Vorfall zu Protokoll gegeben. Und so wundert er sich auch, als der Staatsanwalt sein fehlendes Bedauern anprangert. Es stimme schon: Meursault bereut die Tat »nicht sehr« und hätte während des Prozesses »gern versucht, ihm [dem Staatsanwalt, Anm. d. V.] herzlich, sogar liebevoll zu erklären, daß ich nie irgend etwas wirklich hatte bereuen können«[167]. Er wollte es dem Staatsanwalt erklären, damit er nicht mit »soviel Verbissenheit«[168] dem fehlenden Bedauern Meursaults nachjage. Nach dem Plädoyer, in dem der

160 Wellershoff, *Der Gleichgültige,* S. 66.

161 Camus, *Der Fremde,* S. 81 ff.

162 Ebd., S. 74.

163 Ebd.

164 Ebd., S. 82.

165 In der Nacherzählung des zweiten Teils des Romans werde ich auf viele Aspekte nicht eingehen können.

166 Alle Zitate: ebd., S. 116.

167 Ebd., S. 119.

168 Ebd.

Staatsanwalt die Todesstrafe fordert, fragt der Vorsitzende Meursault, ob er etwas zu sagen hätte. Meursault, der »Lust hatte zu reden«, sagt »ein bisschen aufs Geratewohl übrigens«, dass er nicht beabsichtigt habe, den Araber zu töten. Und auf die Rückfrage des Vorsitzenden, dass dies nur eine Behauptung sei und er »froh« sei, von Meursault etwas über die Motive der Tat zu erfahren, antwortete Meursault ein wenig durcheinander, »daß es wegen der Sonne gewesen war«[169]. Im Gerichtsaal bricht Gelächter aus, Meursaults Anwalt zuckt mit den Schultern.

Nach dem Plädoyer seines Anwalts, in dem dieser aus der Ich-Perspektive über den Fall spricht, was Meursault nur noch mehr denken lässt, dass er aus der »Sache« ausgeschlossen sei und zu einer »Null« gemacht werde,[170] zieht sich das Gericht zurück. Alle warten, aber das, worauf sie alle zusammen warten, so denkt Meursault, betrifft nur ihn.[171] Das Gericht kommt zurück und liest den Geschworenen eine Reihe von Fragen vor. Meursault schnappt Satzfetzen auf: »des Mordes schuldig«, »Vorsatz« »mildernde Umstände«.[172] Die Geschworenen verlassen den Gerichtssaal, und Meursault wird in einen kleinen Raum gebracht. Sein Anwalt verbreitet Zuversicht, meint, Meursault werde mit ein paar Jahren Zuchthaus davonkommen. Als die Geschworenen zurückkommen und deren Obmann das Urteil verliest, verbleibt Meursault in dem kleinen Raum. Er wird erst zur Urteilsverkündung hinzugeholt. Meursault schlägt »die Stille des Saals« entgegen, er registriert noch, dass ein junger Journalist, der ihm während des Prozesses in die Augen geblickt hatte, nun seinen Blick abwendet. Dann erklärt ihm der Vorsitzende »in einer sonderbaren Form«, dass ihm »im Namen des französischen Volkes auf einem öffentlichen Platz der Kopf abgeschlagen würde«. Meursault meint »Achtung« auf allen Gesichtern erkennen zu können. Die Gendarmen behandeln ihn »liebenswürdig«, der Anwalt legt seine Hand auf sein Handgelenk. Meursault denkt an »nichts mehr«. Als der Vorsitzende fragt, ob er noch was hinzuzufügen hätte, antwortet Meursault mit Nein.[173]

169 Alle Zitate: ebd., S. 121 f.
170 Ebd., S. 122.
171 Ebd., S. 124.
172 Alle Zitate: ebd., S. 125.
173 Alle Zitate: ebd., S. 126.

Der Roman endet, als der Anstaltsgeistliche, Meursault hatte sich lange geweigert, ihn zu sehen, zu Meursault in die Zelle kommt und nach gescheiterten Versuchen mit ihm über Gott zu sprechen, väterlich sagt, er werde für Meursault beten. Jetzt bricht etwas aus Meursault heraus. Er fängt an, »aus vollem Hals zu brüllen«, und packt den Geistlichen: »Ich hätte so gelebt, und ich hätte auch anders leben können. Ich hätte das eine getan, und ich hätte das andere nicht getan. Ich hätte die eine Sache nicht gemacht, während ich eine andere gemacht hätte. Na und?«[174] Meursault brüllt und brüllt, bis die Wärter den Geistlichen aus seinem Griff reißen. Der Geistliche, dessen Augen voller Tränen sind, beruhigt die Wärter, die Meursault bedrohen, wendet sich ab und geht. Nachdem er gegangen ist, findet Meursault seine Ruhe wieder. Er schläft ein und wacht »mit Sternen über dem Gesicht«[175] auf. Nach langer Zeit denkt er an seine Mama, die in dem Pflegeheim, dort, wo sie dem Tod so nahe war, sich »befreit gefühlt [hatte] und bereit, alles noch einmal zu leben«.

Und dann denkt Meursault, dass auch er sich bereit fühle, »alles noch einmal zu leben. Als hätte diese große Wut mich vom Bösen geläutert, von Hoffnung entleert, öffnete ich mich angesichts dieser Nacht voller Zeichen und Sterne zum erstenmal der zärtlichen Gleichgültigkeit der Welt.«[176]

Mit Camus die Handlungsaspekte differenzieren

Im Roman wird die von Meursault begangene Tat als Teil des von Meursault gelebten Lebens erzählt. Meursault verübt die Gewalttat, wie er lebt. »Es ist typisch für ihn«, schreibt Wellershoff über den Protagonisten des Romans, »daß er sich in eine Situation verstrickt, an der er innerlich gar nicht beteiligt ist«.[177] Wenn Meursault von sich erzählt, dann sagt er »›Ich‹, als sei es die anonymste Vokabel, so unbeteiligt, als habe er einen Fremden erwähnt«.[178] Er erzählt auch nicht von Ereignissen in seinem Leben, sondern »er registriert die Ereig-

174 Ebd., S. 141.

175 Ebd., S. 142.

176 Beide zitierten Stellen: ebd., S. 143.

177 Wellershoff, *Der Gleichgültige*, S. 53.

178 Ebd., S. 44.

nisse, als handelte es sich um die Geschichte eines Fremden«.[179] Im Bericht Meursaults, dieses Fremden, folgen die Sätze aufeinander und sind unverbunden. Im Roman, so Jean Paul Sartre, ist »jeder Satz [...] gleichsam eine isolierte Insel«.[180] Auch Wellershoff greift die Inselmetapher auf, um den Stil des Romans zu beschreiben. Meursault berichte, so Wellershoff, über sein Leben in »einfachen kurzen Protokollsätzen, die inselhaft nebeneinanderstehen«.[181] Die Sprache des Romans kappt die Verbindungen, die zwischen Vergangenheit, Gegenwart und Zukunft bestehen. Meursault handelt, aber er denkt und lebt nicht in Handlungsketten.

Meursault treibt von einer Handlung zur nächsten.

In der Handlungssequenz, die zur Tötung des Arabers führt, gibt es keine Handlungskette, in der die Handlungsglieder sinnhaft miteinander verknüpft sind, sondern, so Zima, eine Form verdinglichter Ereigniskausalität. Das Geschehen läuft absurd selbstverständlich[182] ab, und der Moment des Gewaltausbruchs bedarf nur irgendeines Auslösers (in diesem Fall: der Sonne). Doch die Handlungen des Protagonisten sind nun nicht nur unverbunden – inselhaft wie die Sätze, anhand derer sie beschrieben werden –, sondern werden von Camus auch als gleichrangige Handlungen, als eine Form ent-hierarchisierter Aktivitäten erzählt. Für Meursault hat alles die gleiche Bedeutung. Ob

179 Zima, *Der gleichgültige Held*, S. 180.

180 Sartre, »›Der Fremde‹ von Camus«, S. 44.

181 Wellershoff, *Der Gleichgültige*, S. 43.

182 Die Formulierung »absurde Selbstverständlichkeit« ist eine Formulierung Heinrich Popitz', mit der er seine Verwunderung darüber zum Ausdruck bringt, dass Machtverhältnisse sich, vor allem dann, wenn sie bereits über einen längeren Zeitraum bestehen, mit absurder Selbstverständlichkeit zu vollziehen scheinen. Personen, selbst wenn sie zu einer machtunterlegenen Gruppe gehören, fügen sich dem Status quo und produzieren das Machtverhältnis (immer auch mit), anstatt es infrage zu stellen oder gar herauszufordern. Das geht so weit, dass das soziale Verhältnis, in dem Personen oder Gruppen zueinanderstehen, nicht mit Macht oder Herrschaft assoziiert wird. Die kürzeste Formel hierfür lautet: Es ist halt so. Ein Satz, der in Fleisch und Blut übergegangen, nicht einmal mehr ausgesprochen – oder gar gedacht – werden muss. Soziale (Macht-)Prozesse gewinnen eine Art des Eigenlebens. Auf die Frage, inwieweit oder ob Popitz' Formulierung, die, wie ich finde, eine der schönsten und auch präzisesten soziologischen Formulierungen überhaupt ist, in Zusammenhang mit dem Existenzialismus oder Camus' Begriff des Absurden steht, bin ich erst im Zuge der Abfassung des Kapitels gestoßen.

er mit Marie schläft, ob er in seinem Lieblingslokal essen geht, ob er eine fremde Frau oder die Straße unter seinem Fenster beobachtet, ob er sich Nudeln zubereitet, ob er einen Brief schreibt, ob er eine Zeugenaussage macht, ob er seine Mutter beerdigt, ob er ein Telefonat führt oder mit seinem Chef spricht, ob er einen Araber erschießt – es ist einerlei. Einzig im kühlen Wasser zu schwimmen, fällt aus dem Einheitsbrei von Handlungen heraus. Jemanden zu erschießen, wird von Camus anhand literarischer Erzählformen auf eine Stufe mit, sagen wir, einkaufen oder Kaffee trinken gestellt.[183]

Die tödliche Gewalthandlung mag im Kontext der situativen Handlungssequenz in ihrer radikalen Unverbundenheit als eine »sinnlose Reflexbewegung«[184], eine »Fehlhandlung«[185] gedeutet werden. Im Kontext des Lebens, das Meursaults führt, wird sie als eine weitere Handlung unter anderen Handlungen und damit als Teil der Handlungsgrammatik Meursaults vorstellbar. Die Gewalthandlung hat in dieser Perspektive einen unverbundenen, inselhaften Aspekt, aber eben auch einen Aspekt der Ent-Hierarchisierung von Handlungen. *Meursault treibt nicht nur von einer Handlung zur nächsten, er übt auch eine Handlung wie die andere aus.*

Beides, die Unverbundenheit Meursaults mit den Dingen und die Gleichrangigkeit seiner Handlungen, wird von Camus formal auch dadurch gestaltet, wie Meursault anderen Menschen begegnet, oder besser gesagt: auf diese trifft. »Meursault«, so schreibt Wellershoff, »versetzt sich nie in einen anderen Menschen. Er macht sich von anderen so wenig ein Bild wie von sich selber. [...] Da er keine Kriterien besitzt, mit denen er der Welt begegnen könnte, hat er zum Gegenüber weder Kontakt noch Distanz.«[186] Diese Nicht-Orientierung am Anderen wird in den Schilderungen Meursaults Beziehung zu Marie deutlich. Vor allem aber in einer Art Abwesenheit des Opfers der Gewalttat. Der Araber trägt keinen Namen, wir erfahren nichts von ihm.

---

183 So schreibt Sartre in seinem Essay zu Camus' Roman hinsichtlich der Frage, ob künstlerisches Schaffen eine Notwendigkeit sei oder – ganz in Camus' Verständnis des Absurden – auch einfach nicht sein könnte: »Und überdies, alles ist ja gleich viel wert: ob man nun ›Die Besessenen‹ schreibt oder eine Tasse Kaffee trinkt« (Sartre, »›Der Fremde‹ von Camus«, S. 48).

184 Wellershoff, *Der Gleichgültige*, S. 56.

185 Ebd., S. 66.

186 Ebd., S. 53.

Das ist kein Versehen oder Übersehen Camus', es ist ein Element der Erzählform.[187] Meursault erschießt einen Menschen, aber die Gewalttat hat kein Gegenüber. Genauer: Diese Gewalttat kann gar kein Gegenüber haben. Meursault hasst den Araber nicht, er bedauert seinen Tod aber auch nicht. Er hätte ihn vielleicht lieber nicht erschossen, aber was macht das schon. »Hier tanzen Menschen hinter einer Glaswand«, so beschreibt Sartre Meursaults Blick auf die umgebende Mitwelt. *Meursault treibt nicht nur von einer Handlung zur nächsten, übt nicht nur eine Handlung wie die andere aus, seine Handlungen bleiben auch vom konkreten Gegenüber unberührt.*

Es sind solche gedanklichen und begrifflichen Nuancierungen, die die Konfrontation der soziologischen Beobachtungen mit Camus' sprachlichen Mitteln und Erzählformen ermöglicht: So können etwa die passivierende Beschreibung eines Gewaltausübenden, dass der Gewaltbetroffene »dann seinen Stoß bekommen [hat]«, oder auch die Formulierung eines anderen Gewaltausübenden, dass der Gewaltbetroffene »wirklich so schwerverletzt worden ist«, in Auseinandersetzung mit Formulierungen wie »der Abzug hat nachgegeben« oder auch »ich war nicht unglücklich« neu betrachtet werden. Die Frage, wie in den passivierenden Beschreibungen etwas über den Zusammenhang von Handlungsvollzug und einer der situativen Dynamik vorausgehenden Handlungsgrammatik zum Ausdruck kommt, kann mit Camus um die Beobachtung der Gleichrangigkeit von Handlungen erweitert werden. Eine Beobachtung, die wiederum auf alle drei Handlungsaspekte des Handlungsmodus gewalttätiger A-Sozialität bezogen werden kann: So wäre etwa zu fragen, wie der situative Wirkungszusammenhang von Einkapselung in einen Zustand gewalttätiger Wut, dem Zu-Boden-Gehen des Gewaltbetroffenen und der Alkoholisierung eine Ent-Hierarchisierung von Handlungen mitbedingen kann. Oder auch, wie der Beziehungslosigkeit von Gewaltausübenden zum eigenen Gewaltantun eine Form der Gleichrangigkeit von Handlungen zugrunde liegt. Oder auch, wie Handlungssprünge

187 Kamel Daoud spricht diesem Argument keine Gültigkeit zu und hat ein Buch veröffentlicht, in dem er dem »Araber« eine Geschichte und ein Gesicht gibt (ders., *Der Fall Meursault*). Daouds Intervention macht deutlich, dass ein sinnvolles stilistisches Mittel auch dazu beitragen kann, koloniale Machtverhältnisse unangetastet zu lassen und gar fortzuschreiben. Es ist – wie immer – nie einfach.

auf eine Ent-Hierarchisierung von Handlungen verweisen. Eine Frage, die dann wiederum in Zusammenhang mit popkulturell, medial und virtuell vermittelten Handlungsmustern neu gestellt werden kann. Und schließlich lassen sich diese Fragen erneut an die Frage des Gegenübers zurückbinden: In *Der Fremde* ist der Platz des Gewaltopfers leer. Meursault sei »weder in Kontakt noch in Distanz«[188] mit seinen Mitmenschen. Die Frage, wie diese Gegenüberlosigkeit mit einer Form der Ent-Hierarchisierung von Handlungen zusammenhängt, und umgekehrt, scheint mir für ein Verständnis des Handlungsmodus zentral.

Und nicht zuletzt wird durch die Camus-Lektüre das soziologische »Erklärungsbegehren«[189] geerdet: In der subjektiven Wirklichkeit Meursaults ist das entscheidende Element für den Gewaltausbruch die Sonne. Gerade die Erzählpassage hin zur Tat ist sinnlich dicht verfasst. Man spürt die »glühende Klinge«, den Stich in die Stirn.

An dieser Stelle lohnt ein Gedankenexperiment: Stellen wir uns vor, einer der Gewaltausübenden der untersuchten Fälle würde ähnlich dicht von dem Weg in die Gewalthandlung und dem Moment des Gewaltausbruchs berichten. In seinem Bericht wäre es vielleicht nicht die Sonne, sondern der Lärm. Der Lärm am Morgen auf dem Weg zur Arbeit, der Lärm auf der Arbeitsstelle, der Lärm in der Stadt, der Lärm im Lokal, der Lärm im Club, der Lärm auf dem nächtlichen Platz, der Lärm zwischen sich streitenden Gruppen, die gebrüllte Beleidigung, die ihm in die Stirn schießt: »Mein ganzes Sein hat sich angespannt«[190], dann ist er zu Boden gegangen, und da habe ich noch ein paarmal auf ihn eingetreten. Die Rekonstruktion des Geschehens und die Interpretation des Moments, in dem es zur Gewalt kommt, wäre ohne das Element des Lärms, wie überzeugend es aus der Beobachtungsperspektive auch immer sein mag, unvollständig. Aber wie lassen sich Sonne oder Lärm soziologisch erfassen?

---

188 Wellershoff, *Der Gleichgültige*, S. 53. Diese Interpretation kann kritisiert werden (vgl. auch die vorangegangene Fußnote): Wird der namenlose »Araber« überhaupt als Mitmensch verstanden? Eine vergleichbare Frage scheint mir auch für aktuelle gewalttheoretische Überlegungen interessant, die an die Argumentation des Buchs anschließen oder sich von dieser abgrenzen. Kann Gegenüberlosigkeit universalisiert werden? Oder ist sie immer an Herrschaftsverhältnisse und Exklusionsprozesse zurückzubinden?

189 Reemtsma, »Erklärungsbegehren«.

190 Camus, *Der Fremde*, S. 73.

Und noch ein letzter Gedanke, den die Lektüre Camus' provoziert und der der bisherigen Argumentation entgegensteht: Bei Sartre und Wellershoff wird die Gewalttat auch als ein Moment der Freiheit beziehungsweise Befreiung gedeutet. Die Gewalttat ist in dieser Deutung der radikale Ausdruck der konkreten vitalen Seinsverbundenheit Meursaults. Für Meursault zähle, so Sartre, einzig das Gegenwärtige, das Momenthafte eines Daseins, das einfach nur ist, wie es ist.[191]

---

191 Sartre, »›Der Fremde‹ von Camus«, S. 50; Wellershoff, *Der Gleichgültige*, S. 62.

Conclusio: Die Leere im Zentrum der Tat

Drei Aspekte des Handlungsmodus

Es geht mir in der Conclusio nicht darum, die Aspekte wie ein Puzzle zusammenzufügen, um dann, wenn das Puzzle fertig ist, die Erklärung für den Moment des Sprungs in die Gewalt zu präsentieren. So funktioniert das nicht. Begriffe vereindeutigen Wirklichkeit, deswegen ist der Weg, der zu den Begriffen hinführt, analytisch ergiebiger als das Ergebnis. Zugleich legt aber der Versuch, die verschiedenen Einsichten auf den einen Begriff zu bringen, offen, wo es zwischen Begriff und Wirklichkeit hakt.

Im Anschluss an Abbotts Vorschlag einer *Lyrischen Soziologie* habe ich in der Analyse den Moment der Gewalt durch verschiedene »Linsen«[1] betrachtet und um verschiedene Bilder herum organisiert: In der ersten Einstellung habe ich die Situation fokussiert und anhand des Bildes der Einkapselung in einen Zustand gewalttätiger Wut, das von Weenink stammt, versucht, den Moment der Gewalt in Beziehung zu einem situativen Seinszustand der Gewaltausübenden zu setzen. Der Zustand gewalttätiger Wut steht dabei in einem engen Zusammenhang mit dem Moment des Zu-Boden-Gehens des Gewaltopfers. Das Zu-Boden-Gehen führt in den untersuchten Fällen nicht zur Unterbre-

1 Abbott, »Lyrische Soziologie«, S. 211.

chung der Konfliktdynamik, sondern facht die Gewalt an.[2] Das brutale gewalttätige Tun ist gegen einen am Boden liegenden Körper gerichtet.[3] Das antisymmetrische körperliche Verhältnis erschwert dabei auch die Möglichkeit eines spontanen Sich-Erkennens in den Augen und in der Panik des Anderen.[4] Der Zustand eingekapselter Wut, in dem die Gewaltausübenden für die sie umgebende Umwelt und für das gewalterleidende Gegenüber unempfänglich sind, steht in den untersuchten Fällen in einem Zusammenhang mit der Alkoholisierung der Gewaltausübenden. Auch wenn es nicht möglich ist, exakt zu bestimmen, wie sich die Alkoholisierung in den Geschehen auswirkt[5], erscheint es mir plausibel, dass die Alkoholisierung zu einer vergröberten Wahrnehmung und zu überschießend gewalttätigen Handlungen mitbeigetragen hat. In einer derart eingekapselten Erfahrungs- und Wahrnehmungsrealität, in der die eigene gewalttätige Wut, der Moment des Zu-Boden-Gehens und die Alkoholisierung einen situativen Wirkungszusammenhang bilden, ist das konkrete Gegenüber verschattet. Der Gewaltausübende tobt sich an einer Gestalt aus. Die Gewalthandlung ist radikal augenblicklich.[6]

---

2 Weenink, »Frenzied Attacks«.

3 Der Gewaltbetroffene muss sich selbst keineswegs als passiv erfahren. Vielmehr kann sich dieser, etwa indem er sich möglichst kleinmacht und Hände und Arme um den Kopf platziert, als existenziell aktiv erfahren. Er versucht alles, um sich am Boden liegend vor den Tritten zu schützen. Diesen Hinweis verdanke ich einer deutlichen Intervention Teresa Koloma Becks.

4 Collins hat dieses Sich-Erkennen im Gegenüber (»communicating each other's humanity«) im Kontext seines Arguments eines gemeinsamen Eingebundenseins in einen interaktiven Rhythmus als entscheidenden Grund beschrieben, weshalb Menschen die Ausübung von Gewalt schwerfalle (Collins, »Entering and leaving the Tunnel of Violence«, S. 135). Ich meine, dass das Argument auch Gültigkeit besitzt, wenn der Handlungsvollzug von Gewalt selbst betrachtet wird. Auch im Antun kann es zu Momenten eines Sich-im-Anderen-Erkennens kommen. Und zwar gerade dann, wenn eine Seite klar die Oberhand in einer Situation gewinnt.

5 Erinnert sei an Sutterlütys kritische Einschätzung, dass die Wirkung von Drogen- und Alkoholintoxikation nicht unabhängig von Motiven und Erwartungen, die mit dem Konsum verbunden sind, und damit nicht unabhängig von biografisch und subkulturell geprägten Deutungsmustern, beurteilt werden kann (Sutterlüty, »Drogen und Gewalt«, S. 296).

6 Die Brutalität des Austobens wird von Geschehensbeteiligten und Zeug:innen besonders deutlich beschrieben. Auch Videoaufnahmen zu einem der Fälle und Videoaufnahmen von vergleichbaren Gewaltgeschehen dokumentieren eine körperlich brutal involvierte Gewalthandlung.

Den Fokus auf den Zusammenhang von situativer Dynamik und den Moment des Sprungs in die Gewalt habe ich in einem nächsten Schritt mit zwei erklärungsbedürftigen Beobachtungen konfrontiert: Erstens legt die Rekonstruktion der Fälle zwar nahe, dass die Gewaltausübenden sich *kurz vor* und *im* Moment des Handlungsvollzugs in einem Zustand gewalttätiger Wut befinden, wie sie in diesen Zustand gelangen, kann aus einer den Situationsverlauf fokussierenden Perspektive allein aber nicht nachvollzogen werden. Der Moment, in dem es zur schweren Gewalthandlung kommt, wirkt in den untersuchten Geschehen eher wie ein Sprung in der Handlungskette, denn als deren situativ irgendwie logischer Höhepunkt. Zum Verlauf der Situationen, das stellen Situationsbeteiligte und Zeug:innen heraus, passt die Gewalthandlung, noch dazu in dieser brutalen Form, nicht.

Und zweitens deuten Selbstbeschreibungen der Gewaltausübenden wie Fremdbeschreibungen von Situationsbeteiligten, die den personalen Zustand der Gewaltausübenden im Handlungsvollzug thematisieren, auf eine Form der Beziehungslosigkeit zwischen Gewaltausübenden und den von ihnen ausgeführten Gewalthandlungen hin, die erklärungsbedürftig ist.[7] In einer die Situation fokussierenden Perspektive, in der der Moment der Gewalt anhand des Wirkungszusammenhangs von Einkapselung der Gewaltausübenden in einen Zustand gewalttätiger Wut, dem Moment des Zu-Boden-Gehens und der Alkoholisierung beschrieben wird, tritt die Gewalthandlung vor allem in ihrer brutal-expressiven Seite vor Augen. Der eingekapselte Zustand, darauf verweisen vor allem Selbstbeschreibungen der Gewaltausübenden, aber auch Fremdbeschreibungen, die im direkten Geschehensnachgang angestellt wurden, scheint nun auch eine ferne und distanzierte Unterseite zu haben. Ich denke, dass die Beschreibungen mehr enthalten als die Darstellung eines irgendwie erschöpften Zustands, nach dem die Gewaltausübenden ihrer Wut brutal freien Lauf gelassen haben. Sie werfen vielmehr die Frage auf, woher die Wut kommt, wenn sie aus dem situativen Verlauf heraus allein nicht zu verstehen ist. Und, was wichtiger ist, wogegen sich die Wut eigentlich richtet.

---

7 Dieser Eindruck wird auch durch Beobachtungen der ermittelnden Polizeibeamt:innen gestützt, die das passive Verhalten der Gewaltausübenden im unmittelbaren Geschehensnachgang und in den Vernehmungen thematisieren.

Diese Beobachtung bildete den Ausgangspunkt für die Frage nach dem Handlungsmodus im Moment der schweren Gewalthandlung anhand von Selbstbeschreibungen der Gewaltausübenden und Fremdbeschreibungen von Situationsbeteiligten. Ich habe das Argument in drei Schritten entwickelt: Erstens habe ich die Beziehungslosigkeit zwischen Handelnden und Handlung entlang von Selbstbeschreibungen der Gewaltausübenden herausgearbeitet, in denen ein irgendwie passiver Selbst- und Weltbezug zum Ausdruck kommt. Am deutlichsten wird dies in Äußerungen, in denen sich die Gewaltausübenden aus den Geschehensabläufen als aktiv Handelnde herausnehmen. In den Schilderungen der Situationsverläufe verwenden die Gewaltausübenden Formulierungen wie »Er ist dann stehengeblieben und hat dann seinen Stoß bekommen«[8] oder »Ich habe das nie so realisiert, dass der wirklich so schwerverletzt worden ist«[9], anhand derer sie ihre eigene Handlungsmächtigkeit und Verantwortlichkeit in den Situationen relativieren. Ein ähnlich passives Handlungsverständnis findet sich auch in Äußerungen, die nicht in Bezug auf die Gewaltsituationen, sondern etwa im Kontext der Biografie getätigt werden. Diese habe ich als ergänzende implizite Hinweise[10] für eine Vorstellung von Subjektivität gelesen, in der die Handelnden sich eher als von den Umständen getrieben denn als aktiv Gestaltende begreifen.[11] Die Be-

8 Fall 4, Aussage Beschuldigter, Band 1, Blatt 88.

9 Fall 3, Band 2, Blatt 325, Vernehmung Gewaltausübender.

10 Vgl. hierzu Sutterlüty, *Gewaltkarrieren*, S. 38 f.

11 Vgl. zur Frage der Neutralisierung von Verantwortung die kriminalsoziologische Studie von Gresham M. Sykes und David Matza über (jugendliches) delinquentes Verhalten. Den Überlegungen Sykes' und Matzas liegt dabei ein Handlungsverständnis zugrunde, in dem Handlungen eine hohe Rationalität zukommt. Die von ihnen herausgearbeiteten Techniken – die Autoren unterscheiden fünf Typen – werden von den Akteuren in Situationen mitgebracht, und dort orientieren sie sich dann an ihnen. Die Techniken »funktionieren« weitgehend unangetastet vom konkreten Handlungsvollzug in der Situation. Anhand der Technik »Ablehnung der Verantwortung« beschreiben Sykes und Matza eine Form der »›Billardball‹-Konzeption«, in der sich der Delinquent zu befinden meint. Der Delinquent sehe sich eher in die Situation (hinein-)gestoßen als selbst handelnd. Hier finden sich Parallelen zu den untersuchten Fällen: Die Gewaltausübenden relativieren die eigene Beteiligung an den Geschehen etwa auch entlang von bestimmten Situationsbedingungen. Wie überzeugend oder nicht überzeugend sie die Begründungen vertreten, hängt nun aber davon ab, ob diese sich auf das entwickelnde Konfliktgeschehen oder auf die schwere Gewalthandlung selbst beziehen.

obachtungen habe ich kritisch reflektiert: Passivierende Äußerungen können auch auf die spezifischen Interaktionskontexte polizeiliches Verhör oder forensisch-psychiatrische Begutachtung zurückzuführen sein. Zugleich wird ein irgendwie passiv-geknickter Zustand aber auch von den ermittelnden Polizeibeamt:innen beschrieben, die mit den Gewaltausübenden teilweise unmittelbar nach den Taten zu tun hatten. Insgesamt, und das lässt sich nur unzureichend wiedergeben, durchzieht die Selbst- und Fremdbeschreibungen ein seltsam passiver Ton, der zwar einerseits auf die spezifische Materialgattung zurückzuführen ist, der aber andererseits, so zumindest meine Überzeugung, etwas über den Moment der Gewalt mitteilt.

In einem zweiten argumentativen Schritt habe ich die Beziehungslosigkeit zwischen Gewaltausübenden und ihrem eigenen Tun anhand von Beobachtungen herausgearbeitet, in denen Situationsbeteiligte und Zeug:innen einen veränderten personalen Status der Gewaltausübenden beschreiben. In den Beschreibungen, und hier schließt die Argumentation an vorangegangene Überlegungen zum eingekapselten Zustand gewalttätiger Wut an, wird eine Form der »Willenlosigkeit«[12] der Gewaltausübenden im Moment des Handlungsvollzugs geschildert. Eine Geschehensbeteiligte beschreibt, dass der Gewaltausübende wie »im Rausch« gewesen sei und »überhaupt nicht auf sie reagierte«.[13] In den Versuchen, den Moment der Gewalthandlung und den Gewaltausübenden darzustellen, greifen die Situationsbeteiligten auch auf Tier- oder Dingmetaphern zurück. So wird einer der Gewalt-

---

Für Ersteres geben die Gewaltausübenden noch Gründe an, von denen sie auch überzeugt scheinen: In erster Linie nennen sie ihre Alkoholisierung, aber auch die Wahrnehmung einer Bedrohungssituation für sich oder für eine befreundete Person oder eine gegen sie gerichtete Beleidigung. Sie beschreiben sich, als in eine Situation geworfen, in der sie sich dann eben zu verhalten hatten. Teil dieses Begründungszusammenhangs ist auch der Aspekt einer »subtilen Alchemie« (eine zweite von den Autoren genannte Neutralisierungstechnik): Zumindest in drei der vier Fälle geben die Gewaltausübenden an, dass das spätere Opfer zuerst (ebenso) Täter war. Für die gewalttätige Handlung selbst (noch dazu in der spezifischen Form) – und das ist hier der entscheidende Punkt – reichen ihnen dann die von ihnen angegebenen Gründe, jedoch irgendwie selbst nicht aus. Anstatt Gründe für die schwere Gewalthandlung anzugeben, ziehen sie sich als Handelnde aus den Beschreibungen zurück (vgl. dies., »Techniken der Neutralisierung«).

12 Fall 3, Zeugenaussage, Band 1, Blatt 200.

13 Fall 4, Person Gruppe um B, Band 1, Blatt 54.

ausübenden als »wütiges Tier, der irgendwas zerfleischen möchte«[14] wahrgenommen, als »Stier, dem man ein rotes Tuch vorhält«[15]. Ein Zeuge beschreibt den Gewaltvollzug, als hätte der Gewaltausübende wie »mit dem Presslufthammer«[16] den Gewaltbetroffenen attackiert. Die Fußtritte gegen den Kopf werden auch als »wie gegen einen Fußball«[17] beschrieben. Im Unterschied zu den fernen Selbstbeschreibungen der Gewaltausübenden wird die Beziehungslosigkeit zwischen Gewaltausübenden und ausgeführten Handlungen nun mit einem brutal-aktiven, aber irgendwie nichtmenschlichen Zustand in Zusammenhang gebracht.

In Anschluss an die Beobachtung eines ermittelnden Polizeibeamten (»Ja, das hat ja eigentlich schon der Fußtritt an sich inne«/»ich behandele den wie ein Stück«[18]) argumentiere ich, dass in der fernen und distanzierten Art und Weise, wie die Gewaltausübenden sich zur Tat verhalten und in den Beschreibungen, in denen eine brutal aktive, irgendwie nichtmenschliche Beziehungslosigkeit der Gewaltausübenden zum eigenen Tun geschildert wird, etwas zum Vorschein kommt, dass ich als vandalistischen Aspekt der Gewalthandlung bezeichne. Die schwere Gewalthandlung, die brutal-kraftvoll ist und apathisch wirkt, ähnelt dem Zerstören, sie hat etwas von einer Sachbeschädigung.

Im Analysekapitel habe ich die Frage nach dem Handlungsmodus im Moment der schweren Gewalthandlung auch ausgehend von der Beobachtung, dass die schweren Gewalthandlungen relativ plötzlich ausgeübt werden, gestellt. Die Gewalthandlungen sind Teil der Konfliktgeschehen, zugleich wirkt es aber, als übersprängen die Gewaltausübenden mehrere Handlungsschritte, als katapultierten sie sich in die Gewalthandlung hinein. In den Gewaltsituationen ist weniger eine eskalative Steigerung der Übergriffe bis hin zur schweren Gewalthandlung zu beobachten, sondern eine Form des Sprungs in die Gewalt. Diese Beobachtung ist umso erklärungsbedürftiger, als die Gewaltausübenden, die über keine oder nur eine minderschwere ge-

14 Fall 4, Zeugenaussage Person Gruppe Betroffener, Band 2, Blatt 446.
15 Fall 4, Zeugenaussage Person Gruppe Betroffener, Band 2, Blatt 458.
16 Fall 1, Zeugenaussage, Band 2, Blatt 222 und 223.
17 Bspw. Fall 3, Zeugenaussage Person um Gruppe Betroffener, Band 1, Blatt 200.
18 Interview mit Polizeibeamt:innen, 26.10.2018, Abschnitt 1:12:30 bis 1:13:29.

waltkriminelle Vorgeschichte verfügen,[19] auf die Handlungsoption Gewalt, noch dazu in solch schwerer Form, relativ selbstverständlich zurückzugreifen scheinen.

Gerade in sozialen Situationen, die emotional angespannt und konfliktreich verlaufen und für die Beteiligten kein erfahrungsgesättigtes Handlungswissen aktivieren können, ist die Frage nach vermittelten Handlungsmustern, an denen sie sich orientieren, von Interesse. Der abbildhafte Aspekt der Gewalthandlung, so die These des Unterkapitels, verweist auf einen abrupten Wechsel der subjektiv gültigen Wirklichkeitsbereiche.

In kontrastierender Auseinandersetzung mit einer soziologischen Analyse des Mordfalls Marinus Schöberl[20], bei dem das Opfer durch einen sogenannten *curb-stomp*-Fußtritt getötet wurde – wobei für den Handlungsvollzug die filmische Inszenierung einer *curb-stomp*-Szene im Film *American History X* entscheidend war –, habe ich das Argument entwickelt, dass popkulturell und medial vermittelte Handlungsmuster einerseits indirekt in die Geschehen hineinwirken können, indem sie Abbilder und abstraktes Handlungswissens bereitstellen, an denen sich das eigene Tun ausrichtet. Und dass sie andererseits, und das ist der weit wichtigere Gesichtspunkt, Einfluss darauf haben, als wie *wirklich* die Gewaltsituationen gedeutet werden. In den untersuchten Gewaltfällen kommt es zu diversen Handlungsmomenten, die in ihrer Übertriebenheit und in ihrem Performance-Charakter wie Abbildungen popkulturell und medial vermittelter Vorbilder wirken. Momente, wie das ordentliche Falten der Jacke[21] oder das oberkörperfreie Posen, während ein Countdown heruntergezählt wird, aber auch beschreibbare Ähnlichkeiten des körperlichen Gewaltvollzugs, werfen die Frage auf, wie eine Orientierung an abstraktem Handlungswissen und eine Situationsdeutung, in der Wirklichkeitsbereiche ineinander übergehen zu scheinen, zusammenhängen. Die Situation, die potenziell

---

19 Auch von Familienmitgliedern, Freund:innen und Bekannten werden die Gewaltausübenden als nichtgewalttätige Personen beschrieben. Diese Charakterisierungen sind vor allem deswegen bemerkenswert, da die ausgeübten Gewalthandlungen heftig sind (auch hier bildet der Fall 2 eine Ausnahme. Der Gewaltausübende wird von einem Bekannten als unter Alkoholeinfluss aggressiv geschildert).

20 Kohlstruck/Münch, *Der Mordfall Marinus Schöberl.*

21 Auch wenn es das Gewaltopfer ist, das, kurz bevor es attackiert wird, seine Jacke faltet, ist die Szene in ihrer Abbildhaftigkeit bemerkenswert.

tödlich verlaufen kann, die eigene Verletzungsmächtigkeit wie die Verletzungsoffenheit des Gegenübers haben etwas Fiktives. Der situative Sprung in die Gewalt wirkt wie der Sprung in einen anderen Sinnbereich.[22] Dass Gewalthandeln eine Grenzsituation darstellt und ein wirkliches Gegenüber trifft, scheint *nicht wirklich* erkannt zu werden.[23]

Die Analyse habe ich schließlich um einen *Exkurs* zu Albert Camus' *Der Fremde* erweitert. Die Auseinandersetzung mit den erzählerischen und sprachlichen Mitteln von Camus ermöglicht eine Präzisierung der hier verhandelten Frage: Die drei Handlungsaspekte können auch dahingehend differenziert werden, wie sich in ihnen eine Form der *Ent-Hierarchisierung* und *Gleichrangigkeit von Handlungen* beobachten lässt. Es geht um die Frage, wie eine Gewalthandlung als eine Handlung beschreibbar wird, die wie eine Handlung unter anderen Handlungen ausgeübt wird. Und daran anschließend um die Frage, wie eine Ent-Hierarchisierung und Gleichrangigkeit von Handlungen mit dem (Nicht-)Status des Gegenübers zusammenhängen kann. Die literatursoziologische Betrachtung des Romans ermöglicht, ein Gespür dafür zu bekommen, wie Gewalthandlungen als Teil der Handlungsgrammatik einer Person gedacht werden können. Camus *erzählt* die Tat Meursaults als Teil des von ihm gelebten Lebens. Meursault übt die Tat aus, wie er sein Essen kocht, wie er spazieren geht, wie er liebt. Das alles sagt uns nichts über die tatsächlichen Gewalthandlungen, aber erweitert unsere Vorstellung von dem Moment der Gewalt, gerade deswegen, weil er bei Camus ebenso beiläufig erzählt wird wie andere Alltagsereignisse.

Im Handlungsmodus gewalttätiger A-Sozialität

Die drei Handlungsaspekte können entlang der Frage nach dem (Nicht-)Status des gewalterleidenden Gegenübers miteinander in Bezug gesetzt werden. In jedem der Analysekapitel kommt dem Gegenüber beziehungsweise einer radikalen Form der Nicht-Orientierung am Gegenüber analytische Bedeutung zu: (1) Das konkrete Gegenüber

22 Schütz, »Über die mannigfaltigen Wirklichkeiten«, S. 267.

23 Dieckmann, *Kinder greifen zur Gewalt*, S. 68.

wird im Moment des Zu-Boden-Gehens zur verschatteten Gestalt, der in den Zustand gewalttätiger Wut eingekapselte und alkoholisierte Gewaltausübende tobt sich aus. Er tritt von oben nach unten. Es ist ein Moment, in dem der Mensch, der zur Gewalt greift, »zu allem in der Lage [ist], aber zu sonst nichts«.[24] Er existiert im Augenblick, jede soziale Bindung ist gekappt, er hat keine Verpflichtungen und kennt keine Zukunft. (2) In der Form der Gewalt, die als ein Zerstören beschrieben werden kann, kommt die Gegenüberlosigkeit zum Ausdruck. Die ausgeübte Gewalt ist dabei weder mit dem Begriff autotelisch noch mit dem Begriff lozierend zu erfassen, auch wenn sie Anteile von beidem hat.[25] Die zerstörende Gewalt ist kein Selbstzweck, der, der sie brutal ausübt, wirkt seltsam beziehungslos zu seinem Tun. Doch nicht, weil er gewalterfahren und dadurch abgestumpft ist, sondern, so scheint es mir, weil die Gewalthandlung auf kein konkretes Gegenüber gerichtet ist. Wenn sie überhaupt auf etwas zielt, dann auf den »leeren Platz« (Sofsky). (3) In den Handlungssprüngen kommt eine Situationsdeutung zum Vorschein, in der die eigene Verletzungsmächtigkeit wie die Verletzungsoffenheit des Gegenübers etwas Fiktives hat. Situationsmomente wirken in ihrem Performance-Charakter und ihrer Übertriebenheit wie nachgestellte Szenen. Und plötzlich wird aus Unernst Ernst oder aus Ernst Unernst. Der Sprung in die Gewalt wirkt auch wie ein Wechsel der subjektiv gültigen Wirklichkeitsbereiche.

In den untersuchten Fällen sind die drei Handlungsaspekte in unterschiedlicher Form zu beobachten. Wir können (und müssen) nicht entscheiden, was letztlich zum Sprung in die Gewalt geführt hat. Wir können uns aber ein besseres Bild von den Situationen und vergleichbaren Geschehen machen. Ein Punkt scheint mir hierfür zentral: Die vorliegende Untersuchung sensibilisiert für die Frage, wie die körperlich-leibliche Dimension mit der sozialen Dimension des (Gewalt-)Handelns zusammenhängen kann – und umgekehrt. Wir können auch

---

24 Eisenberg, »In Erfurt und um Erfurt herum oder: Amok – eine neue Ventilsitte«, S. 26. Eisenberg verwendet hier ein Diktum Lichtenbergs. Er umschreibt mit dem zitierten Halbsatz einen neuen Typus des Attentäters, der »ein Fanatiker des eigenen Selbst« ist. Die Gewalttäter der untersuchten Fälle sind selbstverständlich keine Attentäter. Die Formulierung trifft aber den Situationsmoment.

25 Reemtsma, *Vertrauen und Gewalt,* S. 117 f.; siehe hierzu auch die nachfolgenden Überlegungen.

hier verschiedene Einstellungen wählen und das Momenthafte der Gewalt anhand von Bildern, wie es Abbott vorschlägt, nacherfahrbar machen. Wir können das Bild der Einkapselung des Gewaltausübenden in einen Zustand gewalttätiger Wut (Weenink) mit dem Bild des Handlungssprungs in Bezug setzen. Wir können uns an die Beschreibung eines Polizeibeamten erinnern, dass die Tritte einen Menschen wie »ein Stück« behandeln, und die Beschreibung an die Beobachtung zurückbinden, dass der situative Moment des Zu-Boden-Gehens in allen Fällen die Gewalt anzufachen scheint. Wir können die Abbildhaftigkeit der Gewalt und die Alkoholisierung zusammendenken. Wir haben Bilder des Zerstörens (von Dingen) vor Augen und können danach fragen, wie der vandalistische Aspekt der Tat mit einer wirklich-unwirklichen Situationsdeutung in Beziehung stehen kann (siehe zu einer ersten Theoretisierung solcher Fragen das letzte Kapitel).

Die drei Aspekte des Handlungsmodus gewalttätiger A-Sozialität ermöglichen, die unterschiedlichen Beobachtungen in ihrem Wechselverhältnis und Steigerungspotenzial zu beschreiben.

Das Konzept des Handlungsmodus gewalttätiger A-Sozialität verstehe ich dabei nicht als Syndrom[26], in dem sich alle drei Handlungsaspekte fast schon zwangsläufig ineinanderfügen, sondern als tentativ herausgearbeitetes, heuristisches Konzept, das helfen kann, Aspekte dieser und vergleichbarer Gewaltsituationen zu entdecken und beschreibbar zu machen. In prägnanter Auseinandersetzung mit drei gewaltsoziologischen Deutungen möchte ich abschließend zeigen, wie das hier entwickelte Konzept des Handlungsmodus gewalttätiger A-Sozialität gewaltsoziologische Ansätze erweitern kann. Um dann im letzten Kapitel der Untersuchung, die im Konzept des Handlungsmodus gewalttätiger A-Sozialität verdichtete (und zurechtgestutzte) Frage mit neuen Fragen und Problemen zu konfrontieren, die mir erst im Laufe dieser Arbeit bewusst wurden.

Ein erster Beitrag des Konzepts Handlungsmodus gewalttätiger A-Sozialität adressiert die mikrosoziologische Untersuchung von

26 Im Unterschied etwa zu Heinrich Popitz' *Syndrom totaler Gewalt*, das aus den Elementen Glorifizierung, Indifferenz und Technisierung des Gewaltvollzugs besteht (ders., *Phänomene der Macht*, S. 74). Ich würde das hier entwickelte Konzept vorsichtiger einführen, wobei ich die Frage nach der Wechselseitigkeit der Aspekte, die auch für Popitz zentral ist, aber unbedingt aufwerfen möchte.

Gewaltphänomenen, in der »Wege in die Gewalthandlung hinein«[27] situativ rekonstruiert werden. Für die hier untersuchten Fälle, das habe ich vor allem in Anschluss an die Konzepte Weeninks herausgearbeitet, ist eine situative Perspektive ertragreich, insbesondere wenn der Wirkungszusammenhang von Einkapselung in einen Zustand gewalttätiger Wut, dem Moment des Zu-Boden-Gehens und der Alkoholisierung als sich gegenseitig verstärkend begriffen wird. Dennoch kann in einer solchen die situative Dynamik fokussierenden Perspektive der Zusammenhang von Handlungsmodus und dem Moment der Gewalt nicht ausreichend erfasst werden. In den untersuchten Fällen sind neben dem radikal augenblicklichen Aspekt mindestens zwei weitere Aspekte, ein vandalistischer und ein abbildhafter, wichtig, um den Zusammenhang von Handlungsmodus und Moment der Gewalt zu verstehen. Meine These ist, dass in beiden Aspekten eine radikale Form der Nicht-Orientierung am Gegenüber zum Ausdruck kommt, die auch auf transsituative Erfahrungs- und Wahrnehmungsmuster

27 Vgl. hierzu zentral: Collins, *Dynamik der Gewalt.* Die Frage, die Collins mikrosoziologische Überlegungen anleitet, lautet: Wie wird der interaktive Rhythmus, in dem Menschen auch in Gewaltsituationen miteinander verwoben sind, durchbrochen? Wie kommt es zu »erfolgreicher« Gewalt? Collins identifiziert fünf Wege, die in die Gewalt führen: Erstens können im Zuge der Konflikt- und Gewaltsituation Personen in eine Position der Schwäche geraten. Die zu Beginn der Auseinandersetzung vorherrschende symmetrische Interaktionskonstellation entwickelt sich situativ zu einem asymmetrischen (oder gar antisymmetrischen) Verhältnis, was die Konfrontationsanspannung aufhebt und die gewalttätige Attacke ermöglicht (»Attacking the weak«). Zweitens kann es zu »erfolgreicher« Gewalt kommen, wenn die Kampfhandlungen sich an einem Publikum orientieren und (dadurch) einer bestimmten Kontrolle unterworfen sind (»Audience-oriented staged and controlled fair fights«). Drittens kann die Konfrontationsanspannung überwunden werden, wenn es zu keiner körperlich-unmittelbaren Konfrontation zwischen den Kontrahenten kommt; etwa, weil die Gewalt über mehr oder weniger große Distanz und unter Zuhilfenahme von Waffen ausgeübt wird (»Confrontation-avoiding remote violence«). Viertens kann es zu »erfolgreicher« Gewalt kommen, wenn der Eintritt in einen gemeinsam geteilten interaktiven Rhythmus – und der damit einhergehende Aufbau von Konfrontationsanspannung – durch Täuschung von Beginn an verhindert wird (»Confrontation-avoiding by deception«). Fünftens kann die Gewalt von gewaltkompetenten Spezialisten ausgeübt werden, die in der Lage sind, ihre Emotionen und körperlichen Reaktionen so zu kontrollieren, dass Konfrontationsanspannung sich situativ gar nicht erst aufbaut (»Confrontation-avoiding by absorption in technique«). Für eine konzentrierte Übersicht der Wege in die Gewalt: Collins, »Micro and Macro Causes of Violence«, S. 11–16.

verweist. In den ambivalenten Selbst- und Fremdbeschreibungen des Seinszustands der Gewaltausübenden – kurz vor, im und kurz nach dem Handlungsvollzug – wird erstens die Gewalthandlung als eine Art Zerstörung vorstellbar, die, vor allem wenn man sich die Bilder vergegenwärtigt, anhand derer der personale Zustand der Gewaltausübenden beschrieben wird (»Presslufthammer«, »wütiges Tier«), weniger eine Verdinglichung des Gegenübers nahelegt als vielmehr den (situativen) Handlungsimpuls, alle Objekte zu entfernen, die einen damit konfrontieren, nicht die einzige Instanz auf der Welt zu sein. Zerstören, um noch einmal Sofsky zu zitieren, wendet sich »gegen das Widerständige«[28] überhaupt.

Und zweitens – und das scheint mir für eine gegenwärtige Analyse von Gewalt der gewichtigere Punkt – kommt in den Gewaltsituationen etwas zum Vorschein, das auf eine irgendwie *wirklich-unwirkliche* Situationsdeutung verweist: Die Gewaltausübenden scheinen die Gewaltsituation nicht als Grenzsituation zu begreifen. Ich glaube zwar, dass eine solche Situationsdeutung nur in ihrem konkreten Situationsbezug begriffen werden kann, dass also Fragen nach der körperlich-leiblichen Involviertheit der Beteiligten und nach Emotionen wie Angst oder Wut dazugehören, diese aber nicht situationistisch vereinseitigt werden dürfen. Es gibt Grammatiken des Körpers/des Leibes wie es Grammatiken von Emotionen gibt.[29] Der Sprung in die Gewalt wirkt wie ein abrupter Wechsel von Wirklichkeitsbereichen. Er wirft die Frage auf, wie die Erfahrungs- und Wahrnehmungsrealität in einer konflikthaft verlaufenden Situation sich auch aus Abbildern solcher Situationen zusammensetzt. Wie die eigene Verletzungsmacht und die Verletzungsoffenheit des Gegenübers in einer solch wirklich-unwirklichen Situation erfahren werden. Und was das für den Moment des gewalttätigen Handlungsimpulses bedeutet.

Der zweite Beitrag des Konzepts Handlungsmodus gewalttätiger A-Sozialität ist, aktivistischen Deutungen von überschießenden, ekstatischen Gewalthandlungen eine nicht-aktivistische Deutung zur Seite zu stellen. Anhand der Kontrastierung mit Sutterlütys Studie zu

28 Sofsky, *Traktat über die Gewalt,* S. 193.

29 Auf diesen Aspekt werde ich im Kapitel *Neue Fragen* in Auseinandersetzung mit Lee Ann Fujiis Überlegungen zu sozialen Körpern noch zurückkommen (vgl. Fujii, *Showtime,* S. 33 f.).

Gewaltkarrieren jugendlicher Täter kann ich den Gedanken konkretisieren. Sutterlütys Studie ist in einem spezifischen Aspekt eine Form Gegenstudie: Er beschäftigt sich mit jugendlichen Intensivtätern und rekonstruiert in unglaublich präziser Weise, wie den Situationsdeutungen und Handlungsimpulsen dieser Täter eine Form des gewalttätigen Interpretationsregimes zugrunde liegt. In meiner Arbeit stehen Gewaltausübende im Fokus, für die ein ähnliches gewalttätiges Interpretationsregime nicht rekonstruiert werden kann. Die Gewaltausübenden, mit Ausnahme des Gewaltausübenden in Fall 2, sind zuvor nicht gewaltkriminell in Erscheinung getreten. Sutterlüty diskutiert in seiner Studie auch Formen der Gewalt, die mit den hier untersuchten Gewalthandlungen vergleichbar sind. In Berichten von Jugendlichen werden diese Gewalthandlungen als Momente der »Überschreitung des Alltäglichen« und als Augenblicke beschrieben, »die in ihrer Leidenschaftlichkeit nichts als die Gegenwart, die Unmittelbarkeit des Geschehens kennen«.[30] »In solchen Momenten«, so fährt Sutterlüty fort, »ist die reflexive Distanz zwischen dem Subjekt und seinem Handeln aufgelöst. Alles ist auf reine Aktion und Geschwindigkeit angelegt. Eventuelle Folgen für die Jugendlichen selbst verschwinden ebenso aus ihrem Blickfeld wie die körperlichen und psychischen Folgen für die Opfer.«[31] In zentralen Aspekten, etwa der Beobachtung der Auflösung der reflexiven Distanz zwischen Subjekt und Handeln oder auch der Abgeschnittenheit von Konsequenzen für sich selbst wie für die Opfer, finden sich also starke Parallelen zu der hier vorgestellten Argumentation. Interessant sind aber vor allem die Unterschiede zu den von mir untersuchten Fällen. Sutterlüty beschreibt Gewalthandlungen, die als Überschreitungen des Alltäglichen empfunden werden. Er erkennt in der Gewalt eine »enthusiasmierende Dynamik«, eine »Faszination der Immoralität und des dionysischen Agierens« und schlussfolgert, dass die ausgeübte (schwere) Gewalt »ekstatische Zustände [freisetze]«.[32] In den von mir untersuchten Fällen, die sich hinsichtlich der Gewalterfahrung und Gewaltbereitschaft der untersuchten Personen gravierend von den Fällen unterscheiden, von denen aus Sutterlüty seine Argumentation entwickelt, werden die Gewalthandlungen zwar

30 Sutterlüty, »Was ist eine Gewaltkarriere?«, S. 279.
31 Ebd.
32 Ebd., S. 280.

ebenso brutal expressiv ausgeübt, aber zugleich entdecke ich in den Taten keine Momente der Leidenschaft oder der Lebendigkeit. Während Sutterlüty sich mit Personen beschäftigt, die Gewalt mehrfach ausgeübt haben und die in der Gewaltausübung vielleicht auch eine Form der Befreiung empfinden, die sie wieder und wieder erleben wollen, wirken die Gewaltausübenden der untersuchten Fälle eher fern von der von ihnen ausgeübten Gewalt. Im Unterschied zu der »begeisterte[n] Art und Weise«[33], in der ein Gewaltausübender die Gewaltsituation im Kontext der Untersuchung Sutterlütys schildert, wirken die Gewaltausübenden der untersuchten Fälle seltsam beziehungslos zu den von ihnen begangenen Gewalthandlungen.[34]

In einer ganz ähnlichen Richtung würde ich auch Reemtsmas Begriff der »autotelischen Gewalt«, deren Ziel »sie selbst [ist], das heißt die Zerstörung eines anderen Körpers«,[35] befragen. Auch bei Reemtsma findet sich die Vorstellung, dass in der Gewalt etwas Lebendiges zum Ausdruck kommt. So verbindet er diesen Typus von Gewalt – für den er den Begriff der Zerstörung heranzieht, ihn aber anders versteht als ich – mit Deutungen wie Freude oder Attraktivität.[36] Für viele Gewaltphänomene, die mit Erklärungen überfrachtet werden, trifft Reemtsmas Einschätzung zu. Und auch bei den von mir untersuchten Fällen will ich autotelische Momente der Gewalt nicht ausschließen. Und doch meine ich etwas anderes in ihnen zu entdecken. Ich bin auch gegen Ende der Arbeit noch nicht an dem Punkt, um diesen Aspekt konsistent zu belegen. Im Kern, und ich nutze erneut eine bildhafte Darstellung, geht es mir darum, dass es Gewalttaten gibt, in denen, wie riesig oder winzig auch immer, die Vorstellung enthalten ist, dass die Welt, in der man lebt, gestaltbar ist. Und dann

33 Ebd.

34 Diese Beobachtung ist sicherlich auch auf forschungspraktische und methodische Unterschiede der Untersuchungen zurückzuführen: Sutterlüty interviewt die Gewaltausübenden, während ich mich für die Analyse vor allem auf polizeiliche Ermittlungsdokumente und Gerichtsakten stütze, was eine Differenz in den Beschreibungshaltungen (mit-)erklären kann. Und doch scheint mir, und zwar nicht nur im Kontext der untersuchten Fälle, die Frage nach fernen, ja sogar depressiven Aspekten der Gewalthandlung wesentlich: gerade um Momente einer brutalen Aktivität zu verstehen.

35 Reemtsma, *Vertrauen und Gewalt*, S. 117.

36 Ders., »Gewalt als attraktive Lebensform betrachtet«.

scheint es Gewalttaten zu geben, in denen, bewusst und unbewusst, das zum Ausdruck kommt, was Mark Fisher als Zukunftslosigkeit auszubuchstabieren versucht hat.[37] In diesen Gewalttaten geht es nicht einmal mehr um die Gewalt selbst.

Ein dritter Beitrag des Konzepts Handlungsmodus gewalttätiger A-Sozialität, ist grundlegender Art. Lange Zeit wurde der Gewaltforschung, und zwar mit Recht, vorgeworfen, Gewalt einseitig an Täter zu binden und damit irgendwie aus dem »normalen« sozialen Leben herauszuhalten. Gewalt wurde exotisiert. Anderen Zeiten, anderen Räumen und immer auch irgendwie anderen Menschen zugewiesen.[38] In der gewaltsoziologischen Forschung hat sich dahingehend viel getan. Die lange Zeit vorherrschende Täterzentriertheit ist aufgebrochen, das gewalterleidende Gegenüber und auch die Frage, wie ihre Vermitteltheit und die Figur des Dritten für ein Verständnis von Gewalt wesentlich sind, werden adressiert.[39] All das war und ist richtig. Aus unterschiedlichen Gründen, nicht zuletzt deswegen, weil Gewaltsoziologie unbedingt eine eigene Subdisziplin sein muss, wird nun aber auch die Kehrseite der Entwicklung deutlich: Gewalthandeln, das ein soziales Handeln ist, läuft Gefahr, als ein allzu normales soziales Handeln über-soziologisiert zu werden. Mir geht es mitnichten darum, Gewalt erneut zu exotisieren. Ich möchte aber auch nicht an einer Erzählung mitschreiben, in der Gewalt einfach als eine weitere menschliche Handlung unter anderen menschlichen Handlungen aufgefasst wird.

Einige Probleme der Untersuchung und Grenzen der Argumentation

Die in diesem Buch entwickelte Argumentation hat Leerstellen und blinde Flecken. In Auseinandersetzung mit Camus' *Der Fremde* habe ich anhand eines Gedankenexperiments, in dem ich die Sonne, die

37 Vor allem in: Fisher, *Kapitalistischer Realismus ohne Alternative?*.

38 Vgl. für eine Kritik der Exotisierung von Gewalt: Reemtsma, *Vertrauen und Gewalt*.

39 Vgl. für unterschiedliche Diskussionen dieser Dimension u. a.: Lindemann, »Verfahrensordnungen der Gewalt«; Hoebel, »›Wir haben Charlie Hebdo getötet!‹«; Koloma Beck, »The Eye of the Beholder: Violence as a Social Process«.

Meursault als auslösend für die tödliche Gewalthandlung ansieht, durch Lärm, den ein Gewaltausübender als Begründung für die Tathandlung heranzieht, ersetzt. Dieses Gedankenexperiment sollte verdeutlichen, dass keine gewaltsoziologische Analyse den Moment der Gewalt je abschließend erklären kann. Es gibt viel zu viel, das wir nicht sehen. Dabei kann es sich, um eine »innere Wunde«[40] handeln, von der selbst der Gewaltausübende nichts wissen muss, die aber im falschen Moment aufgerissen, den Sprung in die Gewalt auslöst. Es kann aber auch einfach die furchterregende Sonne oder der ewige Lärm der Stadt sein.

Die Untersuchung hat aber auch ganz konkrete Leerstellen. Aus einer methodisch-kritischen Perspektive habe ich zwei zusammenhängende Probleme nicht zufriedenstellend lösen können: Zum einen bedingt die Eigenlogik des empirischen Materials, dass ein wesentlicher Teil der Beobachtungen und Beschreibungen, auf die sich die Analyse stützt, nachträglich und im besonderen Interaktionskontext von polizeilichen Vernehmungen und Befragungen angestellt wurden. Auch die Möglichkeit, auf eine große Menge gegensätzlicher oder widersprüchlicher Aussagen zu den Gewaltgeschehen zurückgreifen zu können, kann diese empirisch-methodische Einschränkung nicht aufheben. Wie stark etwa die passiven Beschreibungen der eigenen Handlungsmacht auf die besondere Befragungskontexte zurückzuführen sind, kann ich nicht abschließend einschätzen. Zum anderen hat die Entscheidung in Bildern zu denken und den Moment der Gewalt in den Mittelpunkt zu stellen, dazu geführt, dass ich der Vielschichtigkeit und Unterschiedlichkeit der Fälle nicht gerecht werde. Auch wenn ich versucht habe, Abweichungen und Differenzen zwischen den Fällen deutlich herauszuarbeiten, habe ich mich für eine Vorgehensweise entschieden, in der die Fälle homogenisiert und die Unterschiede nivelliert werden. Ich glaube, dass diese Setzung notwendig war, um die Handlungsaspekte des Handlungsmodus gewalttätiger A-Sozialität herauszuarbeiten. Trotzdem wird die vorliegende Untersuchung der Varianz der Fälle nur bedingt gerecht. Die aufmerksame Lektüre des Textes veranschaulicht dieses Problem: So wechsele ich in

40 Ich kann die Quelle dieses Zitats nicht mehr nachvollziehen. Es stammt wahrscheinlich aus Dieckmann, *Kinder greifen zur Gewalt*, oder aus Schorsch, *Kurzer Prozeß?*.

der Beschreibung des Gegenstands zwischen Singular und Plural. Mal schreibe ich von der Gewaltsituation, mal von den Gewaltsituationen. Mal schreibe ich von dem Gewaltausübenden, mal von den Gewaltausübenden. Mal von der Gewalthandlung mal von den Gewalthandlungen. Ich habe diese sprachliche Inkonsistenz gegen Ende der Arbeit als Problem entdeckt und mich dazu entschieden, sie im Fließtext zu belassen, da in ihr ein methodisches und auch ein theoretisches Problem zum Ausdruck kommt, das immer wieder neu anzugehen ist.

Neue Fragen

Am Anfang der Arbeit stand die Frage, wie es dazu kommt, dass Menschen, die zuvor noch nicht oder nur minderschwer gewaltkriminell in Erscheinung getreten sind, aus relativ nichtigen Anlässen plötzlich schwere Gewalthandlungen ausüben. Die Fälle, mit denen ich mich auseinandergesetzt habe, sind selten. In ihnen kommt aber etwas wie unter einem Brennglas zum Vorschein, das über die konkreten Gewaltgeschehen hinausweist. Was ist dieses Etwas? Ich meine damit weder eine neue gesellschaftliche Tendenz einer bestimmten Art der Gewaltausübung. Etwa eine vermehrte, irgendwie in den Tiefenschichten der Gesellschaft verankerte, unterschwellige Aggressivität, die sich vulkanhaft in einzelnen, oftmals nebensächlichen, Augenblicken entlädt. Noch einen neuen Tätertypus, zumindest dann nicht, wenn wir uns darunter einen stabilen Persönlichkeitstypus vorstellen. Etwa einen Mann, zumeist ist es dann doch ein Mann, der aus prinzipieller Gleichgültigkeit gegenüber den Dingen gewalttätig wird.

Ich denke vielmehr, dass die hier untersuchten Fälle etwas über den Zusammenhang des Momenthaften des Sozialen und der leiblichen Realität des Gegenübers aussagen. Das ist mir aber erst klar geworden, während ich an dem Text gearbeitet und versucht habe, den Moment der Gewalthandlung, der Teil der Situation ist, aber zugleich wie ein Bruch in der Situation wirkt, aus verschiedenen Perspektiven einzukreisen.

In frühen Versionen des Textes habe ich um die Situationsverläufe zu beschreiben, von *Eskalation* gesprochen. Ein Begriff, den ich nun aus dem Text gestrichen habe. Warum? In vielen Konfliktsituationen, vor allem in solchen, in denen mehrere Personen involviert sind, ist eine eskalierende situative Dynamik zu beobachten. Die Situationen steigern sich von ersten noch verbalen Auseinandersetzungen über leichtere physische Übergriffe bis hin zu schweren gewalttätigen Attacken. Der Begriff der Eskalation zielt dabei einerseits auf die Eigenlogik von Situationen (»Das hat sich hochgeschaukelt«) und andererseits auf die sich im Geschehensverlauf verändernde emotionale Verfasstheit der Beteiligten (»Die sind dann ausgerastet«). Anhand des Begriffs der Eskalation wird ein Situationsverlauf beschrieben, der sich irgendwie verselbstständigt. Es gibt zwar auch gezielte Formen von Eskalation, aber zumeist wird der Begriff verwendet, um eine situative Dynamik zu beschreiben, an der die Situationsbeteiligten einerseits wechselseitig mitwirken, von der sie aber andererseits vereinnahmt und mitgerissen werden. Dennoch haben, wie oben angedeutet, solche Situationen beschreibbare situative Eskalationsstufen. Um eine Gewalthandlung zu beschreiben und zu verstehen, werden die Stufen, die zur Eskalation führen, rekonstruiert. Die Gewalthandlung wird als der irgendwie »logische« Höhepunkt der Situation herausgearbeitet. »Logisch« soll dabei nicht heißen, dass Eskalationsstufen Schritt für Schritt aufeinanderfolgen, aber doch, dass eine Verkettung von Ereignissen zu beobachten ist. Es kommt also nicht unvermittelt zur Gewalt, sondern die Situationen verdichten sich zur Gewalthandlung hin. Anhand des Begriffs der Eskalation wird die Gewalthandlung in ihrer situativen Entstehung begreifbar, an der die Situationsbeteiligten wechselseitig und mit sich im Geschehen veränderten Bewusstheitsgraden mitwirken.

Eine solche Deutung trifft auf die von mir untersuchten Fälle aber nur bedingt zu. Zwar können auch hier situative Momente und Wendepunkte beobachtet werden, anhand derer eine eskalierende Dynamik nachvollzogen werden kann. Die brutale Gewalt, das wird in den Schilderungen der Geschehensbeteiligten deutlich, wird von den Gewaltausübenden aber plötzlich und irgendwie losgelöst vom Situationsverlauf und von den Handlungen eines Gegenübers ausgeübt.

Nun gibt es andererseits Konfliktsituationen, in denen es zur Gewalt, auch zu schwerer Gewalt kommt, ohne dass eine eskalierende Situation zu beobachten ist, die sich aber in anderer Hinsicht von den hier untersuchten Geschehen unterscheiden: etwa Gewaltsituationen, in denen eine Person gewohnt und gewillt ist, gewaltvoll zu handeln. Bevor eine Situation sich überhaupt zu entwickeln beginnt, greift die

Person auf die Handlungsoption Gewalt recht selbstverständlich zurück. Die Situation ist gerade nicht von einer wechselseitigen Eskalationsdynamik bestimmt, sondern von der besonderen Gewaltfähigkeit und -bereitschaft eines Beteiligten oder einer Gruppe. Gewalt gehört zum Handlungsrepertoire des Gewaltausübenden oder der Gruppe, ohne dass diese Handlungsoption die Situation vollständig determiniert. Die Plötzlichkeit der Gewalthandlung ist nur für die denjenigen, der nichts von der Gewalterfahrung wusste, überraschend.

Die Fälle, die zentrale Bezugspunkte der Arbeit sind, zeichnen sich nun dadurch aus, dass die Gewalthandlungen einerseits unvermittelt erfolgten und andererseits eben nicht von Menschen ausgeübt wurden, die als besonders gewaltfähig beschrieben werden können. Die Handlungsoption Gewalt, noch dazu in der brutalen Form von Fuß- und Stampftritten gegen Kopf und Körper einer am Boden liegenden Person, gehörte nicht zu ihrem gewohnten Handlungsrepertoire.

Im Zuge der Arbeit habe ich mich immer mehr auf den Moment konzentriert, in dem die Gewaltausübenden unvermittelt handeln. Den Situationsmoment habe ich mit einem Handlungsmodus, in dem sich die Gewaltausübenden kurz vor und im Moment der schweren Gewalthandlung befinden, in Bezug gesetzt. In den drei zentralen Aspekten dieses Handlungsmodus – einem radikal augenblicklichen, einem vandalistischen und einem abbildhaften Aspekt – habe ich die Frage nach dem Zusammenhang von Moment der Gewalt und leiblicher Realität des Gegenübers aus verschiedenen Perspektiven – einer die situative Dynamik fokussierenden, einer die Gewalthandlung fokussierenden und einer die Situationsdeutung fokussierenden Perspektive – gestellt. Das Konzept des Handlungsmodus gewalttätiger A-Sozialität ist hierbei keine fertige Antwort auf die Frage, wie es zur Gewalt kommt. Es soll die Untersuchung nicht abschließen, sondern zu neuen Überlegungen führen. Das ist die Aufgabe von Konzepten und Begriffen. Wenn sie nicht zum Weiterdenken auffordern und wenn sie keine Kritik hervorrufen, haben sie keinen Wert.

Eine Beobachtung beziehungsweise Interpretation ist besonders ergänzungs- und kritikwürdig: die Frage nach dem Zusammenhang von Abbildhaftigkeit der Gewaltsituationen und gewalttätigen Handlungssprüngen. Ich habe im Unterkapitel *Aspekte des Handlungsmodus III: Handlungssprünge und vermittelte Handlungsmuster* argumentiert, dass in den untersuchten Fällen zahlreiche Situationsmomente zu beobachten sind, die in ihrer Übertriebenheit und in ihrem Performance-Charakter wie Nachstellungen von medial vermittelten Gewaltaktionen wirken. Wichtiger als die Frage, wie medial vermittelte Vorstellungen in die realen Situationen hineinwirken, war mir aber die Frage, wie in den Szenen eine Situationsdeutung zum Ausdruck kommt, in der das Existenzielle der Geschehen und die leibliche Realität der eigenen Verletzungsmächtigkeit und der Verletzungsoffenheit des Gegenübers nicht wirklich zu begriffen werden scheint.

Diesen Gesichtspunkt möchte ich aufgreifen und in Auseinandersetzung mit Überlegungen Günther Anders, in denen er die »Phantomwirklichkeit«, die das Fernsehen erzeugt, beschreibt, präzisieren.[41] Was Anders' Denken für eine Soziologie der Gewalt so herausfordernd macht, ist die Frage, wie sich die Nutzung audio-visueller Technologien auf Erfahrungs- und Wahrnehmungswelten und damit auf Situationsdefinitionen und Handlungsimpulse auswirken kann. Während von Trotha einer Soziologie der Gewalt eine kognitiv-rationalistische Verkürzung von Subjektivität attestierte[42] und einforderte, den Sinnes- und Körperbezug von Gewalt in die Analyse zu integrieren, wäre mit Anders diese Kritik noch zu erweitern: Wer von einer Subjektivität spricht, die nicht kognitiv-rationalistisch verkürzt zu sein vorgibt, darf heute von den Effekten von Technisierung, Medialisierung, Virtualisierung und Digitalisierung auf körperliche und leibliche Erfahrungswirklichkeiten nicht schweigen.[43] Im Anschluss an Anders können mindestens zwei Probleme, vor denen eine interaktionistische Erforschung von Gewalt steht, formuliert werden: Erstens, so Anders, verliere menschliches Handeln seine körperlich-leibliche Unmittelbarkeit, da ein funktionaler und instrumenteller Umgang mit Dingen, Waren und (digitalen) Geräten die menschliche Fähigkeit, zu berühren und berührt zu werden, entfremdet. Zweitens, und damit zusammenhängend, wirft eine Auseinandersetzung mit Anders die

41 Anders, *Die Antiquiertheit des Menschen,* hier insbesondere das Kapitel »Die Welt als Phantom und Matrize. Philosophische Betrachtungen von Rundfunk und Fernsehen«, S. 97–211; Liessmann, *Günther Anders zur Einführung,* hier insbesondere das Kapitel »Die Welt als Phantom und Matrize – eine Phänomenologie des Fernsehens«, S. 59–79.

42 Von Trotha, »Zur Soziologie der Gewalt«.

43 Wobei an dieser Stelle anzumerken ist, dass Anders den Begriff Subjektivität als »antiquiert« bezeichnet hätte.

Frage nach der menschlichen Fähigkeit auf, insbesondere in emotional aufgeladenen und konflikthaften Situationen, zwischen Ernst und Unernst zu unterscheiden. Mit Anders lässt sich die Beobachtung von irgendwie wirklich-unwirklichen Gewaltsituationen, in denen die Gewaltausübenden nicht in der Lage zu sein scheinen, die Potenzialität der von ihnen ausgeübten Gewalthandlung zu begreifen, analytisch radikalisieren. Anders, der sich »nur« auf den Einfluss des Fernsehens beziehen konnte, bezeichnet den Zustand, in dem die Differenz von Wirklichkeit und Fiktion zunehmend aufgehoben ist, als ontologisch-zweideutig. »Ontologische Zweideutigkeit heißt«, so fasst Paul Konrad Liessmann das Konzept Anders' zusammen, »dass das Fernsehbild keiner der Sphären zuzuordnen ist, in denen wir zu denken gewohnt sind: Schein oder Wirklichkeit, Abbild oder Realität.«[44] Das, was gesendet wird, ist, und hier zitiert Liessmann Anders' *Antiquiertheit des Menschen,* »zugleich gegenwärtig *und* abwesend, zugleich wirklich *und* scheinbar, zugleich da *und* nicht da [Hervorhebungen im Original].«[45] »Das« Fernsehen – und heute, so könnte hinzugefügt werden, in einer viel radikaleren Weise »das« Internet – produziere, so Anders, eine Art »Phantomwirklichkeit«. Mit der Konsequenz, dass wir immer weniger in der Lage sind, klare Unterscheidungen zu treffen – und zwar auch dann, wenn es um die Wirklichkeit menschlicher Verletzungsmacht und Verletzungsoffenheit geht:

> »Wer einmal das zweifelhafte Vergnügen gehabt hat, einem auf dem Bildschirm stattfindenden marionettenhaften Auto-Rennen beizuwohnen, wird nachher ungläubig festgestellt haben, daß selbst der tödliche Unglücksfall gar nicht so schlimm wirkte: zwar weiß man, daß, was man soeben miterlebt hat, sich wirklich soeben im selben Augenblick, da man es auf dem Schirm sah, abgespielt hat; aber man *weiß* [Hervorhebung im Original] es eben nur; das Wissen bleibt doch ganz unlebendig; das winzige Bild mit dem irgendwo dort hinten Geschehenden, das hiesige Jetzt mit dem dortigen in Kongruenz zu bringen; also das Jetzt als wirklich gemeinsames, als ein und das-selbe *dort-und hier-Jetzt* [Hervorhe-

44 Liessmann, *Günther Anders zur Einführung,* S. 63.

45 Anders, *Die Antiquiertheit des Menschen I,* S. 170 (gefunden bei Liessmann, *Günther Anders zur Einführung,* S. 63).

bung im Original] aufzufassen, gelingt nicht; also bleibt auch unsere Erschütterung klein und imaginär; beträchtlich kleiner sogar, als Erschütterungen, in die uns nur fiktive, auf der Bühne stattfindende Katastrophen versetzen.«[46]

Was Anders in bildhafter Weise beschreibt, kann auf das hier verhandelte Problem übertragen werden: Die Gewaltausübenden haben ein Wissen darüber, dass es in Alltagssituationen zu Gewalt kommen kann. Sie haben mit hoher Wahrscheinlichkeit auch ein Wissen über den Ablauf einer solchen Konflikt- und Gewaltsituation und ihre eigenen Handlungsoptionen in dieser. Aber ihr Wissen ist »unlebendig«. Es ist davon auszugehen, dass sie im Laufe ihres Lebens einen Haufen solchen unlebendigen Wissens angesammelt haben. So wie die meisten Menschen, zu deren Lebensrealität Fernsehen, Internet und soziale Medien gehören, ein solches unlebendiges Wissen angesammelt haben. Sicherlich besteht ein gravierender Unterschied darin, ob die Art, wie wir erschüttert werden, »klein und imaginär« ist oder ob wir Handlungen an dem, was wir gesehen haben, orientieren – und dabei auf ein Handlungswissen zurückgreifen, das unlebendig und klein und imaginär ist. Und doch bieten Anders' Überlegungen erste Anhaltspunkte, um die Beobachtung eines unvermittelten Situationsmoments zu theoretisieren. In Anschluss an Anders würde ich die Frage stellen, wie die permanente Möglichkeit der Betrachtung von aufgezeichneten, realen Gewaltszenen und damit von leidenden, verletzten und auch getöteten Körpern etwas mit der menschlichen Vorstellung von Verletzungsmacht und Verletzungsoffenheit an sich macht. Und daran anschließend fragen, wie ein solches unlebendiges Wissen über das Antun und Erleiden von Gewalt sich auf Situationsdeutungen und Handlungsimpulse, insbesondere in Geschehen, in denen es konflikthaft und konfrontativ zugeht, auswirken kann. Die oben getroffene Einschränkung gilt weiterhin: Es ist ein Unterschied, ob wir Gewalt auf einem Bildschirm betrachten oder ob wir Gewalt, sei es »nur« als Zeug:in, erleben – und noch mehr, ob das, was wir betrachtet oder erlebt haben, für zukünftige Handlungsentwürfe Relevanz hat.

46 Anders, *Die Antiquiertheit des Menschen I*, S. 153.

Wie die Darstellung und das Performen von Gewalt soziale Ordnung hervorbringen und Identitäten konstruieren kann, hat Lee Ann Fujii in ihrem herausragendem Buch *Showtime* beschrieben. Bei Fujii, und das ist ein zentraler und lehrreicher Unterschied zu Anders, steht die Situiertheit und Erlebnishaftigkeit expressiver Gewalt im Mittelpunkt. Fujii fokussiert ein sinnhaftes Dabeisein, die körperlich-leibliche Teilnahme an Gewaltaktionen (auch dann, wenn man an den Taten selbst nicht beteiligt ist). Die Aufführung von Gewalt stiftet Identitätsbande, die Fujii als nicht starr, sondern geschichtlich veränderbar begreift. Dargestellte Gewalt schafft soziale Ordnung – eine Trennung in Dazugehörige und Nicht-Dazugehörige. Und eröffnet und begrenzt damit zukünftige Handlungsspielräume. Die bei einer Gewaltaufführung dabei waren, wissen danach, wer sie sind und auf welcher Seite sie stehen (zu stehen haben). Fujii spricht von einer Form des »aktiven Engagements« (sie differenziert dieses Engagement aus, sodass auch Zuschauer:innen, die nicht aktiv bei der Gewaltaufführung mitmachen, in ihrer Beteiligung verstehbar werden).[47]

Ich würde ausgehend von Fujiis Begriff des aktiven Engagements – und mit Anders – nun die Frage nach Formen des Engagements stellen, für die sinnhaft-leibliches Dabeisein nicht zwingend ist, die die Unterscheidung zwischen aktivem und passivem Involviertsein aber ebenso unterlaufen. Betrachten wir Aufnahmen realer Gewaltdarstellungen, die über soziale Medien verbreitet werden. Wer ist wie an ihrer Herstellung beteiligt? Zuerst die, die eine Gewaltsituationen filmen, das Video bearbeiten oder einzelne Sequenzen daraus auswählen und hochladen. (Die Frage, ob sie zufällig eine Szene filmen oder ob sie an der Entstehung der Gewaltsituation beteiligt sind, lassen wir an dieser Stelle außen vor.) Diese Personen sind auch im Sinne Fujiis aktiv in die Gewaltaufführung engagiert. Aber das ist nur der Anfang. Videos werden in Chatgruppen geteilt, kommentiert oder mit Emojis versehen. Es wird gemeinsam gestaunt, gelacht, gespottet. Oder, wie ich es am Beispiel des sogenannten Berliner U-Bahn-Treters nachgezeichnet habe, es werden Gewalt- und Bestrafungsszenarien imaginiert, die den Täter das fühlen lassen sollen, was er seinem Opfer angetan hat. Der, der das lachende Smiley drunter kommentiert, ist

---

47 Fujii, *Showtime*, S. 34 f.

ebenso an der Gewaltdarstellung beteiligt wie der, der das Video wortlos in einer Gruppe teilt. Oder die, die es herunterlädt und bearbeitet, um aus Versatzstücken des Originals eine neue Variante zu erstellen. Oder der, der einen Screenshot eines besonders entblößenden oder brutalen Moments anfertigt. Ein Standbild, das dann zum Meme wird. Und so weiter und so fort. Es ist ein Prozess, in den, wie Fujii für die Teilnahme an tatsächlichen Gewaltdarstellungen beschreibt, auch »Ahnungslose« und »Widerwillige« hineingezogen werden.[48] Ich erinnere mich an ein Gespräch mit einem Studenten, der die Aufzeichnung der Terrortat in Christchurch teilweise angesehen hatte. (Jemand hatte den Link in einem Forum gepostet, in dem er aktiv war.) Und der detailliert beschrieb, wie das Anschauen der Tat in ihm das Gefühl erzeugte, dabei *und* nicht dabei zu sein. Seine autoethnografischen Beschreibungen erinnerten mich stark an Anders' phänomenologische Perspektive. Er war erschrocken, aber zugleich war unser Vertrauensverhältnis stabil genug, dass wir nicht nur über den Schrecken, sondern auch darüber sprechen konnten, wie es sich anfühlt und was es mit uns macht, mit einer Cola und einem Toast vor dem Bildschirm zu sitzen und brutale Gewalt zu betrachten (das bezieht sich hier nicht auf die Terrortat von Christchurch). Ich kannte die oben zitierte Passage aus Anders' *Antiquiertheit des Menschen* zu diesem Zeitpunkt nicht. Sonst hätten wir vielleicht genauer über seinen und meinen Schrecken gesprochen, uns gefragt, ob auch dieser Schrecken klein und imaginär ist, wie es Anders am Beispiel der Aufnahme des tödlichen Unfalls behauptet. Oder im Gegenteil existenziell. Der Student hätte mir mit Sicherheit widersprochen, wenn ich leichtfertig einen Zusammenhang hergestellt hätte zwischen dem, was wir auf dem Bildschirm sehen, und dem, was Menschen tun (werden). Er wäre da skeptisch gewesen – und zwar zu Recht. So wie Fujiis Arbeit ja gerade deswegen so gut ist, weil sie die Qualität vom gemeinsamen Erleben herausstellt. Das wirkliche sinnhaft-leibliche Dabeisein bei Akten der Gewalt kann Identität konstruieren. Eine andere Frage ist es, wie medial vermittelte Gewaltszenen, die keine vergleichbare sinnhaft-leibliche Dimension haben, Spuren hinterlassen. Und trotzdem glaube ich, dass diese Frage zu stellen ist. Sie zielt dabei, wie bei Fujii, auf die Konstruktion

48 Fujii, *Showtime*, S. 36.

eines sozialen Körpers, der »die Art und Weise [steuert], wie der Körper als physisches Gebilde wahrgenommen wird«.[49] Aber nimmt dabei nicht zuerst die Herrschaftsordnungen von Körpern, sondern die Vorstellung von menschlicher Verletzungsmächtigkeit und Verletzungsoffenheit an sich in den Blick.[50]

Am Ende des Buches möchte ich folgende Arbeitshypothese für weitere Forschungen formulieren: In den gewalttätigen Handlungssprüngen kommt auch die (situative) Unfähigkeit, die eigene Verletzungsmacht und die Verletzungsoffenheit des Gegenübers überhaupt als real zu erkennen, zum Vorschein.

Ich möchte keinen neuen Typus von Subjektivität behaupten, aber illegale Autorennen, bei denen nebenbei Passanten zu Tode kommen, der Sturm auf das Kapitol, bei dem Menschen (sich) filmen, singen, in Abgeordnetenbüros urinieren und koten, verletzen und getötet werden, Gewalttaten, bei denen die Täter angeben, sie wüssten nicht, warum sie es getan haben und die ermittelnden Polizeibeamt:innen die Aussagen als glaubhaft einstufen, Amoktaten, die live gestreamt und dann als detailgetreues Amok-Spiel programmiert werden, nur um in der wirklichen Wirklichkeit übertroffen zu werden – all diese Beispiele werfen, in unterschiedlicher Weise, die Frage nach dem Zusammenhang von Verletzungsmächtigkeit/Verletzungsoffenheit, Handlungsgrammatiken und (situativen) Handlungsimpulsen auf. Eine heutige Soziologie der Gewalt steht auch vor der Aufgabe, von Trothas Kritik einer rational-kognitivistischen Verkürzung von Subjektivität zu aktualisieren.

49 Fujii, *Showtime*, S. 33 (Fujii zitiert hier Douglas, »Die zwei Köper«, S. 99).

50 Was Hierarchien der Verletzbarkeit nicht ausschließt.

Epilog

»Human horrors
are not inevitable. Some people stop
themselves, before they cross moral divides.
A drinking buddy might say Cool it, bro.
A cop might take his knee off a black man's throat.
A young man might come out and say O.K.,
let's go, and drive you home. What was his name?«[1]
Marilyn Nelson

Während der Arbeit an dem vorliegenden Text hat mich ein gewichtiger Einwand, den Trutz von Trotha gegenüber Ursachentheorien der Gewalt erhoben hat, immer wieder neu beschäftigt. Der Versuch, irgendwie hinter die Gewalt zu blicken, liefe immer Gefahr, Gewalt zu ent-subjektivieren und in einen Bereich zu verschieben, in dem letzten Endes niemand für das zugefügte Leid verantwortlich ist. Das in der vorliegenden Untersuchung entwickelte Argument kann – auch wenn ich, wie es von Trotha gefordert hat, von der konkreten Gewaltsituation und vom konkreten Gewalthandeln her denke – in einer ähnlichen Weise kritisiert werden. Momente der Einkapselung, die Beobachtung einer Beziehungslosigkeit zur ausgeübten Handlung, aber auch die schwierige Frage, inwieweit die Potenzialität und Existenzialität von Situationen überhaupt begriffen werden: All dies kann eine Lesart nahelegen, in der der Gewaltausübende ent-subjektiviert und damit entlastet wird. Der Hinweis, dass es nicht die Aufgabe

---

1 Auszug aus: Nelson, »Pigeon and Hawk«.

einer soziologischen Studie ist, Verantwortlichkeit, sei diese juristisch oder moralisch verstanden, zu beurteilen, reicht an dieser Stelle nicht aus, um den Einwänden zu begegnen. Zweierlei möchte ich herausstellen: Erstens habe ich in der vorliegenden Untersuchung in enger Auseinandersetzung mit dem empirischen Material versucht, einen Handlungsmodus zu rekonstruieren, für den es gerade wesentlich ist, dass in ihm aktive und passive Handlungsaspekte nicht als sich widersprechend, sondern als miteinander zusammenhängend gedacht werden können. Damit, so zumindest meine analytische Hoffnung, ent-subjektivere ich die Gewaltausübenden nicht, sondern füge der Vorstellung von Gewalthandeln einen Aspekt hinzu, der die Frage aufwirft, wie wir werden, was wir sind. Und zweitens, und dieser Gesichtspunkt geht über die inhaltliche Frage hinaus und adressiert dann doch ein ethisch-moralisches Moment, würde ich den Handlungsmodus gewalttätiger A-Sozialität in Anschluss an eine Formulierung Theodor W. Adornos, mit der er den Begriff der Gleichgültigkeit ausdifferenziert, als eine »selbstverschuldete Form«[2] deuten. Es mag einen Moment in den Gewaltsituationen geben, in denen die Gewaltausübenden den Bezug zur sie umgebenden Wirklichkeit und zum Gegenüber eingebüßt haben, aber auf dem Weg zu diesem Punkt hin hätte es Möglichkeiten gegeben innezuhalten. Das bezieht sich nicht nur auf die tatsächlichen Konfliktsituationen, in denen es viele Momente gegeben hätte, die Sache einfach gut sein zu lassen. (Und selbst wenn Personen zu diesem Punkt im Geschehen kommen, müssen sie das, was sie tun, selbstverständlich nicht tun. Es gibt keinen Handlungsautomatismus.) Sondern damit meine ich auch, dass es in der Verantwortung eines jeden Menschen liegt, sich mit seiner eigenen Verletzungsmächtigkeit und der Verletzungsoffenheit des Gegenübers auseinanderzusetzen. Die Frage zu stellen, ob es nicht Momente geben kann, in dem einem selbst die Sicherungen durchbrennen können, ist richtig. Die menschliche Fähigkeit Gewalt auszuüben, ist aber nicht auf eine besondere Interaktionskonstellation angewiesen. Sie hängt auch davon ab, wie wir das alltägliche Leben angehen. Sie hängt von Zwängen und Zumutungen des Lebens ab, aber auch von den Entscheidungen, wie wir mit den Zwängen und Zumutungen umgehen.

2 Adorno, zitiert nach Wesche, *Adorno. Eine Einführung*, S. 95.

Es ist immer auch eine Entscheidung zuzulassen, dass sich Wut über Jahre hinweg aufstaut. Es ist immer auch eine Frage von Solidarität, ob wir zulassen, dass andere mit den Zwängen und Zumutungen des Lebens und ihrer Wut alleine zurechtkommen müssen. Es liegt schon an uns selbst, wach zu sein.

Als bei Black-Lives-Matter Protesten in London ein rechtsextremer Hooligan, der die Demonstrierenden angriffen hatte, zu Boden ging und nun seinerseits attackiert wurde, kämpfte sich Patrick Hutchinson, ein Black-Lives-Matter-Aktivist, zu ihm durch, hob ihn hoch und brachte ihn in Sicherheit. Auf die Frage einer Journalistin, warum er das getan habe, antwortete er: »Ich hab nicht nachgedacht... Ich hab einfach nur gedacht, da liegt ein Mensch auf dem Boden.«[3]

---

3 Im Original: »I wasn't thinking...I was just thinking that there was a human being on the floor.« »LONDON BLM-PROTESTE: Black-Lives-Matter-Unterstützer rettet mutmaßlichen Hooligan«, in: *Welt Nachrichtensender,* o. D., online unter: https://www.youtube.com/watch?v=squkfWrzdD4 [30.07.2023].

Danksagung

Zum Buch haben mehr Menschen beigetragen, als ich hier danken kann. Teresa Koloma Beck, die Erstgutachterin der Dissertation, hat im richtigen Moment so laut gelacht, dass ich wieder an die Arbeit glaubte. Ihrem Wissen über Gewaltphänomene verdanke ich viel. Sie hat mir den Rücken freigehalten, als es darum ging, den Text fertigzuschreiben. Georg Kamphausen, der Zweitgutachter, hat meinen Werdegang seit Studientagen begleitet und geprägt. Ohne unsere Gespräche über Gott und Melville und das gemeinsame Lachen über den Irrsinn des akademischen Betriebs hätte ich nicht durchgehalten. Den Austausch mit »meinen« Studierenden in Bielefeld, Bayreuth und Hamburg empfinde ich als großes Glück. Ihnen schulde ich, und sie wissen warum, ein weiteres Buch. Das *Hamburger Institut für Sozialforschung* hat meine Arbeit mit einem Schreibstipendium gefördert. Und von Wolfgang Knöbl habe ich gelernt, dass das Wörtchen »irgendwie« kein Füllwort ist, sondern in ihm eine analytische Aufforderung steckt. Bernt Schnettler insistierte auf der popkulturellen und medialen Dimension der hier untersuchten Gewaltform, er sprach von Wirklichkeit immer im Plural. Barbara Mayer sagte: Du schaffst das. Bernd Müller-Jacquier schickte nach einem Vortrag eine E-Mail, die voll mit Gedanken und randvoll mit Euphorie war. Stefan Malthaner erinnerte mich daran, dass ich bei Hufgetrampel an Pferde und nicht an Zebras denken sollte. (Er hat Recht, aber ich kann einfach nicht anders und sehe immer auch Bergziegen und manchmal sogar ein Einhorn.) Thomas Hoebel hat das Manuskript gelesen, und, wie schon Jahre zuvor, als wir meine Diplomarbeit diskutierten, sofort erkannt, wo es hakt und wo es hingehen muss. Er stand mir während der Arbeit auch als Freund zur Seite. Ich erachte es als Privileg, dass das Manuskript von Sabine Lammers lektoriert wurde. Ihr, Isabell Trommer und der gesamten *Hamburger Edition* danke ich für die Unterstützung. Keine Selbstverständlichkeit war die Offenheit mit der mir die Mitarbeiter:innen von Staatsanwaltschaft und Polizei begegnet sind. Ich danke Herrn K. für die Gewährung der Akteneinsicht. Die Gespräche mit Herrn D. waren für die Arbeit von unschätzbarem Wert.

Meine Eltern haben mich die ganzen Jahre unterstützt. Ihnen danke ich sehr. Die Gelassenheit meines Bruders hat mich geerdet. Fanny Jacquier, Chris Meyer und Chris Seeler haben meine Selbstzweifel mit ihrem Zutrauen gekontert. Ich hoffe, ich gebe das zurück. Tabea Chaudhri hatte auch dann Geduld mit mir, wenn ich nur schwer zu ertragen war. Viele der Überlegungen haben ihren Ursprung in unseren Gesprächen. Sie macht alles schöner und freier. Und ihr gilt mein größter Dank.

Literaturverzeichnis

Abbott, Andrew, »Lyrische Soziologie. Für ein emotionales Erfassen sozialer Momente«, in: ders., *Zeit zählt. Grundzüge einer prozessualen Soziologie*, Hamburg 2020, S. 191–251.

Adorno, Theodor W., *Minima Moralia*, Frankfurt am Main 1994.

Ders., »Erziehung nach Auschwitz«, in: ders., *Erziehung zur Mündigkeit*, Frankfurt am Main 1970, S. 88–104.

Albrecht, Günter, »Einleitung: Gewaltkriminalität zwischen Mythos und Realität«, in: ders./Otto Backes/Wolfgang Kühnel (Hg.): *Gewaltkriminalität zwischen Mythos und Realität*, Frankfurt am Main 2001, S. 9–67.

Alkemeyer, Thomas, »Literatur als Ethnographie: Repräsentation und Präsenz der stummen Macht symbolischer Gewalt«, in: *Zeitschrift für Qualitative Forschung* 8/1 (2008), S. 11–31.

Anders, Günther, *Die Antiquiertheit des Menschen. Über die Seele im Zeitalter der zweiten industriellen Revolution*, Band 1, München 1988.

Ders., *Die Antiquiertheit des Menschen. Über die Zerstörung des Lebens im Zeitalter der dritten industriellen Revolution*, Band 2, München 1988.

Athens, Lonnie, *Violent Criminal Acts and Actors Revisited*, Urbana/Chicago 1997.

Aydemir, Fatma, *Ellenbogen*, München 2017.

Bahrdt, Hans-Paul, »Zur Frage des Menschenbildes in der Soziologie«, in: *European Journal of Sociology* 2, (1961), S. 1–17.

Baldwin, James, *Das Gesicht der Macht bleibt weiß*, Reinbek bei Hamburg 1993.

Becker, Howard S., *Soziologische Tricks. Wie wir über Forschung nachdenken können*, Hamburg 2021.

Birn, Ruth Bettina/Rieß, Volker, »Revising the Holocaust«, in: *Historical Journal* 40/1 (1997), S. 195–215.

Blumer, Herbert, »Der methodologische Standort des Symbolischen Interaktionismus«, in: Arbeitsgruppe Bielefelder Soziologen (Hg.), *Alltagswissen, Interaktion und Gesellschaftliche Wirklichkeit*, Wiesbaden 1980, S. 80–146.

Bolaño, Roberto, *2666*, München 2009.

Bourdieu, Pierre, *Die männliche Herrschaft*, Frankfurt am Main 2005.

Bude, Heinz, »Die individuelle Allgemeinheit des Falls«, in: Hans-Werner Franz (Hg.), 22. *Deutscher Soziologentag 1984, Beiträge der Sektions- und Ad-hoc Gruppen*, Opladen 1985, S. 84–86.

Bürger-Prinz, Hans, *Motiv und Motivation*, Schriftenreihe Wissenschaftlicher Studien, Hamburg 1950.

Camus, Albert, *Der Fremde*, Reinbek bei Hamburg 2006 [frz. 1942, *L'Étranger*].

Carrère, Emmanuel, *Amok*, Frankfurt am Main 2001.

Collins, Randall, »Entering and Leaving the Tunnel of Violence: Micro-sociological Dynamics of Emotional Entrainment in Violent Interactions«, in: *Current Sociology* 61/2 (2013), S. 132–151.

Ders., *Dynamik der Gewalt. Eine mikrosoziologische Studie*, Hamburg 2011.

Ders., »Micro and Macro Causes of Violence«, in: *International Journal of Conflict and Violence* (IJCV) 3/1 (2009), S. 9–22.

Ders., *Interaction Ritual Chains*. Princeton 2004.

Daoud, Kamel, *Der Fall Meursault – eine Gegendarstellung*, Köln 2017.

Dath, Dietmar, »Die stutzigen Hände«, in: *Frankfurter Allgemeine Zeitung*, 22.04.2023, online unter: https://www.faz.net/aktuell/feuilleton/buecher/dichterin-louise-glueck-wird-achtzig-18838375.html [30.07.2023].

Delhom, Pascal: »Phänomenologie der erlittenen Gewalt«, in: Michael Staudigl (Hg.): *Gesichter der Gewalt: Beiträge aus phänomenologischer Sicht*, Paderborn 2014, S. 153–174.

»Die wichtigsten Fragen zum U-Bahn-Treter«, in: *Berliner Morgenpost*, 10.12.2016, online unter: https://www.morgenpost.de/bezirke/neukoelln/article208937821/Die-wichtigsten-Fragen-zum-U-Bahn-Treter-von-Neukoelln.html [30.07.2023].

Dieckmann, Dorothea, *Kinder greifen zur Gewalt*, Berlin 1994.

Douglas, Mary, »Die zwei Körper«, in: dies., *Ritual, Tabu und Körpersymbolik. Sozialanthropologische Studien in Industriegesellschaft und Stammeskultur*, Frankfurt am Main 1986, S. 99–123.

Eisenberg, Götz, *Zwischen Amok und Alzheimer. Zur Sozialpsychologie des entfesselten Kapitalismus*, Frankfurt am Main 2015.

Ders., »In Erfurt und um Erfurt herum oder: Amok – eine neue Ventilsitte«, in: ders., *Gewalt, die aus der Kälte kommt. Amok – Pogrom – Populismus*, Gießen 2002, S. 17–80.

Enzensberger, Hans-Magnus, *Schreckensmänner. Versuch über den radikalen Verlierer*, Frankfurt am Main 2006.

Ders., »Die Leere im Zentrum des Terrors«, in: ders., *Mittelmaß und Wahn. Gesammelte Zerstreuungen*, Frankfurt am Main 1988, S. 245–249.

Fagan, Jeffrey, »Intoxication and Aggression«, in: *Crime and Justice* 13 (1990), S. 241–320.

Felson, Richard B./Teasdale, Brent/Burchfield, Keri B., »The Influence of Being Under Influence: Alcohol Effects on Adolescent Violence«, in: *Journal of Research in Crime and Delinquency* 45/2 (2008), S. 119–141.

Fisher, Mark, *Kapitalistischer Realismus ohne Alternative? Eine Flugschrift*, Hamburg 2020.

Fler, »Basstuning/Bordsteinfressen«, Musikvideo zum Song, 2015, online unter: https://www.youtube.com/watch?v=S_d9qr3DePE [30. 07. 2023].

Flick, Uwe, *Qualitative Forschung. Theorie, Methoden, Anwendung in Psychologie und Sozialwissenschaften*, Reinbek bei Hamburg 1995.

Fujii, Lee Ann, *Showtime: Formen und Folgen demonstrativer Gewalt*, Hamburg 2022.

Geertz, Clifford, *Dichte Beschreibung: Beiträge zum Verstehen kultureller Systeme*, Frankfurt am Main 1999.

Gerth, Hans/Mills, C. Wright, »Motivvokabulare«, in: Heinz Steinert (Hg.), *Symbolische Interaktion. Arbeiten zu einer reflexiven Soziologie*, Stuttgart 1973, S. 156–161.

Gilligan, James, *Violence. Reflections on a National Epidemic*, New York 1997.

Glaser, Barney/Strauss, Anselm L., *Grounded Theory. Strategien qualitativer Forschung*, Bern 2005 [engl. *The Discovery of Grounded Theory: Strategies for Qualitative Research*, New York 1967].

Grossman, Dave, *On Killing: The Psychological Cost of Learning to Kill in War and Society*, Boston 1995.

Hartmann, Eddie, »Sozioidee und Gewaltverzicht«, in: *Mittelweg 36* 6 (22/23), S. 11–32.

Ders., »Die Gewalttheorie von Jan Philipp Reemtsma. Programmatische Impulse für eine allgemeine Theorie der Gewalt«, in: *Zeitschrift für Theoretische Soziologie* 8/1 (2019), S. 74–85.

Hartmann, Eddie/Hoebel, Thomas, »Die Schweigsamkeit der Gewalt durchbrechen«, in: *WestEnd. Neue Zeitschrift für Sozialforschung* 17/1 (2020), S. 71–79.

Hauffe, Tobias/Hoebel, Thomas, »Dynamiken soziologischer Gewaltforschung«, in: *Soziologische Revue* 40/3 (2017), S. 369–384.

Heinz, Adrienne J. u. a., »Cognitive and Neurobiological Mechanisms of Alcohol-related Aggression«, in: *Nature Reviews Neuroscience* 12/7 (2011), S. 400–413.

Hoebel, Thomas, »›Wir haben Charlie Hebdo getötet!‹. Konsequenzielle Dritte und die Erklärung fortgesetzter Gewalt«, in: *Mittelweg* 36 28/1–2 (2019), S. 99–123.

Ders., »Organisierte Plötzlichkeit: Eine prozesssoziologische Erklärung antisymmetrischer Gewaltsituationen«, in: *Zeitschrift für Soziologie* 43/6 (2014), S. 441–457.

Inhetveen, Katharina, »Gesellige Gewalt: Ritual, Spiel und Vergemeinschaftung bei Hardcorekonzerten«, in: Trutz von Trotha (Hg.): *Soziologie der Gewalt,* Kölner Zeitschrift für Soziologie und Sozialpsychologie, Opladen (1997), S. 235–260.

»Kaltblütige Überfälle, Frau brutal getreten: Nimmt die Gewalt wieder zu?«, in: *Berliner Zeitung,* 7. Dezember 2016, online unter: https://www.bz-berlin.de/berlin/neukoelln/kaltblutige-ueberfaelle-frau-brutal-getreten-nimmt-die-gewalt-wieder-zu [30.07.2023].

Knöbl, Wolfgang, »Perspektiven der Gewaltforschung«, in: *Mittelweg 36* 26/3 (2017), S. 4–27.

Kohlstruck, Michael/Münch, Anna Verena, *Der Mordfall Marinus Schöberl,* Arbeitspapier, Zentrum für Antisemitismusforschung, Technische Universität Berlin (1/2004), S. 1–73.

Koloma Beck, Teresa, »Welterzeugung. Gewaltsoziologie als kritische Gesellschaftstheorie«, in: *Zeitschrift für Theoretische Soziologie* 8/1 (2019), S. 12–23.

Dies./Schlichte, Klaus, *Theorien der Gewalt zur Einführung,* Hamburg 2014.

Dies., »The Eye of the Beholder: Violence as a Social Process«, in: *International Journal of Conflict and Violence* (IJCV) 5/2 (2011), S. 345–356.

Kramer, Jane, *Unter Deutschen. Briefe aus einem kleinen Land in Europa,* Berlin 1996.

Kuzmics, Helmut/Mozetič, Gerald, *Literatur als Soziologie. Zum Verhältnis von literarischer und gesellschaftlicher Wirklichkeit,* Konstanz 2003.

LeFloid, »Persönliches Kopfgeld auf feigen ›Treppen-Treter‹ von Berlin«, in: *YouTube,* o. D., online unter: https://www.youtube.com/watch?v=1fuWei2TKCg [30.07.2023].

Liessmann, Konrad Paul, *Günther Anders zur Einführung,* Hamburg 1993.

Lindemann, Gesa, »Verfahrensordnungen der Gewalt«, in: *Zeitschrift für Rechtssoziologie* 37/1 (2017), S. 57–87.

»LONDON BLM-PROTESTE: Black-Lives-Matter-Unterstützer rettet mutmaßlichen Hooligan«, in: *Welt Nachrichtensender,* o. D., online unter: https://www.youtube.com/watch?v=squkfWrzdD4 [30.07.2023].

»Mann tritt Frau die Treppe runter: Erkennen Sie im Video den Berliner U-Bahn-Brutalo?«, in: *Focus Online,* o. D., online unter: https://www.focus.

de/panorama/videos/polizei-veroeffentlicht-video-mann-tritt-frau-die-treppe-runter-erkennen-sie-im-video-den-berliner-u-bahn-brutalo_id_6313745.html [30.07.2023].
Mills, C. Wright, *The Sociological Imagination*, Oxford 2000.
Musil, Robert, *Der Fall Moosbrugger*, Göttingen 2020.
Nelson, Marilyn, »Pigeon and Hawk«, in: *The New Yorker*, 22. Juni 2020, S. 61 f.
Nungesser, Frithjof, »Die Vielfalt der Verletzbarkeit und die Ambivalenz der Sensibilität«, in: *Zeitschrift für Theoretische Soziologie* 8/1 (2019), S. 24–37.
Ders., »Folterbarkeit. Eine soziologische Analyse menschlicher Verletzungsoffenheit«, in: *Zeitschrift für Soziologie* 48/5–6 (2019b), S. 378–400.
Ders./Wöhrle, Patrick, »Die sozialtheoretische Relevanz des Pragmatismus – Dewey, Cooley, Mead«, in: *Österreichische Zeitschrift für Soziologie* 38/1 (2013), S. 43–71.

Parker, Robert Nash/Auerhahn, Kathleen, »Alcohol, Drugs, and Violence«, in: *Annual review of sociology* 24/1 (1998), S. 291–311.
Polaschek, Martin F., »Probleme der Verwendung von Strafakten in der zeitgeschichtlichen Forschung. Ein Diskussionsbeitrag«, in: *Mitteilungen des Steiermärkischen Landesarchivs* 44/45 (1995), S. 225–244.
Popitz, Heinrich, *Phänomene der Macht*, Tübingen 1992.
Prantl, Heribert, »Dem Tritt des Täters dürfen keine Tritte gegen den Rechtsstaat folgen. Videokommentar«, in: *Süddeutsche Zeitung*, 19. Dezember 2016, online unter: https://www.sueddeutsche.de/politik/prantls-politik-prantl-1.3302006 [30.07.2023].
Prizkau, Anna, »Fast ein neues Leben«, in: dies., *Fast ein neues Leben*, Berlin 2020, S. 78–84.
Proescholdt, Margit Gabriele u. a., »Alkohol und Gewalt: eine aktuelle Übersicht«, in: *Fortschritte der Neurologie, Psychiatrie* 80/8 (2012), S. 441–449.

Ragin, Charles C., »›Casing‹ and the Process of Social Inquiry«, in: ders./Howard Becker (Hg.), *What is a Case. Exploring the Foundations of Social Inquiry*, Cambridge (1992), S. 217–226.
Reemtsma, Jan Philipp, »Erklärungsbegehren« in: *Mittelweg* 36 6/7 (2017), S. 74–103.
Ders., »Warum Affekte?«, in: *Mittelweg* 36 1–2 (2015), S. 15–26.
Ders., »Gewalt als attraktive Lebensform betrachtet«, in: *Mittelweg* 36 4 (2015), S. 4–16.
Ders., *Vertrauen und Gewalt. Versuch über eine besondere Konstellation der Moderne*, Hamburg 2008.

Sartre, Jean-Paul, »›Der Fremde‹ von Camus«, in: *Situationen*, Reinbek bei Hamburg 1965.

Scheffler, Wolfgang, »NS-Prozesse als Geschichtsquelle. Bedeutung und Grenzen ihrer Auswertbarkeit durch den Historiker«, in: ders./Werner Bergmann (Hg.), *Lerntag über den Holocaust als Thema im Geschichtsunterricht und in der politischen Bildung: am 8. November 1987*, Technische Universität Berlin 1988.

Schelsky, Helmut, »Die Erfahrungen vom Menschen. Was ich von Bürger-Prinz gelernt habe«, in: ders., *Rückblicke eines »Anti-Soziologen«*, Opladen 1981, S. 109–126.

Schorsch, Eberhard, *Kurzer Prozeß? Ein Sexualstraftäter vor Gericht*, Hamburg 1991.

Schütz, Alfred: »Über die mannigfaltigen Wirklichkeiten«, in: ders., *Gesammelte Aufsätze I. Das Problem der sozialen Wirklichkeit*, Den Haag 1971, S. 237–280.

Setz, Clemens, »Der zerstörte Himmel«, in: *Frankfurter Allgemeine Zeitung* vom 1.5.2022 (aktualisierte Version).

Sofsky, Wolfgang, *Traktat über die Gewalt*, Frankfurt am Main 1996.

Strauss, Anselm L./Corbin, Juliet, *Grounded Theory. Grundlagen qualitativer Sozialforschung*, Weinheim 1996.

Ders., *Grundlagen qualitativer Sozialforschung. Datenanalyse und Theoriebildung in der empirischen soziologischen Forschung*, München 1994.

Sutterlüty, Ferdinand, »Fallstricke situationistischer Gewaltforschung«, in: *WestEnd. Neue Zeitschrift für Sozialforschung* 14/2 (2017), S. 139–155.

Ders., »Drogen und Gewalt. Eine vielschichtige und unbeständige Verbindung«, in: Robert Feustel/Henning Schmidt-Semisch/Ulrich Bröckling (Hg.), *Handbuch Drogen in sozial- und kulturwissenschaftlicher Perspektive*, Wiesbaden 2014, S. 293–305.

Ders., »Was ist eine ›Gewaltkarriere‹?«, in: *Zeitschrift für Soziologie* 33/4 (2004), S. 266–284.

Ders., *Gewaltkarrieren. Jugendliche im Kreislauf von Gewalt und Missachtung*, Frankfurt am Main 2003.

Sykes, Gresham M./Matza, David, »Techniken der Neutralisierung: Eine Theorie der Delinquenz«, in: Fritz Sack/René König (Hg.), *Kriminalsoziologie*, Frankfurt am Main 1968, S. 360–371.

Tomsen, Stephen, »A Top Night: Social Protest, Masculinity and the Culture of Drinking Violence«, in: *The British Journal of Criminology* 37/1 (1997), S. 90–102.

»U-Bahn-Treter-Opfer: Ich litt monatelang unter dem Geschehen«, in: *Berliner Zeitung*, 29. Juni 2017, online unter: https://www.bz-berlin.de/tatort/menschen-vor-gericht/u-bahn-treter-opfer-ich-litt-monatelang-unter-geschehen [30.07.2023].

Veiel, Andreas, *Der Kick. Ein Lehrstück über Gewalt*, München 2007.

von Trotha, Trutz, »Zur Soziologie der Gewalt«, in: ders. (Hg.), *Soziologie der Gewalt, Kölner Zeitschrift für Soziologie und Sozialpsychologie*, Opladen 1997, S. 9–55.

Weber, Max, »Die ›Objektivität‹ sozialwissenschaftlicher und sozialpolitischer Erkenntnis«, in: *Archiv für Sozialwissenschaft und Sozialpolitik*, 19/1 (1904), S. 22–87.

Weenink, Don/Keesman, Laura D., »Bodies and Emotions in Tense and Threatening Situations«, in: *Journal of Social Work* 20/2 (2020), S. 173–192.

Ders., »Contesting Dominance and Performing Badness: A Micro-Sociological Analysis of the Forms, Situational Asymmetry, and Severity of Street Violence«, in: *Sociological Forum* Vol. 30/1 (2015), S. 83–102.

Ders., »Frenzied Attacks. A Micro-sociological Analysis of the Emotional Dynamics of Extreme Youth Violence«, in: *The British Journal of Sociology* 65/3 (2014), S. 411–433.

Wellershoff, Dieter, *Der Gleichgültige. Versuche über Hemingway, Camus, Benn und Beckett*, Köln und Berlin 1963.

Wesche, Tilo, *Adorno. Eine Einführung*, Stuttgart 2018.

Whitford, Josh, »Pragmatism and the Untenable Dualism of Means and Ends: Why Rational Choice Theory does not deserve Paradigmatic Privilege«, in: *Theory and Society* 31/3 (2002), S. 325–363.

Wildt, Michael, »Differierende Wahrheiten. Historiker und Staatsanwälte als Ermittler von NS-Verbrechen«, in: Norbert Frei/Dirk van Laak/Michael Stolleis (Hg.), *Geschichte vor Gericht: Historiker, Richter und die Suche nach Gerechtigkeit*, München 2000, S. 46–59.

Wolters, Laura, *Vom Antun und Erleiden. Eine Soziologie der Gruppenvergewaltigung*, Hamburg 2022.

Zima, Peter V., *Der gleichgültige Held. Textsoziologische Untersuchungen über Camus, Moravia und Sartre*, Stuttgart 1983.

Geb., 336 S., € 35 | 978-3-86854-362-9

»Fujiis Analysen provozieren, weil sie die von ihr geschilderte Gewalt ›mundanisiert‹, […]. So werden die Gesellschaft, die Straße, der öffentliche Raum zur großen Bühne von Gewalt.« *FAZ*

»Fujiis Buch [legt] den Finger auf ganz egoistische Motive, die Einzelpersonen haben, bei öffentlichen Gewalt-demonstrationen mitzumachen. […] Produktiv unbequem ist ›Showtime‹ vor allem darin, dass es simple Erklärungs-muster für Gewalt stört.« *DLF Andruck*